杨洪流 邱汉章 ◎ 著

【梅州大埔·人文读本】

千年百侯 人文之鄉

萧如川 题

南方日報出版社
NANFANG DAILY PRESS
中国·广州

图书在版编目（CIP）数据

千年百侯　人文之乡 / 杨洪流，邱汉章著. -- 广州 : 南方日报出版社，2025. 6. -- ISBN 978-7-5491-3041-2
Ⅰ. K296.55
中国国家版本馆 CIP 数据核字第 202590Q4R7 号

QIANNIAN BAIHOU RENWEN ZHI XIANG
千年百侯　人文之乡

著　　者：杨洪流　邱汉章
出版发行：南方日报出版社
地　　址：广州市广州大道中 289 号
出 版 人：周山丹
封面题字：萧如川
出版统筹：刘志一
责任编辑：郭海珊
封面设计：冷雪源
图片拍摄：冷冰冰
责任校对：阮昌汉
责任技编：王　兰
经　　销：全国新华书店
印　　刷：广东信源文化科技有限公司
成品尺寸：175 mm×245 mm
印　　张：18.25+彩插 0.75
字　　数：221 千字
版　　次：2025 年 6 月第 1 版
印　　次：2025 年 6 月第 1 次印刷
定　　价：88.00 元

投稿热线：（020）87360640　　读者热线：（020）87363865

◎ 广东省政协原副主席兼党组书记杨应彬先生题写的“百侯”石刻

◎ 20世纪六七十年代的百侯古镇梅潭河两岸风光

◎ 本书作者之一杨洪流先生（后排右二）的合家照（摄于1978年）

◎ 20世纪七八十年代的百侯老街繁荣景象

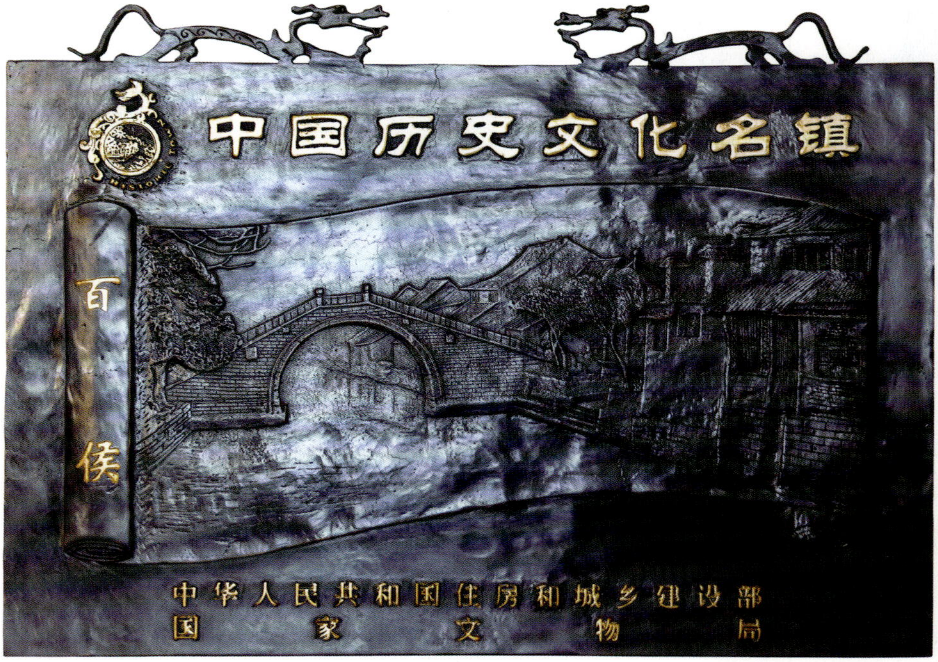

◎ 中华人民共和国住房和城乡建设部、国家文物局颁发给百侯的“中国历史文化名镇”牌匾

◎ 旅马华侨杨鸿耀先生、黄凤英女士于 1993 年捐建的百侯镇牌坊和耀凤大道，杨应彬先生题字

◎ 中国美术家协会原主席刘大为先生题写的“中国历史文化名镇——百侯”牌坊

◎ 全国重点文物保护单位——肇庆堂

◎ 百侯古镇杨氏家庙延庆堂

◎ 梅州市示范文化祠堂素谦公祠，全国政协原副主席叶选平先生题写的“穀似堂”

◎ 通议大夫第，俗称“一腹三翰院”

◎ 百侯古镇民俗活动“作福”航拍场景

◎ 省道 S221 线新铺筑的四车道宽阔路面横贯百侯古镇

◎ 百侯古镇招商引资项目——百侯山庄民宿

序言

情牵家国，绘梦百侯人文记忆

范以锦

由杨洪流与邱汉章联袂创作的《千年百侯　人文之乡》一书，今天面世了。尽管我并非生于斯长于斯，却自视为半个百侯子弟。一打开书稿，身为对百侯充满深厚情感的一员，很快就被吸引住了。越往下看，孕育于心的亲切感越浓厚。书中流淌的家国情怀、精湛的写作技艺，以及绘梦百侯人文记忆的丰富内涵，都令我由衷赞叹。

回溯至1961年，我迈入了百侯中学的大门，开始了难忘的高中生涯。每当夜幕降临前，我便与同学们悠然漫步于侯南村。尽管名为“村”，此处繁华不逊色于小镇。随处可见的“第”“祠”“堂”“楼”，以及村道和巷道的独特风貌，尤其是那些镌刻着“石敢当”的转角处，十分惹人注目。节假日，我们嬉戏于梅潭河畔，登上月形峰，寻访蔡仙人遗迹，穿越蛇形窠小径，侯北、南山、横权、曲滩、白罗、帽山、旧寨等村寨也留下了我们的足迹。百侯的山水田园之美，已深深烙印在我的心头。高中毕业后，我顺利考入大学，毕业后更有幸成为百侯人的女婿，这是我人生的两次重大转折点，自诩为半个百侯人，自然是顺理成章。

这里的风土人情对我来说并不陌生，但所知所见毕竟有限。改革开放以来，众多描绘百侯历史与人文精神的作品如雨后春笋般涌现。杨洪流策划的《梅州·百侯》一书，以及他参与的影视专题片，我都曾细细品味。邱汉章和其他作者关于百侯的著作，我也曾深入阅读，这些都极大地丰富了我对百侯的了解。原本以为《千年百侯　人文之乡》不过是一重复之作，但细读之下，却发现作者另辟蹊径，赋予了作品全新的风味。此书的特别之处主要体现在以下三个方面：首先，它全面呈现了百侯古今的人文风貌。书中不仅展示了本土文化的精髓，还介绍了外来文化的影响，如中西合璧的楼宇、祠堂。同时，它还描绘了改革开放的春风下文化传承的创新发展，如成功引进的百侯山庄民宿企业，既保留了“古”韵的“园”“楼”名称，又在生活起居中融入了现代气息。新的文化品格与传统文化属性相映成趣：一方面，为传统文化注入新的活力，形成新的文化，更大限度满足人们对美好生活的追求；另一方面，有了现代生活方式配置形成的新的文化模式支撑，吸引了更多的人前来关注百侯，尤其是那些需在这里逗留一段时间进行考察的研究者，从而使得百侯的传统文化根基更加稳固，影响力日益扩大。其次，写作编排蕴含美感和艺术感。从目录到内容叙述，都充满了美感，篇章节奏、文字韵律、修辞技巧、命运交响，无不彰显出音乐性。同时，本书以百侯山庄为“点”，以素谦公祠裔孙代表人物的活动为“线”，以百侯厚重的历史文化为“面”，在叙述中巧妙地交织三者。如此恰到好处地描绘百侯家乡的文化画卷，增强了全书的可读性和感染力，达到了弘扬百侯历史文化艺术的目的。最后，本书采用第一人称叙述，作者置身于场景中，将百侯的人文精神具体化。尽管是合著之作，但杨洪流个人亲临其境的叙述贯穿全书，将个人、家庭、家族的故事与百侯古镇的自然景观、古宅民居、风土人情紧密融合，为个人、家庭、家族的发展找到了历史根源。在百侯乡村厚重的历史文化背景下，家族史和人物活动轨迹显得更加生动鲜活，从而更精彩地演绎出百侯的文化特色。

由杨洪流叙述、邱汉章协助，两人共同铸就了这部佳作，其背后最为关键的因素，是他们之间共同的情感纽带、文化情怀和深厚的历史文化底蕴。他们同是20世纪60年代生于大埔县百侯镇侯南村的乡亲，共同沐浴在浓郁的历史文化氛围中。基于对传统文化的深刻认同，他们的人生观和对家乡的热爱达成了一致。尽管如此，他们也各有自己的优势。邱汉章深耕本土，长期致力于教育事业，探究本土文化，积累了丰富的人文素材，并具有良好的选题策划能力和文字驾驭能力。杨洪流则拥有丰富的工作经历，特别是在深圳特区的多年磨炼，赋予了他开阔的视野和开放的意识。在先进理念的引领下，他积极响应政府号召，在自己的家乡侯南村带头进行本族祠堂的修缮，成为保护祠堂文化的典范，其家族祠堂荣获“梅州市示范文化祠堂”称号。此外，他还为百侯山庄民宿注入新的文化活力。一位是深入探究人文精神的研究者，另一位是身体力行弘扬人文精神的实践者。实践者同时具备研究者的素养，研究者也在实践中验证和丰富自己的研究成果。他们的合作天衣无缝，各自发挥专长，互相补充，相辅相成，共同铸就了这部作品的独特魅力。

初阅此书，或许会感到此书涉及广泛内容，略显分散，然而，深入品读便会发现，各章节实则环环相扣，逻辑严密，彼此衔接，层层递进，引导读者逐步深入其境。在第一部分“春来山庄　文化之乡”中，故事从百侯山庄民宿的新人文气息中启幕。这一开篇并非赘述，反而通过“春来山庄”一章中黄花风铃木的海洋气息和晶莹透亮的鹅黄色花朵，装点了山庄园林楼宇的清新景致，也点亮了作者对往昔岁月的温馨回忆，映射出他与海结下不解之缘的心路历程。这自然引出了杨洪流“少年如朝阳”“春光解天意”的“美好回忆”和“心路历程”——12岁被戏校发掘，成为国家计划培养的中专生。这一人生重要转折点看似偶然，实则暗含必然。正如杨洪流描绘的其祖籍地侯南村，古屋民居中弦音缭绕，穿行于“三十六巷，巷巷都一样”的巷陌间，广东汉乐的旋律不绝于耳。这样的音乐氛围和传统文化，无疑对他产生了深远的影响。由此，笔锋渐转，作者开始细数百侯的种种人文景观——“侯山十二景”“呼风唤雨南阳岽”“金枝玉叶肇庆堂”等。随后，作者对定居于此的重要姓氏杨氏源流进行了考证，进而延伸到杨洪流幼时居住的祖屋素谦公祠，揭示了家族历史与百侯杨氏的根基、发展的紧密联系，与百侯乡村古宅民居所承载的传统文化息息相关。这一叙述自然过渡到了第二部分“素心铭志　谦德流芳”，重点介绍了素谦公祠家族的状况，为探讨个人命运转折的后续章节第三部分和第四部分奠定了基础。可看成终章的第五部分“清辉载朗　照耀山庄”，作者对开篇的暗示进行了具体展开，这种先设伏笔再细细道来的首尾呼应写法，赋予了作品更深层次的寓意和丰富韵味。第六部分拾遗补阙，完善了前述内容。读完各篇章，我们不仅见证了百侯的沧桑与变迁，更感受到了文化的传承与复兴，也启迪了我们对历史文化的深刻思考与无限敬意。本书脉络连接精巧，内容丰富而不空洞，结构繁杂而不失条理，主题鲜明而不跑偏，达到了“形散神不散”的效果。

百侯的人文景观与精神，既是客家文化也是中华文化的瑰宝。这里有全国和省的重点文物保护单位，这里涌现出为国家进步与社会发展作出了不可磨灭贡献的一批志士仁人。该书不仅深刻展现了古镇的历史文化底蕴，更传递了“文化为公”的崇高理念，彰显了百侯人文精神的代代相传与创新发展。这不仅令百侯人引以为豪，也为其他地方挖掘、保护、弘扬传统文化，提供了宝贵的参考。此书对于如何借助历史文化的深厚底蕴与创新模式，推动文化旅游乃至乡村振兴，也有借鉴作用。作者自信地认为，一本《千年百侯　人文之乡》在手，在愉快的阅读体验中，既能更深入地了解百侯乡村厚重的历史文化，又能留下百侯之旅难忘的记忆，定然会欣悦于心而更觉性静情逸。作为作序者，我已亲身体验了这份阅读的愉悦，相信其他读者在细细品鉴之后，也能收获相同的感动与喜悦。

（作者为南方日报原社长、高级记者，暨南大学新闻与传播学院原院长、教授、博士生导师）

自序

几年前，我就萌生了撰写一本小册子的想法，目的是传承素谦公祠裔孙的家族史。龙年春节过后，由于春雨绵绵，日子悠长，居家闲适的时间充裕了许多，陈年旧事的回忆常常充盈于脑海，记录下来的文字也不知不觉多了起来。然而，要把头脑中积攒了半辈子的内容全部写出来，绝非十天半个月就能完成的，而且，素谦公祠作为侯南村众多祠堂之一，承载着百侯乡村悠久而深厚的历史与文化。我12岁就离开了家乡百侯，直到退休前近50年间，虽常回老家，但几乎每次都是来去匆匆。2023年，我曾与老朋友冷雪源先生（中国摄影家协会会员、中国楹联学会会员、深圳市海龙文化传播有限公司创始人、艺术总监）说起此事。冷总监说，可以在大埔寻找一位既熟悉百侯乡村历史文化又具备较强写作能力的人，来协助我完成此夙愿。然而，一直没有找到合适的人。于是，在春雨淅沥的日子里，我只好用拙笔勉为其难地写了些文字。

我正觉得甚为费劲时，事情却有了转机。冷总监策划百侯中学建校100周年庆典获得成功后，着手编撰《知行万里·薪火百年》纪念册，特邀请由校长推荐的邱汉章校友撰写纪念册五个部分的导语和后记。冷总监对邱老师的文笔大为赞赏，并邀请邱老师为我的家族史执笔。邱老师答应协助后，冷总监说，若撰写20多万字，可考虑出版发行。就这样，我和邱老师开始合作写这本书了。

所谓合作，体现在写作过程中，就是既分工又合作。我主要负责回忆讲述和写下包括我在内的祖祠素谦公祠裔孙的家族历史及相关内容，并提供各种相关资料，邱老师则记录我的讲述，筛选、整理素材，并撰写出一篇篇初稿来交给我修改、补充。其间，冷总监还对初稿进行审核并提出修改建议。

在与邱老师多次商量、讨论和探究后，我发现撰写素谦公祠裔孙的家族历史，离不开百侯杨氏开基、发展的历史，离不开百侯乡村包括素谦公祠在内众多古屋民居及其所承载的厚重历史文化，离不开客家源流历史……我和邱老师商量后，决定把我素谦公祠裔孙的家族史放在百侯乡村厚重的历史文化大背景下写，使家族史和家族人物活动轨迹依托于整个家乡历史文化。把家族史融入弘扬百侯乡村厚重历史文化之中的写法明显拓宽了视野，写作过程渐入佳境。在愉快的合作过程中，我佩服邱老师的文采飞扬，他不但各类文章皆出色，而且诗词歌赋信手拈来，传统楹联也随口可成。我更佩服他在文字上玩转易经五行学说，并运用自如。同时，他还具备结构化思维。正是由于他特别的文笔和思维，使得写作效率远远高出我的预想。也许是受到感染，我的回忆讲述多了起来，动笔能力也强了起来。我和邱老师的合作越来越有默契，结果，半年就写出了20多万字的初稿。

翻开本书，即知晓本书采用第一人称写法。全书以我杨洪流所思、所见和所行来表述，并以百侯山庄民宿为点位辐射百侯风物，演绎出历史时空新与旧的变换。这是我和邱老师反复研究后采用的写法，因为本书主题是记述包括我在内的素谦公祠裔孙的家族史，并延伸到百侯那迷人的自然风光和深邃的历史文化底蕴，所以选择我作为素谦公祠裔孙的代表，并用第一人称来表述，较为亲切并更富特色。以山庄作为代表性点位展开，则使篇章较为有序、更富有新意。邱老师诚恳地说，他之所以愿意协助我完成这本书，是因为素谦公祠裔孙的家族史是百侯杨氏辉煌历史的组成部分，是整个百侯厚重历史文化的重要组成部分，对弘扬家乡百侯厚重的历史文化很有意义。其实，从热爱家乡、为家乡作贡献的角度来说，我与邱老师的家乡情怀是一致的。

本书的文章按内容属性分门别类，串珠缀玉而成。全书分为六个部分，共十三章。本书以家族史传承为使命，以家族代表人物的人生轨迹为主线，以百侯山村的历史人文为底色，内容丰富且有感染力，是一部具有家族性、传承性、历史性、时代性、文学性、美学性和经典性的乡土读本，具有较高的阅读欣赏价值和保存纪念价值。从整体上看，本书以百侯山庄民宿为“点”，以素谦公祠裔孙代表人物的活动为“线”，以百侯厚重的历史文化为“面”，在叙述中巧妙地交织“点、线、面”，这是本书的一大特色。它不仅全面讲述了百侯的历史文化，还通过具体的人物活动使内容更加丰富和鲜活，彰显了个性化，增强了可读性和感染力，达到了更好地弘扬百侯历史文化的效果。

撰写一本小册子以记载素谦公祠裔孙之家族史是我久积于心的愿望。在春雨连绵里，幸得邱老师妙笔相助，我的写作思路因而突破了固有的思维藩篱，20多万字的书稿完成，还得到朋友的高度评价和殷切期许。筹划付梓之时，精通文化传播的冷总监表示愿全力以赴地为装帧之事效劳，我对此很是感激。此书难免存在不少纰漏和不尽如人意的地方，还恳请方家批评指正。

是为序。

杨洪流

2024年8月29日

于百侯山庄

目　录

第一部分

春来山庄　文化之乡

第一章 春来山庄

近几年来，特别是退休后，每次回家乡经过杨应彬同志题写的“百侯”牌坊前面笔直的新车道时，映入车窗玻璃的南阳岽下的宽阔田园风光总是让我心头涌起阵阵暖意。2024年正月十六上午，我从深圳出发，经过四个多小时车程回到百侯。

刚一下车，顿觉花光璀璨，香气袭人。眼前的园林花木中，开得最灿烂的要算挂满嫩黄色花朵的黄花风铃木。在我看来，黄花风铃木带有海洋气息，那晶莹透亮、艳而不娇的鹅黄色花朵，不单装点起山庄园林楼宇的清新景致，还闪亮着我对过去日子的美好回忆，更温暖了我与大海相系的每一段旅程。

木屋前，花香里，数小时的车马劳顿似乎已抛至九霄云外。仰望蛇形窠上草树青青，襟郁峨缓伏，偕众岭顺龙着脉，拥向南阳岽雄峰崔嵬，聚合成金墟南部之绿色屏障，与四周环山共佑一村锦绣。蛇形窠上，昔日黉舍是我青春年少时梦开始的地方，而今能重归梅城，回归家乡拾梦，夫复何求？

少年如朝阳

此时此刻，我心海里飘起了50多年前现代京剧《沙家浜》电影选段《祖国的好山河寸土不让》的美丽旋律："朝霞映在阳澄湖上，芦花放稻谷香岸柳成行……"我的耳边仿佛响起旧日蛇形窠弯弯翠谷里的潺潺流水声，那山岭上摇曳着树枝的碧绿清风，吹动我的衣襟，吹动我飘飞的思绪……我的思绪好像随着雄浑激越的歌声，越过千山万岭，撒播在阳澄湖的芦苇荡里。在我眼里，在我心中，家乡群山波涛起伏的绿色，与芦苇荡的绿色，像是绿色的海洋。我突然觉得，自己依然离海比较近，依然居住在距海比较近的地方。

50年前，我几乎每天早上都听公社广播里播放的革命歌曲，总是学着唱。我12岁时，在蛇形窠侯南小学附设初中一年级就读。公社广播曾经好几天都播放现代京剧《沙家浜》选段《祖国的好山河寸土不让》，这首激昂而抒情的歌曲非常动听，于是我天天跟着学，很快就学会唱了。那段日子里，无论在家里还是在上学路上，我都不由自主地哼着这首歌。

有一天，梅县地区戏剧学校来招生，来的是两男一女共三位戏校老师。后来我才知道，两位男老师分别是罗兴荣老师和蓝培业老师，女老师是陈碧华老师。当时，三位戏校老师在我的眼里都是神仙般的人物，特别是陈碧华老师，犹如仙女下凡。当时，戏校老师亲自下到课室里，从各班挑选出相貌较好的学生。被挑选到的学生到校长室，由三位戏校老师面试。面试合格后，就有机会进入梅县地区戏剧学校学习。

可能是因刚才跑步赶来学校，我脸颊红扑扑的引人注意，一位戏校的男老师把我叫进校长室。戏校老师问："小朋友，你会唱歌吗？”我回答：“会，我会唱歌！”戏校老师笑着说：“好，你现在就唱。”于是，我站在面试桌子前，张口唱道：

朝霞映在阳澄湖上，
芦花放稻谷香岸柳成行。
全凭着劳动人民一双手，
画出了锦绣江南鱼米乡。
祖国的好山河寸土不让，
岂容日寇逞凶狂！
战斗负伤离战场，
养伤来在沙家浜。
半月来思念战友与首长，
也不知转移在何方。
军民们准备反“扫荡”，
何日里奋臂挥刀斩豺狼？
伤员们日夜盼望身健壮，
为的是早早回前方！

唱完后，戏校老师叫我靠近面试桌子，认真地问了我的姓名。我看到戏校老师把我的姓名“杨洪流”登记在本子上。戏校老师看我赤着脚，脚上有擦破皮发炎的小凹痕，关切地告诉我，买磺胺结晶药粉来敷抹，就会很快痊愈。三位戏校老师笑着，相互说着什么，态度很是和蔼可亲。从他们满意的表情里，我感到面试一定合格了。

过了一段时间，学校接到了戏校通知，叫我和郭俊驹两人去梅县地区戏剧学校复试。郭俊驹是杨文采院士的外甥，小时候在百侯读书，平时住在德星堂外婆家，他的父亲在县供销部门工作。于是，父亲头天下午踩单车把我载到湖寮，让我在郭俊驹家里住一夜。第二天，我与郭俊驹一起上梅州，去戏校复试。复试时，先化妆上台演唱，然后体检。过了不久，梅县地区戏剧学校的录取通知书就到了。戏校在百侯只录取了我和郭俊驹两个学生，我们都是在蛇形窠读书的。我与郭俊驹很要好，没想到一起被戏校录取了。看了我的录取通知书后，父亲特别高兴，说我真的“行狗屎运”了。当时，居住在邻近的人都知道我与郭俊驹经常一块去拾狗粪赚工分。

我到梅县地区戏剧学校读书是1973年。当年11岁的李仙花、12岁的杨秀微是我的同班同学。后来，李仙花、杨秀微都成为国家一级演员、中国戏剧梅花奖获得者、广东汉剧著名表演艺术家，李仙花还是中国戏剧梅花奖“二度梅”获得者。那时，我和郭俊驹被戏校录取，轰动一时，特别是我家所住的侯南下村更是传遍家家户户。村里的文艺青年不少，他们知道我因唱现代京剧《沙家浜》选段而考上了戏校，有人称赞我为百侯的“少年郭建光”。年少青涩的我，自信得不得了，此所谓“少年如朝阳”。

春光解天意

上了戏校后，我了解到1971年由长春电影制片厂摄制的革命现代京剧《沙家浜》电影已在全国放映。现代京剧《沙家浜》选段的唱词、唱腔设计都非常经典，据说我在蛇形窠唱的词“朝霞映在阳澄湖上”是经过严格审核后修改的。唱腔设计上，唱“朝霞”二字时，应感受到万道霞光喷薄而出的意境；唱“芦花放稻谷香岸柳成行”时，要在唱腔中加入较大力度，以充分表达革命乐观主义精神和对祖国大好河山的热爱之情。当年12岁的我，只是模仿公社广播里的歌声，唱得像模像样，有点儿京剧腔调，但在意境感受和感情抒发上远未到位。一个偏僻山村的孩子能唱出带有京剧味的歌而显得独特，从而赢得了面试老师的青睐，此乃“唱在口中天意足”矣。

在与亲朋好友聊天时，我常说，只有付出才会有收获，天上不会掉馅饼。若努力了，目标未能实现，那就是命运问题。“命运”二字，可理解为自己无法克服、难以把握的主客观原因。正如古诗所云：“天意高难问。”我12岁读戏校前，虽在家中没有音乐的熏陶，但受外界影响颇多。例如，在“三十六巷，巷巷都一样”的寻常巷陌，常有锵锵中原古乐声，因为客家丝弦乐（后来称广东汉乐）在百侯乡村甚为兴盛，古屋民居里，弄丝弦者众，在潜移默化之下，我对传统音乐有了相当的兴趣。有时捡到旧电影票，我就跟着人流混进侯南小学后面的老电影院。那里经常播放现代京剧电影，我对现代京剧的唱腔、唱词、旋律自然就熟悉起来了。再如在特殊年代里，人民公社、生产大队的宣传队每逢五一、国庆等节日就举行文艺汇演，学校也有文艺汇演；每天清早公社广播大喇叭播放的革命歌曲，更促成了“少年郭建光”在蛇形窠的诞生。

小时候常听大人说：“谋事在人，成事在天。”后来，在《三国演义》第一百零三回“上方谷司马受困”的故事里读到：“孔明叹曰：‘谋事在人，成事在天。不可强也！’”我想，人有成就事情的愿望，虽然过程中有许多变量，但抱着顺其自然的态度，凡事尽力，诸事就变得易成。50年前，我跟公社广播学唱现代京剧《沙家浜》选段是偶然行为，也算勤奋努力，但即便面试时唱得好，也无法保证被戏校录取，因此我必须用善良厚道的心来感恩上天，感恩社会。今天回归百侯家乡，回归南阳岽下“意气少年曾放歌”的地方，亦是上天眷顾，亦是50年来用善良厚道的心的付出换来的又一次被世界偏爱。

这次我回来的原因，既是对家乡的眷恋，也是乡愁。时下正值花红春重的美好季节，山庄园林景色宜人。举目“葳蕤春色满山坡”，拾级而上，依次呈现的新筑——“观景”“乘凉”“歇憩”三个小亭占尽春光，心想，若为纪念“意气少年曾放歌”，回忆歌唱“朝霞映在阳澄湖上”而重温“其声清阳而远闻”的少年时光，山岭上应有一个观景亭名为“朝霞亭”（或“放歌亭”“朝阳亭”），或应有一条路径名为“朝霞路”（或“放歌路”“朝阳路”），这既是纪念“少年如朝阳”的时光，也是精神文化的留存。这时，有朋友来访，我赶紧收回飘飞的思绪，迎接来客进入木屋喝茶。

第二章 文化之乡

乡村的日子恬静而舒适，转眼就进入“草长莺飞”的二月天。山庄春日里，小时候在村里读小学和在蛇形窠黉舍读初一的情境像梦一样，但这个梦清晰如昨。

我想到要好好打造山庄的文化氛围。我不喜欢花里胡哨的布置，只喜欢少而精，恰到好处地装饰一下即可。例如小木屋，早已悬挂“素心园”三字屋名牌匾，“素心”二字出自我祖祠素谦公祠门联“素心铭志；谦德流芳”的命名，小木屋顿然生色，禀赋独特，意义非凡，这就是我想要的装饰。

侯山十二景

在侯南村，说起杨之徐与杨缵绪父子，称其名字如雷贯耳并不为过。百侯镇著名的“侯山十二景”，正是杨之徐与杨缵绪父子饱读诗书而“黼黻河汉，藻饰川岳”，进一步塑造了整个村庄的文化形象。杨之徐与杨缵绪父子皆写有诗《侯山十二景》，脍炙人口，传诵至今。这里，我把杨之徐与杨缵绪父子的诗《侯山十二景》抄录如下：

1. 清康熙年间进士杨之徐《猴山十二景》

（1）东廓晚霞：一方巨镇峰高峻，千柳垂枝势蜿蜒。日入西隅迴晚照，霞光一片赤城连。（2）西岩朝翠：望断西岩不尽峰，连天翠色意何浓。一朝雷雨饶云气，却怪深山有伏龙。（3）狮潭夜月：狮子临江坐钓矶，江中月涌鲤鱼肥。游人夜唱西江月，只见西江不见妃。（4）马寺晨钟：僧寺横空镇马岗，松声隐向水中藏。晨钟一觉游入梦，梦见花飞鸟又翔。（5）石礤双流：水流两礤为瓴建，雷击中崖似石飞。悬瀑在山高九仞，长年经眼雪霏霏。（6）桃花三峙：桃花笔架蔚人文，突兀三峰影入云。试问桃花何处见，江郎梦里色缤纷。（7）梅滩霜叶：梅滩从不见梅花，浪似梅花石半遮。秋景多依霜叶尽，月明古树隐山家。（8）滑濑雪花：石骨盘空锁玉湾，浪花如雪涨前山。轻舟旋折滩波急，惊却篙师两鬓斑。（9）古榕荫夏：古榕如盖色苍苍，影入江边百鸟翔。四面风来忘夏日，游人杂遝歌沧浪。（10）野渡横秋：溪映秋云暗淡天，长虹如带锁前川。往来无限悲秋意，野渡安闲水底眠。（11）平畴犁雨：天子重农频下诏，耕夫冒雨带犁归。平畴一望青青色，为报君王教不违。（12）比屋炊烟：屋比鱼鳞烟火盖，猴山真见好人家。偏怜烟断长吟客，腹饱仙丹饮晚霞。

2. 杨之徐之子，翰林、陕西按察使通议公杨缵绪《猴山十二景》

（1）东廓晚霞：嵯峨雄镇位勾芒，十二冕旒缀建章。一片红光回暮景，翻疑海日涌扶桑。（2）西岩朝翠：奇峰矗起敞云屏，烟凝岚拖透骨青。恰似六宫梳洗罢，凭栏螺黛斗娉婷。（3）狮潭夜月：怪石如蹲北岸孤，澄潭云影练平铺。分明水底开金镜，照出寒江钓叟图。（4）马寺晨钟：古刹疏林上界清，溪流尽处一山横。噌吰响彻云霄外，散作千家砧杵声。（5）石礤双流：千尺红霓窥碧涧，两条玉带挂青松。有时骤雨飞涛怒，倒泻黄河碣石冲。（6）桃花三峙：何日三山海外来，联成笔架势崔巍。巴笺五色悬云汉，费尽陈王八斗才。（7）梅滩霜叶：一带晴川枫树斜，疏篱鸡犬见山家。秋深却忆青莲句，真个红如二月花。（8）滑濑雪花：飞湍喷薄尽珠玑，一叶扁舟下濑时。岂是因风吹柳絮，长年舟子鬓如丝。（9）古榕荫夏：阴森翠盖俯溪流，臃肿与居汗漫游。谡谡凉风生两腋，何须一雨始成秋。（10）野渡横秋：漠漠轻云水底天，霜林叶落满前川。虚舟不得波间月，自在芦花浅水边。（11）平畴犁雨：蓑笠纷纷来耜齐，彤云霡霂润涂泥。桃源即在人间世，阡陌交通水满畦。（12）比屋炊烟：参差巷陌列柴扉，接栋连甍碧一围。日日山厨蒸晚稻，晴空如絮白云飞。

“父子进士”杨之徐与杨缵绪相继吟咏《侯山十二景》十二首诗，接力精心打造一村精神文化形象，实属罕见。我从少年时代起，几十年远离家乡，每一次读《侯山十二景》诗，脑海中都会浮现家乡的美丽山川。

在百侯西面通向县城湖寮的路边，有座小山叫马皇山，山上有座古寺叫云封寺，这就是马寺晨钟景点。马皇山上的云封古寺，始建于明嘉靖十一年（1532年）。庙宇内有前、中、后殿，供奉三宝大佛、十八罗汉和佛母娘娘等大小神像共68尊。清康熙年间进士杨之徐《侯山十二景》的“马寺晨钟”诗云：“僧寺横空镇马岗，松声隐向水中藏。晨钟一觉游入梦，梦见花飞鸟又翔。”杨之徐之子，翰林、陕西按察使通议公杨缵绪《侯山十二景》的“马寺晨钟”诗云：“古刹疏林上界清，溪流尽处一山横。噌吰响彻云霄外，散作千家砧杵声。”杨之徐父子的“马寺晨钟”诗，生动描写了马山古寺的悠扬晨钟。“晨钟一觉游入梦，梦见花飞鸟又翔。”晨钟入梦，梦里花飞鸟翔，妙笔传神。

"噌呟响彻云霄外，散作千家砧杵声。"钟声摇落晨星，散作千家万户砧杵捣衣声，与李白的"长安一片月，万户捣衣声"诗句相媲美，乃神来之笔。马阜山上的千年古刹云封寺，历经劫难又获重修，虽然马寺的晨钟不再响，但马阜山的风景依旧令人流连忘返。重修一新的马寺晨钟，竹影青青，风光旖旎。有诗为证，诗曰："竹影牌坊紫气萦，山岗麻石忆乡情。身登褐叶清香径，鸟语微风相伴行。僧寺松声呼众岭，晨钟暮鼓若回音。云封镇马屡遭劫，草树斜阳梦古今。"登马阜山，似闻马寺晨钟，声声唤乡愁。有诗为证，诗曰："西岭送青马寺雄，梅河砧杵储葱茏。钟声摇落西岩翠，鸡犬相闻响半空。"

古榕荫夏景点，也是百侯"侯山十二景"之一。杨之徐《侯山十二景》的"古榕荫夏"诗云："古榕如盖色苍苍，影入江边百鸟翔。四面风来忘夏日，游人杂遝歌沧浪。"杨之徐之子杨缵绪《侯山十二景》的"古榕荫夏"诗云："阴森翠盖俯溪流，臃肿与居汗漫游。谡谡凉风生两腋，何须一雨始成秋。"杨之徐父子的"古榕荫夏"诗，描写梅潭河岸上的苍翠古榕如伞盖，可谓"古榕如盖色苍苍"；夏日的古榕荫下，凉风谡谡，可谓"何须一雨始成秋"。百侯中学创建之时，正是选择了"古榕荫夏"的风水宝地。

"东廓晚霞"诗可谓雄浑壮丽，意象豪迈。杨之徐《侯山十二景》中的"东廓晚霞"诗云："一方巨镇峰高峻，千柳垂枝势蜿蜒。日入西隅迥晚照，霞光一片赤城连。"杨缵绪《侯山十二景》中的"东廓晚霞"诗云："嵯峨雄镇位勾芒，十二冕旒缀建章。一片红光回暮景，翻疑海日涌扶桑。"杨之徐父子的"东廓晚霞"诗，都是写廓山嶂（廓岭山）的晚霞美景。也许，清晨的廓岭山是云雾朦胧的，白日的廓岭山是日照曛曛的，唯有晚霞"一片红光回暮景"才是最美的。杨之徐父子的"东廓晚霞”诗使百侯的历史文化扬名千里，何况杨之徐父子都写有“侯山十二景”诗，更何况百侯镇在明清科举时代曾显赫一时，留下那么多保存完好的官厅古屋。在近代，廓岭山还被写入陶行知的诗句里，如“有源头之活水兮，逝如梅河。从廓岭以凌云兮，无或蹉跎”。

真见好人家

杨之徐《侯山十二景》的“比屋炊烟”诗云：“屋比鱼鳞烟火盖，堠山真见好人家。”小时候，我住在“比屋炊烟”景点的侯南村下村俗称“桑子树下”的素谦公祠（彀似堂）。回想起来，寻常巷陌，檐瓦相接，村烟辐辏，的确“真见好人家”。如今，站在屏翠紧依南阳岽的蛇形窠山麓楼宇，一览全村黛瓦叠叠，更是感慨“真见好人家”。

看那清清梅潭河从廓山嶂脚下的白罗、南山、横乾村环绕而来，直奔村西的马阜山而去，濡灌出溪南、溪北的“好人家”，联想到村里一些大屋上“江西衍派”“关西世胄”等雄雄墨痕，不禁遥想客家先民衣冠南迁，在闽粤赣边区形成客家大本营，再辗转播撒至南方各地，使得宋时“堠山”薪传是壤，衍化出一村“比屋炊烟”的生生不息之景。

溪南之杨、池、丘姓，溪北之萧姓，共饮梅潭河水而编织出传统古村落之锦绣。村中俗话有云：“杨姓人吃墟场，萧姓人吃田洋，池姓人吃鱼塘，丘姓人吃祖尝。”此口传俚语，描绘出昔日客家人落脚梅潭河两岸开基创业、发祥繁衍的精彩图景。

一、杨姓人吃墟场

百侯杨姓开基祖四十一郎公，从宁化石壁村迁至大埔西河北塘，随后又迁到白堠（百侯的旧称）铁炉坝，以经营手工业（打铁，当时是先进技术）为生。此后，他在溪南（侯南的旧称）开创基业，子孙繁衍，逐渐发展出百侯杨氏宗族之兴旺景象。清康熙年间，溪南沿梅潭河岸边的白堠墟，店铺有100多间，墟市经济呈现一派繁荣景象。当时，墟市开店铺做生意的多为杨姓人。为商家服务的杂工、到高陂打担挑货供应市场的妇女，亦多为杨姓人。墟市的繁华，使许多杨姓人通过从事商业活动来获取生活来源，所以有"杨姓人吃墟场"的说法。

当时的白堠墟市店铺分布零散，不集中。杨姓二房的杨梦奇在潮州经营"捷足"烟丝行赚得巨款，于清康熙三十六年（1697年）在家乡兴建了"文明毓秀"大屋（杨德昭中将故居），相传杨梦奇还投入巨资改造白堠街，建了几十间店铺，将白堠墟市店铺连成一体，成为名副其实的街市。康熙五十年（1711年）正月，白堠"墟铺毁于火，豪强起兼并之思，混争铺地，几致蚁斗。杨之徐出而力止之，亲行丈量，通乡帖然"。在白堠烟丝工商业鼎盛时期，杨姓百忍楼协强公一脉的广成、广丰、广信、广合兴、广茂、广隆等商号都在白堠街开设店铺。协强公以"工商起家"，其家族店铺遍布整条街道，形成了"无广不成街"的盛况。

现在看到的百侯老街位于侯南村，临梅潭河南岸而建。据老前辈说，以前从北岸望过来，可看到一长排鳞次栉比的吊脚楼，是一道古朴而有韵味的特色风景。百侯街在清乾隆年间就初具规模，曾被火烧，后又重修。清乾隆十八年（1753年），为维持市场秩序，打击奸商行为，曾用《通乡公碑》的公告昭示众人，以便众人监督。此碑长119厘米、宽47厘米，1984年修整街道时被挖出，碑文清晰可辨，“……倘权量不尽一，殊非盛世醇厚之风。兹通乡绅耆公议，公置铁字斗八个，铁字升八个”，编有“乾”“坎”“艮”“震”“巽”“离”“坤”“兑”字样；“公置天平针秤五杆”，编有“公”“正”“协”“人”“心”字样……碑文很详细，读其内容可知，此为墟市买卖和管理条例，由全乡绅耆开会商定，以演戏形式告知四乡，并刻石碑竖立于街头，可见当时就有较为规范的市场管理。

在讲述百侯骑楼老街的各种资料中，百侯贤达北京大学刘锦云女士写的《百侯往事》一书中，对百侯骑楼老街的描述让人觉得身临其境，我由此想起小时候骑楼老街的繁华景象，想起墟日到骑楼老街行走看热闹的情景。

旧时从上街头到下街尾，共有一百多间店铺，其中，靠河边北路店铺依次曾有木屐店、打石店、锦兴酒楼、平平商店、时代文具店、泰安济药店、王震东医务所、杨岩逊店、杨采华陶瓷店、永安百货店、仁济药房、丘东记茶烟庄、南华布店、信兴隆香烛店、新新布店、德记茶烟庄、和昌京果店、龙丰屠宰肉店、仁寿堂药店、义隆烟庄、侯南信用社、百侯人民银行营业部、南京旅社、合发福杂货店、公泰药房、林大兴打铜店、竹具雨笠厂、屠宰场；南路店铺依次曾有杨允恭鞋店、杨保琛修理店、杨娘新店、杨曾庆米店、广茂璋五金店、鸿禧老鼠粄店、华英鞋店、回春堂药店、郑宏伦医务所、联兴米店、广合兴米店、启瑞小百货店、丘诒记、广成店、同发祥店、万成店、大华兴京果糕饼店、同仁堂药店、集泰京果店、三合京果店、南发店、陶发店、黄源盛屠宰肉店、和记布店、华华百货店、张益丰京果店、集丰店、公兴店、南兴盛店、龙丰煌记屠宰肉店、杨赞祥饮食店、杨震旦米店、杨观保小食店、罗煌彝白铁店、剪发店、丘晋欣邮政代办所、延寿堂药店、杨昭润诊所、棺材铺、炳奎农庄水果店等。这几十间店铺的名称，让我觉得似曾相识。除了小时候在百侯骑楼老街感受到依然热闹的景象，我还在12岁考上戏校，到梅县江北西郊十甲尾读书时，见到了似曾相识的老街风貌。

店铺从东边的街头往西边的街尾依次搭建，一般楼高两三层，一层卖货，楼上住家。店铺外均留有两米宽的“五家居”，顶上是二楼楼板，为避雨或遮挡太阳而设。“五家居”下面街道两旁是挑着箩担来专卖甜年糕、萝卜糕、肉馅糯米糍、芋头糕、肉丸、油炸豆腐角、油炸肉肠等小吃的摊贩。卖豆腐、卖豆芽、卖咸菜、卖猪血、卖鱼虾、卖鸡鸭的小商小贩，则有固定摊位。

每逢农历三、六、九墟日，百侯街行人货物就挤得满满的，以至墟市从街头、街尾和临街巷道延伸到近街的地点。上街头有卖鱼生粥、薄饼、老鼠粄等。紧接上街头的浮桥头那边，观音亭台阶和十字巷摆满了柴炭、竹木。柿窠坪摆满了卖货摊，日常杂物有笤帚、畚箕、斗笠、扁担、锄头把、锅刷、木桶、木盆、杯盘碗筷等，还有卖鱼生粥、萝卜牛杂汤、狗肉煲、蔬菜、水果等的摊位，以及算命、卜卦的摊位。百子墟、鬼子园、关西衍派等地卖农用杂货。下街尾的黄塘坝则成为猪牛羊鸡鸭等牲畜的交易市场。

百侯街是当地的物资集散地。每逢墟日，有五六千人赴墟。本镇边远山村人都到百侯街赴墟，从梅潭河北面来的有武塘、新乐、软桥人，从东面来的有南山、白罗人，从西面来的有曲滩、帽山、双隆人，从南面来的有曹鲇人。周边枫朗、大东、湖寮、高陂、平原等地方的人，也到百侯街赴墟。有了人气，市场就兴旺。边远山区的村民，挑着木柴、木炭、斗笠、草鞋等日用杂物来赴墟；猪牛贩子从潮汕地区转运生猪，到百侯街宰杀；从福建平和、永定贩来的黄牛和水牛挤满牛行。中午时分，街尾大沙坝卖猪牛羊鸡鸭的，一圈圈一围围，非常热闹。

百侯街的墟日有四次购物高潮。上午十点以后，近地侯南、侯北的人买新鲜的食物；中午十一二点又旺一次，是山区的人卖完柴炭竹木山货后买油、盐等日常用品；下午三四点又有一次旺市，是近地的人到街市去捡便宜，如豆腐干原先五块卖一角，可降价为八块卖一角，鱼也从一斤卖三角降价为两斤卖三角。到晚上十二点前后，街上仍灯火通明，熟食店、面店、饭店等人进人出，是逛夜市吃夜宵的时候。百侯街的热闹，带来了饮食业的发达。除了驰名的薄饼、牛肉干、忆子粄、肉丸、炸肉肠等小食品，还有笋卷、老鼠粄、红豆羹、红糖糯米糕、发糕、萝卜糕、黄粟糕、牛杂汤、卤鸡鸭、云吞、豆沙包、肉包、鱼饺等。旧时村庄人口多，墟市繁华，许多传统美食让人垂涎欲滴。我小时候处于物资紧张的年代，虽在百侯街墟日看到很多想吃的东西，但口袋里没有一分钱，只有看的份。

民国时期，百侯街还建起了“德记”“同发祥”“义隆”“广成”四间卷烟厂。卷烟厂实际上是小作坊，一般是前店后厂。在烟叶收获季节，老板到福建请刨烟师傅，并派人下乡或到周边县收购烟叶。四间卷烟厂刨烟工人共有400多人，生意非常红火。小时候，我常看到“五家居”有许多卖烟丝和烟皮（干烟叶）的小摊，那烟丝和烟皮色泽鲜黄，格外引人注目，据说是南雄烤烟。过去，村里中年男人口袋里装着一个四方形的小铁皮烟盒子，盒子里装满烟丝，且放着一两叠用来卷烟丝的“三燕”牌糯米烟纸。当时，村里个别人去福建买些物美价廉的烟皮，半夜偷偷带回家，在熟人圈子内销售。路上有关卡（检查站），如果被拦住，不但货物尽被扣押没收，还要被罚款，甚至被抓起来，扣上“投机倒把”之类的帽子。后来随着政策逐渐放宽，去福建的关卡取消了，赶上墟日，乡镇（人民公社于1983年改为“乡”，1986年改为“镇”）满街都是黄澄澄的福建烟皮。

这是百侯镇经历了300多年历史沧桑的骑楼老街。且看，现在街道有四五米宽、四百余米长，保存完好的古式石柱、骑楼是百侯深厚文化底蕴的重要历史见证。现在百侯骑楼老街上街头，耸立着一座由杨应彬同志题写的“行知路”特色路牌。这条行知路沿梅潭河岸一直延伸到百侯中学校门边的古榕荫夏景点，路面已升级改造并打造成行知文化长廊。新铺筑的行知路是百侯镇新农村建设的一大亮点，擦亮了这块历史品牌。北岸的中小学教育研学营地践行“德艺同厚，知行合一”的教育理念，正以崭新的经营理念，全面优化、培育区域文教旅游新业态，与南岸的行知文化长廊遥相呼应，进一步扩展的建设项目将使南、北两岸景点串珠缀玉，增大文旅体量，丰富文旅内涵，并在美化了的梅潭河风光中展现出“诗与远方”的梦里客家图景。

我家在侯南村，距百侯骑楼老街很近，步行仅几分钟路，从儿时懂事起，直到小学读书时的周末和寒暑假的日子，我都很喜欢与小伙伴们到街上去溜达。当时，上街头前约100米的浮桥头，有木桥过侯北。据说清康熙年间，河上还没有架桥，热心乡人商议在双合渡口配备一艘渡船，以方便溪南、溪北的乡亲往来。现存碑志《双合渡记》有以下记载：“侯乡，一巨镇也，东北西流，遂分溪南北为社。烟户丛居以万计，往来非有船以渡之，不能翼而超也。乡之中有二渡矣，惟是滑濑水口之麻潭湖乡，往来要津也，固不乏行人，即乡镇之樵采者更众，病涉非一日矣。岁康熙庚寅，余曾侄嫡自资干者，同是九苞公之曾孙，概念及此，乃共商立一渡以济南市之，捐租二十石为装船养渡工之资。”后来，因用渡船渡人总是不方便，人们建议把几十艘船连在一起，这就是最早用船拼连的浮桥。水涨时，浮桥上升，水退时下降。可是，有一次暴雨倾盆时，浮桥被洪水冲走了。各族长集合在一起磋商，决定从各族的祖产中拨出一些钱粮，合力共建一座用木板铺就的木桥。

20世纪四五十年代，是百侯街的鼎盛时期。80年代初期，还有热闹繁荣的景象。如今，老街骑楼依旧，漫步其中，想象往昔繁华，别有一番滋味。

二、萧姓人吃田洋

萧氏祖淳公，历官福建漳州刺史，迁潮州路总管。后来为了躲避元兵战乱，急流勇退，解官卜居于白堠，初住溪南，后迁溪北坳头，据说那里龙局水口比溪南坪头更佳，于是定居堠北。

“堠东以萧姓为主，据称为堠北迁居者。”依靠梅潭河，水车灌溉田园，在当时是先进的农业生产方式。萧姓人因得地利水利之优势而“力农起家”“耕读传家”，故有“萧姓人吃田洋”的说法。

蔡仙圳，即蔡仙人古圳，是大埔县百侯镇侯北村的一条古圳，起源于旧寨村松栢坑口，全长约8千米，千百年来一直灌溉着侯北村1000余亩农田。

在古圳源头的悬崖峭壁上，有瀑布从几十丈（1丈=3.333米）高处倾泻而下。峭壁上刻有“悬崖飞瀑，仙人洞天”八个大字。瀑布下有一深潭，宽几丈，深不见底。传说曾有龙在水中翻腾，便有“龙潭”之称。潭边有一山洞，为纪念领头开圳引水的蔡姓女性，洞中设蔡仙人祠，塑像为女道士模样。祠后岩壁上的宋代摩崖石刻，点明了此圳为蔡仙人所开。

据《大埔县志》，清雍正七年（1729年），侯北人曾重修此圳，由萧彝章督修。他曾憩息在蔡仙人祠下，看见祠后岩壁，黝黑如漆，中间苔藓蔓铺，凹凸独异，心疑有字迹，命工人取来长梯铁具，攀上岩壁，划开苔藓，认真洗涮，得镌字数行，亟用纸拓出其文：“余甲申年四十有二，因开凿此圳，谬言四句：白侯洞里号神仙，一带江山几百年。余今开垦乾坤地，永为鬼祭蔡花田。”下署“开禧元年乙丑仲春，开山钱公超记”。细读石刻文字可知，南宋开禧元年（1205年），刻石人钱公超生于甲申年，即南宋隆兴二年（1164年），刻石时42岁。前两句“白侯洞里号神仙，一带江山几百年”诗中，“白侯”二字应最早出现在蔡仙圳的摩崖石刻。明永乐元年（1403年），朱棣在位时编纂的《永乐大典》，其《湖·潮州府总图》载“白侯”为潮州府所辖。“洞”则为南宋时期的居民组织。这两句诗还表明，号称“洞里神仙”的蔡仙人，在刻石人钱公超之前几百年就已开凿此水圳。由此可见，蔡仙圳起于南宋开禧之前几百年，可谓千年古圳。曾任刑部安徽司主事的清代百侯进士杨文振在《建蔡十娘庙序》一文中云：“宋时此地，旧辖海阳，土属僻壤，民人鲜少，文教未兴，土风朴略，以故史不及书，志有遗载”“河北（侯北）水利，人知始自十娘（即蔡仙人）。不知河北疆里，尤僻自十娘也。我河北自开禧前，高者崇林翁郁，卑者茂草芊绵，不可耕也。蔡氏十娘，壤林木，斩荆棘，始事疆里焉，堑山谷，凿石涧而水利于是开焉。”正是蔡氏十娘开古圳引水、辟侯北田洋功勋卓著，被尊称为“蔡仙人”。

关于蔡仙圳，还有其他传说。相传，此圳为蔡仙人一夜之间开成，水圳开至侯北下村下新圩时，已鸡啼破晓，仙人一闻鸡啼便立即离去，故此圳只开凿至下新圩。正是一夜凿涧八里山，琼浆流经上千年。蔡仙人祠后岩壁上的南宋摩崖石刻，几经岁月风雨，有几处字迹模糊不清，难以辨认。传说谁能读完全文，则会浮出一缸银、一缸金予他。过去曾有一个秀才前往探胜，在石刻前认认真真地辨读，已读到末端时，开始浮起一缸银，秀才内心喜悦，认定可获取至宝，续读最后几字时却辨认不清，无法读下去，眼前的一缸银随即消失。这些传说和民间故事，为文化底蕴深厚的百侯客家古镇增添了更多光彩与魅力。

古圳流淌了上千年，今日依旧清如许。长期以来，邻近乡镇人说起百侯，口语皆曰“白侯”。“白侯”是百侯地名的古称，蔡仙人古圳宋代摩崖石刻里“白侯”二字足以证明这点。据《元和姓纂》《尚龙录》等资料，“白侯”为姓氏，且出自芈姓。芈姓是中国古老姓氏，是楚国王族宗室之姓，其已分衍为其他诸多姓氏，且多以封邑名为氏。可见，“白侯”最初为因姓而名的地名，应是客家先民南迁带来的。

“摩崖释读客家史，凿墨弘彰仙圳功。”每一次细读蔡仙圳宋代摩崖石刻，我都浮想联翩。客家凤凰涅槃般的壮丽史诗总是令我感慨万千，正如乡人所写的蔡仙圳宋代摩崖石刻诗：“南迁经历几多艰，收获珍奇货满山。万古光阴生刹那，千秋凿墨入荒蛮。”

三、池姓人吃鱼塘

说到池屋，就会想到鱼塘。在侯南村，最多鱼塘的地方就是池屋，所以说“池姓人吃鱼塘”。池屋为何有那么多鱼塘呢？原来是古河道的馈赠。

旧时，梅潭河原来的古河道从大桌门弯转至上阳宫（百侯中学的学工场）脚下，形成一个大水湾后，转至笃尾塘、四角楼塘、祝三塘、留福井塘、码头塘，直奔池屋、西溪尾而流向湖寮镇。由于河道较狭窄，每逢暴雨倾盆、洪水奔腾而来时，两岸茂林修竹就被洪水冲倒而堵塞河道，汹涌的河水在百侯中学大水湾中骤然猛涨，冲破了大桌门的岩石屏障，咆哮怒吼而泻，形成了新河道。现在的“码头塘”“桥背”等，均是古河道留下的小地名。

大埔池氏开基祖是梦鲤公［南宋咸淳十年（1274年）的特科状元］的第三子念三郎公，由宁化石壁村迁到揭阳，再到白堠溪北石埂上，又迁到溪南下村。在古河道出口地势低洼处，念三郎公开辟鱼塘，大力发展渔业，每年收入颇丰。池姓虽是小姓，但人才辈出，在乡里颇有声望。

水塘玉鉴西岩景，村屋金汤南岽辉。有诗为证，诗曰：“东廓嵯峨镇一方，西岩缥缈隐青苍。呼风唤雨南阳岽，紫角青莲池屋塘。”

四、丘姓人吃祖尝

丘姓从宁化石壁村丘家坊，至莆田，迁潮北三饶金山，转上杭，落脚大埔。1371年，28岁的金山八世祖念八郎公从大埔青溪虎头沙到白堠坪头开基。坪头二世祖大五郎公，在横溪繁衍了今天的四大房，分布在横溪、大东、湖寮、百侯境内。

说起百侯丘姓，村里人几乎都听说过进士丘元遂。据传，丘元遂4岁就已读完《三字经》《千字文》《幼学琼林》《千家诗》等启蒙课本。清代同治《大埔县志·人物志·宦迹》记载，丘元遂是杨缵绪的外甥，从小得到杨缵绪的教导，六岁能文，九岁考中秀才，被广东学政惠士奇称为神童。清雍正十年（1732年），丘元遂考中举人，乾隆元年（1736年）考中进士（时年二十五岁）。

当时丘氏宗族分出很多支派，各自建祠祭祀，互不统属。在进士丘元遂的引领下，丘氏通过建始祖庙，把不同支派统合为一，而且为保证合族祭祀活动的正常进行，还创置了始祖祭产。丘元遂等人的合族活动，对丘氏宗族发展影响很大。清代嘉庆《大埔县志》记载，“丘元遂创祀田，修祖祠，族人咸赖之”。丘氏通过一原堂大宗，把各个互不隶属的小宗联合起来，从而形成一个统一的整体。举人丘植在嘉庆初年所著《我爱八章》具体描述了这种感受：“我爱一原堂，吾族溯基始。大宗联小宗，蕃衍永姓氏。慈孝同友恭，勉勉得所止。”

客家人开基立族，祭祀是团结族人的重要形式，而祀田即尝田，是祭祀的经济来源，是宗族的公共财产。丘姓人分布在横溪、大东等边远山区，可大片开发田地。乾隆元年（1736年），丘姓人建立坪头一原堂大宗祠，进士丘元遂、丘宸徽相继发起建祠合族的号召，得到大家的响应。各地尝田都向各祠堂汇总，并且在坪头建有积谷楼（四角楼）专门堆放谷物，积资放债，为繁荣百侯提供粮食保障。

坪头丘氏七世祖洪正公屡次被推选为“乡饮大宾”（是参与县中学宫官府举行的乡饮酒礼的身份，是一种高级荣誉），德高望重。族人以他的名义建立的“洪正公尝”，即祖尝，很有信誉。宗族内历代都有家族迁往潮州、揭阳，以及惠州、陆丰等沿海地区发展，他们原来开垦和经营的田地都乐意委托或典当给“洪正公尝”。“洪正公尝”又招募新来的外来户耕作，成为新佃农，因此“洪正公尝”如雪球般越滚越大。

坪头丘姓当地人口不多，却要经营和管理庞大的祖尝。各小房都要组织人力到各个地方去收租，有的干脆在当地落户，负责尝田的监督和管理。近代，族长学甫公委托畴海公为“房户头”，在铁杆称头娘光公、登簿记事印官公的配合下，将庞大的祖尝管理得井井有条，至今都没有因祖尝分配的纠纷而被诟病。除了以宗族祭祖为首要，各家的“丁子谷”、中小学生读书“学费谷”都由祖尝免费供应。出门的路费、做生意的本钱，都可向祖尝挪借。所以，祖尝与每家每户息息相关，也因此有了“丘姓人吃祖尝”的说法。

前几年，一原堂理事会在二十世孙丘建平会长的领导下，修缮了一原堂大宗祠。如今，分散在大埔各乡镇、潮州揭阳和海外的丘氏宗亲，得以归祖一原堂。坪头一原堂二房理事会，每年都发动大家捐赠“丁口钱”，用于祠堂祭祖和公益活动，这是传承祖德的表现。丘氏宗祠一原堂曾为庠序，中华人民共和国成立后长期用作公社敬老院。现在，“以旧修旧”而焕然一新的一原堂大宗祠，彰显宗功浩大，祖德流芳。

渭水千秋，礼乐传芳陈俎豆；营丘一脉，山峰拱秀荐馨香。有诗为证，诗曰：“营丘云彩绕梁柱，绣衮光辉凝瓦楞。日影低垂金缕缕，檐牙高啄碧澄澄。”

呼风唤雨南阳岽

仰望蛇形窠的葳蕤草树，我总觉得眼里装下波涛般的绿，我的目光随着山岭起伏，自然地涌向南阳岽的苍翠。说起南阳岽，我既熟悉又敬畏。小时候，每当起风欲雨时，总会听到村中大妈喊“吊梨坳雪白”或“南阳岽雪白”之类的话，意思是马上要下雨了，或“天公吓人”，暂时还不会下雨。

吊梨坳，又称吊离坳。“吊离”者，伤离别也。与吊梨坳之伤春悲秋决然不同，南阳岽，顾名思义，尽显阳刚之气。蛇形窠者，因聚岭岑之翠并涌向南阳岽而“奋发向上”。特别奇妙的是，南阳岽山形酷似母牛。若在百侯西山下路段远眺南阳岽，那就像一头巨大的母牛看着你，正合离卦的卦辞“畜牝牛，吉”，即依附南阳岽、蛇形窠，走正道，可一直通达吉祥。“柔丽乎中正”，即离卦以柔为正，似母牛外强而内顺，正是南阳岽山的性格。百侯山庄民宿位于南阳岽下蛇形窠山麓，正对面的地名叫“楼下”，那里是企南轩、太史第、海源楼、尚德公祠之门庭和肇庆堂之厅堂，一排古屋因拱秀南阳岽而气象非凡。正月春日里，南阳岽山麓、楼下肇庆堂一排古屋和南部田园皆瑞象纷呈，山庄楼宇、花木萦瑞象而升腾，蛇形窠山岭上瑞象聚合而殊祥。南阳岽山麓邻高寨处，悬崖峭壁，双流挂碧，曾是旧时“侯山十二景”之一的“石礤双流”胜景。

我小时候听村里大人讲过“南阳岽求雨”的故事。后来，我曾在刘锦云女士《百侯往事》等书中读过南阳岽求雨的故事。话说民国三十二年（1943年），天大旱，赤地千里，田里的禾苗枯死了。生活在闭塞山村的百姓，以为有人得罪了天公。于是，在乡绅耆老的组织下，村民向天公谢罪，祈求天公降下甘霖，拯救百姓，拯救苍生。清早，乡绅带领求雨的村民，在大沙坝集合。那里早已安放了观音娘娘的神座，桌上摆满了斋果等供品。年岁较大的老人和勤劳种地的男人，身穿白衣、白裤，披麻衫、蓑衣，手持铜杖，举着“乞求甘露”的幡旗，排在队伍前头。求雨队伍祭拜完毕，便浩浩荡荡地出发了。领头的老人带领几个壮汉抬着观音娘娘的神座，队前有人放铳炮（土炮），队中有人手持铜锣领呼“皇天落雨”的口号。“锵！锵！”锣声一响，众人一齐下跪，尔后三步一跪，五步一拜，再跟着喊：“皇天落雨！”大家朝南阳岽方向徐行。众人每喊一次就要跪一次，对不跪的人，要用棘棍敲他以提醒。按规定，男人才有资格参加求雨仪式，小学男生可以去，妇女是不能去的。妇女们在路边准备好稀粥，让年老体弱的人喝一口。众人终于把观音娘娘的神像抬到了南阳岽。南阳岽是村南最高的山峰，村民认为，南阳岽离天近，天公能听到百姓的呼声。祭了天神，回到村里，人们仍然忐忑不安：天公会不会降下甘霖呢？因为观音娘娘的表情也是愁云满面，像流泪似的。天没有下雨，人们接着组队到东边的廓山嶂求雨，观音娘娘的表情仍然是愁云满面。一连求雨几天，天终于下雨了。有如“东风飘兮神灵雨”，久旱逢甘霖，农民得救了。人们认为，天公降下甘霖，是求雨求来的。

求雨，体现了百姓对雨水的崇拜。在客家人的水崇拜观念中，雨是水崇拜的主要对象之一。水是农业的命脉，在生产力相对落后、主要靠天吃饭的古代农耕社会，农业的丰收几乎完全建立在风调雨顺的基础上。农业对水特别是雨水过分倚重，使得百姓对雨水的崇拜之情相当强烈，由此衍生出许多对雨水崇拜的文化现象，不少还带有神秘色彩。

正月山庄的春日里，适逢春雨季节。瞻眺全村，时有岭南烟雨景象。在雨水飘洒的日夜，我总会想到杜甫的诗《春夜喜雨》："好雨知时节，当春乃发生。随风潜入夜，润物细无声。"今春雨水特别多，由"呼风唤雨南阳宗"的故事联想到乡人写侯山景色的诗《庚子十月廿八回百侯有咏》："东廓嵯峨镇一方，西岩缥缈隐青苍。呼风唤雨南阳宗，紫角青莲池屋塘。砧杵晨钟摧混沌，溪流马阜送扶桑。摩崖释读客家史，凿墨弘彰仙圳娘。"乡人这首诗生动地展现了村庄胜景，兼具自然现象和人文历史，细读很有味道。

金枝玉叶肇庆堂

若在百侯山庄民宿住几天，可随时散步到对面叫"楼下"的地方看看。大埔肇庆堂，又名敬修衍庆，是中西合璧的客家民居经典建筑。该屋建于民国六年（1917年），由侯南村人杨敬修的儿子杨荫垣、杨俊三兴建，占地面积3200平方米，建筑面积1951平方米。肇庆堂主体为"堂""横"组合的府第式客家围屋，围屋侧是一幢精美的两层西式洋房，为三进院落四合院布局，硬山顶，穿斗与抬梁相结合，砖石木混合结构。堂内所有的梁柱、斗拱结构严谨精密，并绘有山水、花鸟、人物，雕有龙、狮、虎、豹等图案，工艺精致。堂的屋顶、外大门屋脊饰有各种花鸟、瑞兽、鱼虾。堂内共有12间房间、6座厅。堂外设一大门坪，门坪外筑有高墙，左、右对称分设二外门。堂后辟一半圆形后花台，筑有高墙。肇庆堂远观粉墙黛瓦，清淡素雅；近看雕龙画凤，工艺精湛，其装饰艺术既体现了岭南建筑朴素中的精致、繁丽中的淡雅，又展现出清新活泼的多元特色。2009年，大埔肇庆堂被广东省评为省级文物保护单位。2013年，广东省拨资70万元，对肇庆堂进行修缮。2012—2014年，大埔县投入500多万元，修缮了肇庆堂、永庆堂等一批古民居。2019年10月，肇庆堂被列入第八批全国重点文物保护单位名单。

肇庆堂主要部分为一座客家围屋和一座西式洋楼，中西合璧。围屋坐东北朝西南，是比较典型的横堂式围屋——双堂双横，空间布局是严格的左右对称，而西式洋楼是三面回廊的中轴对称式布局。正大门大致朝东，这种布局被当地居民称作“老虎卧”。

广东近代传统民居多引进西洋的彩色玻璃，肇庆堂就是其中之一。围屋中庭两边的木门上，熠熠生辉的彩色玻璃与木门精美的雕刻交相辉映。不仅在洋楼处，在中式围屋中也使用花样精美的铁艺装饰，还特意设计制作了铁艺的围屋窗花，既美观又实用。西洋风情装饰常用曲折、动态的波浪形装饰线条，这种装饰手法在肇庆堂的围屋中也有所体现，比如各种线条动态饱满的装饰构件、窗户上波浪形的叶子状装饰灰塑、横屋正立面屋脊上流畅曲折的装饰线条等。

肇庆堂围墙外是百侯长寿小公园，小公园里有寿仙雕像和“福泽大埔，寿度千秋”大埔世界长寿乡品牌形象口号。这品牌形象口号的八个字与肇庆堂下堂悬挂的陈炯明所书的“仁登寿域”牌匾文字内涵一致，乃提炼寿域之精粹，演绎古镇之文采，仿若穿透历史时空，相依共锦绣，相映齐生辉，增溪山之灵秀，添风物之异彩，可谓“日月如合璧，五星如连珠”。肇庆堂牌匾所书“仁登寿域”，有“仁者寿”之意，这并非溢美之词。据《民国大埔县志》，被称为“仁者寿”的清代百侯百岁以上老人包括：萧琨国，103岁，忠厚和平，与物无忤，人称长者。杜学使奖“升平人瑞”。奏准颁赐缎、肉、建坊、六品顶戴。子六人，亲见玄孙。林汝柱，103岁，他朴茂，不预外事，寿晋期颐，乡人制“百龄人瑞”匾荣之，越三年而后卒。张萃华，101岁，光绪丙戌赐顶戴并奖“寿身寿世”。温与龄，100岁，有“期颐介祉”匾，光绪丁亥奖。萧宸捷继室李氏，103岁，性情温惠，孝事翁姑、相夫以德、闺阃钦范之，恩封孺人，赐彩缎，建坊百侯西山下，额曰“翰院孀辉”。张湛斋室邬氏，103岁，道光间赐银缎建坊并“贞寿之门”“七叶衍祥”额，以孙家缙貤赠宜人。杨赞绪继室蓝氏，102岁，恩赐银缎建坊，额曰“七叶衍祥”“贞寿之门”。杨印会室张氏，100岁，端庄贞静，与夫方正廉隅，称为德配。子三次思顺，尤孝事母，自耄耋至期颐，未尝稍怠。蔡学使旌“淑德遐龄”。

肇庆堂既传承客家民居建筑风格，又融入西方建筑精华，是一座中西合璧的客家民居建筑。西式洋楼共两层，各层平面布局基本一致，采用五跨开间、两跨进深、三面回廊的中轴对称布局。洋楼贯穿二层的中心天井是西洋建筑与中式庭院结合的产物，这种中、西建筑语言的交融与碰撞，无论是洋楼还是围屋均有多处体现。方整的平面轮廓、严谨的中轴对称布局、瓦制双坡顶等都是中式建筑风格，被巧妙地运用到肇庆堂西式洋楼中。

肇庆堂正堂的横匾“肇庆堂”为国民党原将军张发奎所书，下堂横匾“仁登寿域”是民国名人陈炯明所书。屋内的梁柱、斗拱、屏风和门窗保留一幅幅雕刻和绘画图案，仅雕刻就有镂空见角的透雕、打磨圆滑的圆雕和深浅起伏的浮雕，有石雕、泥雕、木雕和瓷雕四大类。

肇庆堂耗费巨资，历时五年多建成。正大门上的“敬修衍庆”是杨氏兄弟为纪念父亲而命名的。纵观整座大屋的雕刻和绘画，构图奇特，意境无限，最具代表性的非中堂屏风门莫属。该屏风门由10块硬木组成，高约3米，左、右四扇屏风门的上半部分，分别刻凿“忠”“孝”“廉”“节”四字，中间四扇屏风门刻凿“福”“缘”“善”“庆”四字，文字高约1米，工整凝重，给人一种威严的感觉，屏风门下半部分绘有流传甚广的民间传说图，极为生动。肇庆堂的建筑装饰艺术既保存着客家民系的建筑工艺，又蕴含独特的文化内涵，同时融合了异域文化的风情，是难得一见的中西装饰艺术和谐融合的客家建筑的实例。其装饰艺术总体上既体现了岭南建筑特色，也体现了中西装饰艺术的和谐融合，丰富多样又别具一格，具有卓越的艺术成就。装饰艺术集客家传统民居装饰艺术与西方近现代建筑艺术之大成于一体，可谓金枝玉叶。

“美景一时观不尽，天缘有份再来游。”肇庆堂屋檐下斑驳的诗句（出自朱元璋《庐山诗》），揭示了百年后百侯乡村古建筑的历史人文价值。肇庆堂旁边的尚德公祠（秩叙堂），是一座“杨氏家庙”。尚德公为杨氏小宗六世，是克昌公第三子，名杨瑄。从尚德公裔孙十五世举人杨炯所作《尚德公新建祠堂记》中可知，此堂建于“宁远楼”左侧，由十四世杨时化联合尚德公传下的诚善公和适敷公两房人合建，建于清乾隆五年（1740年），有近300年历史，占地650平方米，建筑面积420平方米。尚德公祠坐东北向西南，前迎磜水，后枕廓山（廓岭山），左耸南阳（南阳崇），右峙西山，现在是百侯名镇旅游区游客中心。

尚德公裔孙十六世杨兆德，性慷慨，有臂力，以军功授行营外委至四川开县（现重庆市开州区），三十余战皆捷，授予正五品守备。后王三槐于川东作乱，杨兆德孤军守东郭雷家山，腹背受敌，光荣殉职，乃忠勇之士。堂名“秩叙”，意为依班次受禄，出自《周礼·天官·宫伯》：“掌其政令，行其秩叙，作其徒役之事。”公祠下堂有“忠铭国史”“四代荣封”两块匾，分别由征川大元帅明亮·觉罗吉庆和兵部尚书、两广总督阮元为杨兆德所题。大门对联曰：“琴堂泽旧；甲第春新。”

尚德公祠作为百侯名镇旅游区游客中心，门口是小广场，广场外新筑有牌坊，牌坊门额上书“中国历史文化名镇——百侯”，门联曰“山水美山水；百侯出百侯”。牌坊入口正对着海源楼。

海源楼，建于民国六年（1917年），为杨潮荣在马来西亚经商兼做“水客”赚钱后所建。这是一座典型的中西合璧式建筑，外形为欧式，内为中式。平面布局呈长方形，高三层，前后均有很宽的走廊，柱子有圆有方，为钢筋混凝土浇筑。大门设计为欧洲教堂风格，屋顶继承了客家民居建筑特点，呈“人”字形，二、三楼室内为木构件组成，中西风格相得益彰。海源楼是当年“水客文化”的鲜活标本，也是海上丝绸之路的历史见证，现为百侯侨批文化展览馆。进门的顶上还有八卦形装饰。海源楼是清末至民国连接南洋及侯南村的“邮局”，也是百侯华侨之乡“水客”众多的象征和见证。近年来，百侯镇高度重视侨批历史保护工作，于2014年依托海源楼完成了侨批馆修缮布展工作，选编了广东侨批产生背景、运营模式、抢救保护、价值再现的图片等内容，保存并展示了国内外众多侨批档案。

沿小广场横向行走，可看到建筑风格独特的企南轩和门庭宽敞富丽的太史第。企南轩是杨之徐书斋，始建于清康熙四十五年

（1706年），民国六年（1917年）曾重修。企南轩占地1252平方米，建筑面积1490平方米，由一座堂横屋和一座西式洋楼组成，也是中西合璧的建筑，西式圆弧门窗与中式窗格浑然一体。大门联曰“源流千里；溉灌万顷”。杨之徐生前所著《企南轩诗集》，为百侯重要的地方文献。企南轩也是安徽省人大常委会原副主任杨明的故居。

太史第与企南轩相邻，占地面积3000平方米，坐北朝南，为三进院落的官厅式古民居，是百侯杨缵绪考中进士钦点为翰林时所建，故称为“太史第”，建于清乾隆年间，已有280多年历史，现为农耕文化展览馆。

“肇庆堂前风亦碧，蛇形窠上树氤氲。”瞻眺楼下肇庆堂等民居古屋，其墙瓦门庭何其壮观，可谓阀阅之盛，溢彩流光；其人物高才何其雅赡，可谓懋功德辉，清识澈照，郁有佳称。值此二月春风碧碧兮，光辉载朗，拱秀南阳岽。蛇形窠下山庄园林花木亦呈一派瑞象，此乃天赐之福地，应是“天保定尔，俾尔戬穀”。

百侯杨氏源流远

杨姓是中华姓氏之一，最早源于春秋时期的杨国（今山西省洪洞县），为隋朝、南吴的国姓，是一个多民族、多源流姓氏，主要源自姬姓及少数民族改姓等，在宋版《百家姓》中排第16位，杨伯侨为得姓始祖。“杨”是太阳的意思，由“木”和“昜”组成。“木”在这里特指扶桑，在《山海经·海外东经》等中国古籍中，扶桑树生长在东方大海上的汤谷（今连云港云台山）。昜、阳、羊、杨、扬、汤、蝪、蜥等，远古时同义，可以相互替代，所以“昜”是“日升汤谷”的形象描写。相传，居住在汤谷的古老氏族采用扶桑纪历。扶桑纪历是观测太阳在扶桑树东西（阳阴）两侧的升落高度规律，这个规律被东夷人确定为五阳五阴，合称“十日”，也就是“十天干”。观测时总是一个太阳一个太阳的位移，传作“一日居上枝，九日居下枝”。这就是扶桑汤谷“十日”的本义。这种扶桑树也称杨树，以此为图腾的始祖就是古老的杨氏族，由此产生了杨氏族徽，最终形成了姓氏。

百侯古称“白侯”，其名最早可见于蔡仙圳的摩崖石刻。明嘉靖五年（1526年）设置大埔县时，白侯被称为“白堠”。清康熙二十七年（1688年），进士杨之徐倡议将“白堠”改成“百侯”，寓意“白堠辖地，出百位封侯”。新地名“百侯”提出后，在清代中后期逐渐被采用，明代称的溪南社也随之变成侯南村。

一、从石壁村到铁炉坝

福建宁化石壁村，被称为客家南迁的中转站，是客家祖地。“问我祖先在何处？山西洪洞大槐树。祖先故居叫什么？大槐树下老鹳窝。”这首流传甚广的民谣，是移民历史记忆传承的符号；这大槐树，是村庄的标志，是故乡的代称。槐树，亦成为中华传统文化的诗化意象。

例如，侯南村东边山下坪的大屋“关西世胄”，名为“植槐堂”。“植槐”，意即培养后裔勤读苦耕，以获功名，报效国家。在百侯，“植槐堂”是保存完好的传统民居中规模最大、历史最悠久、风格最独特、石雕艺术作品风格和内容最丰富的一座客家传统建筑，是优秀客家民居建筑的代表作、石雕艺术的典范。这座大屋不论在规模上还是年代上，均居百侯民居建筑之冠。“植槐堂”堂名牌匾高挂在祖宗牌位前木梁上，两边木柱上原挂有鎏金字半圆形的木刻祖训：“绍祖宗一脉渊源克恭克孝；开子孙两条正路曰读曰耕。”先祖重视文教，除大屋设有多处书房，还另外建造两处独立书斋。在桥背的书斋名曰“锄经”，占地500平方米，内有书室10余间；在月形峰山脚下的书斋名曰“见南轩”，是子孙后人读书学习的场所。先祖一直崇文重教，故植槐堂人才辈出。仅在清代，就培养出国子监监生以上读书人47位，其中进士2人，入仕9人。十五世祖搢云公和十六世祖柱峰公（鸣岐）都曾相继任七县知县，官至四品，故有外大门对联“花栽七县；棠芾一州”。

历史上，由于战乱、饥荒、兵灾以及政府的奖掖安排，还有外地经济的吸引等因素，大批中原汉人南迁。这些南迁的汉人被称为客家人。客家人的迁徙始于东晋，而作为一个独立民系的形成则是在五代以后。五代以后迁徙的客家人，被认为是“正宗”的客家人。在迁徙过程中，这些正宗的客家人大多经过了宁化石壁。他们在石壁居住，繁衍生息数代，数百年后，又陆续辗转迁往闽西、广东、广西、四川、湖南、香港、台湾，以及国外的东南亚各地。他们多称一世祖出自石壁，石壁便自然地成为这些客家人的第二祖籍。

以下是客家祖地福建宁化石壁村的更多资料：

石壁村位于福建省三明市宁化县西，闽赣边界武夷山的东麓，与江西省石城县毗邻，是一片比较开阔的盆地。石壁既指村落，又指地域，包括周围村落；石壁是中心，也是这一地区的代称。史料中所称的“石壁峒”“石壁村”“石壁寮”“石壁城”等均泛指石壁盆地，总面积近200平方千米。

宁化石壁是客家民系形成的“中心地域”，也是世界客家人的“朝圣中心”，被誉为客家摇篮和客家民俗文化的发祥地。最原始的客家话在这里形成，最古老的客家民间艺术、山歌、戏曲在这里诞生并流传开来，最古朴的客家服饰从这里产生，最早的客家礼俗从这里延续。由于战乱，大量中原汉人背井离乡，辗转迁徙到以宁化石壁为中心的闽赣接合地区。当时聚集到宁化或石壁居住的客家人，来自8个省50多个州县。这说明他们在迁徙到宁化之前是分散的，尚未形成独立的民系。唐宋以来，每逢清明节、重阳节，世居潮梅地区的各姓客家后裔代表都会跋山涉水回到客家祖地石壁寻根问祖，祭拜祖上，盛况空前。

1992年以来，宁化县人民政府斥资，四海贤达襄助，在石壁村兴建客家公祠及配套建筑。以客家公祠为主体，先后兴建了停车场、接待站、管理房、长廊、牌楼、客家之路、碑亭、功德碑、玉屏堂、碑林、文博阁、客海寺等，占地1万余平方米。公祠主体占地3000平方米，建筑面积5000多平方米，分前、中、后三厅，由回廊连为一体。前厅（亦称“下廊”）供歇脚、陈列姓氏渊源资料；中厅为正殿，也称玉屏堂，即神祖堂，堂内祀奉着客家160个姓氏的始祖神位，供祭祀朝拜，一次可供300多人同时祭祖；后厅称文博阁，为展示客家文化、珍藏谱牒及文物资料，供观赏、查找、阅览之用。公祠的祠匾上，“客家公祠”四个鎏金大字为全国政协原副主席叶选平所题书。公祠四周开阔挺秀，风光绚丽。公祠左侧的客海寺金碧辉煌、香火不断、烟雾缭绕；公祠右侧的碑林，可供立碑、游览、观赏。公祠正下方，有一碑亭，古朴典雅的亭中立着一方大石碑，正面镌刻太平绅士、客家贤达姚美良先生题撰的“客家魂”三字，背面镌刻祠记。

1995年客家公祠落成至今，这里每年都举办一届“世界客属石壁祖地祭祖大典”，并将每年10月定为“祭祖月”。祭祖大典期间（每年阳历十月十五日至十月十七日），众多海内外客家人千里寻根，共聚石壁，虔诚谒祖，有祭诞、仪仗、乐舞、主事、仪式等五个流程，而后查阅族谱等史料，细品客家酒娘、石壁擂茶，欣赏客家山歌、舞蹈等艺术表演，祭祖大典庄严肃穆，场面宏大、古典性强，民间文艺节目丰富多彩，客乡情结浓郁。

由此我联想到，百侯杨氏始祖（亦是埔邑杨氏始祖）四十一郎公也是从石壁村迁来的。四十一郎公，先世居江西，因避宋兵战祸而徙居闽汀宁化石壁村，始迁于粤潮大埔永安社维新甲大靖下北塘松林下“金鸡孵卵形”肇基立业，开居“受祜堂”，妻余氏，生一子，留居北塘。此后，四十一郎公因往清远都百侯铁炉坝为商，观看地形善美，在侯庶娶沈氏小六娘，开居“孝祀堂”。生一子，即大一郎。花栽两地，根繁叶茂，乃成埔邑望族。公与沈婆太合葬百侯曹碓坑“五魁弄金狮”，坐丙向壬，碑记云：“大明万历二十一年癸巳仲春吉日修茔，始祖四十一郎杨公、六娘孺人沈氏墓，康熙十年辛亥十一世宗孙闱、士彦等筑，宗孙泷等仝立石。”

祭祀百侯杨氏先祖的杨氏家庙延庆堂，俗称“下祠堂”。其坐北向南，三堂结构，是祠庙建筑。此堂雕梁画栋，富丽堂皇，属杨氏小宗。传说始祖四十一郎公由西河迁入，得天时地利之灵气，在铁炉坝打铁谋生。据史记，杨氏四世祖清隐公，勤俭起家，生三子，悉拮据勤劳，贻谋燕翼，爰就祖遗之溪南中上，创置基址，鸠工筑室，上栋下宇，规模画一，额曰“有庆”。经两百余载，子孙繁衍，文物蔚起。思祖堂狭窄，由尚德公房十世孙敏恪公（杨世亨），计丁科银，生放利息，于明崇祯八年（1635年）鼎建宗祠，轮奂聿新。后连值鼎革，栋颓宇废者二十年。清顺治丙申年（1656年），停祭三年，祭租生放，至康熙丁未年（1667年），十二世孙杨士薰始诹日重建，栋宇焕然复新，共奉始、二、三世神主，并改名“延庆堂”。

从康熙年间开始，白堠乡组织文会，进行教育制度化建设，得到了各宗族的大力支持，杨氏文会就设在延庆堂，并由族中宿儒主持。民国时期，作为乡间小学，延庆堂继续为家乡文化发展贡献力量。改革开放后，农村经济快速发展，宗族文化得到复兴。合族裔孙勠力同心，修缮延庆堂，使其面貌焕然一新。今天，游子归来，慰藉乡思，崇宗敬祖，团结族人，成为宗族圣地。

“庆”指福祚，“延庆”即后代延续福祚，出自《后汉书·朱景王杜等传论》：“若夫数公者，则与参国议，分均休咎，其余并优以宽科，完其封禄，莫不终以功名，延庆于后。”延庆堂，对联有“延瞻依百世；庆俎豆千秋”“行仁义事；存忠孝心”“继别作堂基，前能守，后能开，瓜瓞绵绵垂世泽；穆昭联子姓，爱则存，懿则著，蘋蘩采采怿先灵”“枕碧流朝翠巘族聚于斯同启宗支蕃衍；峙东廓拱西屏堂开兹胜式昭德隐灵光”。

二、从大书斋到翰林书香

杨氏四十一郎公往百侯铁炉坝，操持铁业，其后子孙繁衍，逐渐发展为百侯杨氏之望族。清康熙、乾隆年间编修的杨氏族谱记载，百侯杨氏始祖（亦是大埔杨氏始祖）四十一郎公，据传系延平龟山先生后裔。这“延平龟山先生”指北宋著名理学家、教育家、诗人杨时。四十一郎公传八世淮公，建大书斋开百侯文脉之先。

大书斋建于明嘉靖年间，由杨之徐的先祖杨淮所建。据说，杨淮曾聘请福建名士陈令、陈仕贤等为师，教育子弟。一直到民国年间，大书斋仍作为学塾，杨淮所传子孙均可在其中读书。

在侯南村，杨氏先人所建的大书斋、兰台书室等学堂和私塾至今仍存，弥漫着翰林书香。

百侯在科举上的显赫，乃当地先贤数代推动文教的结晶。其中的关键因素，便是杨氏等望族深厚家学的积累，以及百侯地区浓厚书香风气的形成。

清康熙、雍正、乾隆年间，百侯杨氏在科举中屡创佳绩，最具代表性的莫过于“一腹三翰院”的佳话。“通议大夫第”，俗称“一腹三翰院”，是指该屋主人杨缵绪与其弟杨黼时、杨演时，在清康熙、雍正、乾隆年间，先后考取了进士，而且都成为翰林院大学士。

杨士薰家族科举考中人数多，数量大，占全县的比重大。据统计，整个清朝期间，白堠的情况：翰林5人，杨士薰有3个孙子是翰林；进士23人，杨士薰有1个儿子、5个孙子和2个曾孙考中进士；有文举人共128人，其中杨士薰家族有21人。

百侯民间有“借书种”的传说。相传，清乾隆年间，饶平县石井村有一位姓刘的财主，为了“借书种”，特地来百侯寻娶媳妇。有人介绍，翰林杨黼时有个最小的女儿满姑未嫁，于是刘财主找上门去说亲。杨黼时不愿小女嫁到较远的饶平，但出于礼节不便拒绝，于是出难题，要求刘财主明天准备100箕甜粄。没有想到，刘财主当天回程时，一路雇佣农家为其蒸粄。据说，当晚石井村中碓声不绝。第二天，刘财主将东西提交给杨家，杨黼时又见随行的未来女婿长相端庄，谈吐得体，便答应了此门婚事。满姑嫁到饶平石井刘家后，生下两个儿子，长至学童后送到百侯外公家读书。后来，兄弟俩同时考中举人，轰动当地。当地人认为，这是百侯“书种”传过来的结果。两兄弟中的刘映华还于道光二年（1822年）考中进士。这个故事反映了百侯文化受到周边地区的高度认同，也对周边地区产生辐射作用的事实。

对于百侯民间“借书种”的传说，人们不禁要问：百侯最初的“书种”从何而来？有一种说法是百侯的“书种”来源于“京师”。现把这种说法整理如下：

话说当年，杨之徐曾与儿子杨缵绪探寻过“读书真种子”的问题。清雍正二年（1724年），时任浙江道监察御史、“一腹三翰院”之一的杨缵绪，因为得罪权贵，被罢免官职而回到家乡。《大埔县志》记载了他与父亲杨之徐见面后的一段对话。杨之徐问杨缵绪：“京中大人君子曾有指授汝以读书真种子乎？”缵绪曰：“发京前一夕，少宰沈公近思特至寓送行，教以读宋儒诸书，不如熟玩《四书集注》。盖此书朱子精力所聚，其他千言万语大旨不出此，苟能玩索而体察之，身心受益不浅。”之徐闻之，大喜曰：“此分明指引程朱路也。”

杨缵绪说的“少宰沈公近思”，即沈近思，字位山，浙江钱塘人，清康熙三十九年（1700年）进士，雍正二年（1724年）任吏部右侍郎。杨缵绪得罪权贵，免职离京，一般人避之唯恐不及，而沈近思到他的住处送行，推心置腹地谈论“读书真种子”问题，显示两人关系匪浅。

上文提到的杨之徐是杨士薰儿子，天资聪颖，年少读书，过目成诵，年仅10岁，即执笔为策论，挥斥经史，究极古今，出语惊长老。清康熙十四年（1675年），中举人，同榜中，之徐年龄最小；康熙二十七年（1688年），29岁考中进士；康熙三十四年（1695年），被任命为河南光山知县。在任知县期间，“访询百姓疾苦，有不便于民者，尽行裁事。听狱断讼，誓不受暮夜金”。在任期内，修文庙、续旧志，颇有政绩。因受奸人诬陷，上院借以遂怨竟入弹章，他处之泰然，心中毫无芥蒂，两袖清风，返回家园后杜门教子。正是他与家族教子有方，他有5个儿子先后考中进士，11个孙子考中举人，另有2个侄子考中进士，3个侄孙考中举人。其中，杨缵绪、杨黼时和杨演时三人先后考取了进士，进入翰林院，成就“一腹三翰院”的辉煌事迹。

清乾隆十二年（1747年）四月，时任广西桂林府知府的杨缵绪接到家信，得知在刚刚结束的丁卯科乡试中，杨家有7人同时中举，其中2人是杨缵绪之子，其余5人是其侄子，杨家因此获得“同堂七魁”之誉，整个府衙一片庆贺之声。

纵观清朝的科举，杨士薰家族有如下引人注目之处：

杨士薰儿子杨之徐，清康熙十四年（1675年）中举人，康熙二十七年（1688年）中进士。

杨士薰孙子、杨之徐儿子杨缵绪，康熙六十年（1721年）中进士，选庶吉士，改吏部员外郎，迁监察御史。

杨士薰曾孙、杨之徐孙子、杨梦时儿子杨允玺，清雍正八年（1730年）中进士（明通），其家被称为“三世科甲”。

杨士薰孙子，杨之豫儿子杨昶时，清雍正十三年（1735年）考中举人。

杨士薰孙子、杨之徐儿子杨翩时，清乾隆元年（1736年）中进士，选庶吉士入庶常馆，后授编修以御史用。

杨士薰曾孙、杨之徐孙子、杨又时儿子杨必振，清乾隆六年（1741年）考中举人。

杨士薰曾孙、杨之徐孙子、杨绍时儿子杨必蕃，清乾隆七年（1742年）中进士。

杨士薰孙子、杨之徐儿子杨演时，清乾隆十年（1745年）中进士，选庶吉士，授编修。

杨士薰孙子，杨之梁儿子杨缵烈，清乾隆十年（1745年）中进士（明通）。

杨士薰孙子，杨之梁儿子杨文振，清乾隆十年（1745年）中进士。

杨士薰曾孙、杨之徐孙子、杨缵绪儿子杨德基，清乾隆十二年（1747年）考中举人。

杨士薰曾孙、杨之徐孙子、杨缵绪儿子杨锡恩，清乾隆十二年（1747年）考中举人。

杨士薰曾孙、杨之徐孙子、杨黼时儿子杨德徵，清乾隆十二年（1747年）考中举人。

杨士薰曾孙、杨之徐孙子、杨茂时儿子杨必诜，清乾隆十二年（1747年）考中举人。

杨士薰曾孙、杨之徐孙子、杨黼时儿子杨德瑞，清乾隆十八年（1753年）考中举人。

杨士薰曾孙、杨之徐孙子、杨黼时儿子杨德彰，清乾隆三十九年（1774年）考中举人。

杨士薰曾孙、杨之徐孙子、杨黼时儿子杨德邵，清乾隆四十五年（1780年）考中举人。

杨士薰玄孙、杨之徐曾孙、杨缵绪孙子、杨德培儿子杨中迪，清乾隆四十五年（1780年）考中举人。

杨士薰曾孙、杨之徐孙子、杨演时儿子杨德棠，清乾隆四十八年（1783年）考中举人。

杨之徐玄孙、杨梦时曾孙、杨允玺孙子、杨寿磐儿子杨尧左，清乾隆五十九年（1794年）考中举人。

杨德培玄孙、杨中迪曾孙、杨受昭孙子、杨丹诏儿子杨同桢，清道光二十六年（1846年）考中举人。

杨士薰家族多出科举人才，对乡村社会的变迁和发展产生了深远的影响。

三、从五星归垣到三十六巷

杨氏八世祖淮公建大书斋，乃开百侯文脉之先，功勋卓著，彪炳千秋，而为祖父达尊公（杨安公）构筑的“五星归垣”风水格局之大，更是彰显尊敬先祖、慎终追远之功德无量矣。当年，八世淮公请风水名师精心构筑祖父达尊公（杨安公）坟墓于现在的侯南体育场南面。今大坟顶申锡堂旁边与之一路之隔的百侯电影院，原先是杨六世达尊公的坟地，此地名为“五星归垣”。

“五星归垣”之名，源于天有五星、地有五行、天造地设、五星聚精、万灵所萃，乃风水格局中至尊至贵者也，而且尽东西南北山之禀赋，诚为侯山最尊之吉地。

杨氏六世祖达尊公（杨安公）“五星归垣”坟墓在“文革”时期未得到保护。当年，由杨氏十二世祖士薰公之子杨之徐带领村民，以该坟墓为中心，修筑了四通八达的巷道，巷道由鹅卵石铺成，路中的石头稍大些，排得很整齐，巷道两侧围以高墙，村民的房屋都围在高墙内。以前每条巷道出口处都安装石门，派人守御、打更、定时开关、严控出入。正是这些互通互连、风格相同的36条巷道，把古村落的各类宅子和祠堂连接在一起，形成村庄迷宫一样的奇妙布局。原来以侯南体育场“五星归垣”吉地为中心的三十六巷，是杨氏十三世祖之徐公倡导和参与修筑的。

行走在侯南村三十六巷，鹅卵石铺成的石路蜿蜒曲折，偶尔能看到屋主为求平安在墙上安置的刻有“石敢当”字样的小石碑，巷头巷尾随处可见古朴大方、精美绝伦的古建筑。作为清代粤东地区的科举重镇，百侯古镇留下了众多名人故居、仕宦官邸、书斋等。据统计，百侯现有保存完好的明清古屋120多座，其中既有官宦富商的深宅大院，又有别具一格的大小祠堂，既有原始典型的客家民居，又有亦中亦洋的建筑院落。只有真正住下来，沉浸式地深入探寻，才可能全面领略并深刻感受其中的精彩。

“石路透迤略约斜，映山红是杜鹃花。牛行屋后鸡栖树，世长茅檐三五家。”清代杨黼时诗中描绘的山村小景，如今在百侯仍可见。比如，在百侯山庄民宿住下之后，可从对面约100米远的肇庆堂等古建筑群开始，慢慢了解全村古屋民居。同时，百侯山庄民宿占尽南阳岽山之地利，在宽阔视野里，北有天保寨，东有廓山嶂，西有西山岭，乃合侯南体育场村中心地脉之一端，正所谓“火星耸于南”。

《山海经·海外东经》云：“汤谷上有扶桑，十日所浴，居水中。九日居下枝，一日居上枝。”汤谷即“旸谷”，是神话传说中太阳升起之处。先秦屈原《楚辞·九歌·东君》曰：“暾将出兮东方，照吾槛兮扶桑。”王逸注：“日出，下浴于汤谷，上拂其扶桑，爰始而登，照曜四方。”晋代陶渊明《闲情赋》曰：“悲扶桑之舒光，奄灭景而藏明。”逯钦立校注：“扶桑，传说日出的地方。这里代指太阳。”明代凌云翰《关山雪霁图》诗曰：“扶桑飞上金毕逋，暗水流澌度空谷。”清代颜光敏《望华山》诗曰：“天鸡晓彻扶桑涌，石马宵鸣翠辇过。”杨缵绪《侯山十二景·东廓晚霞》曰：“嵯峨雄镇位勾芒，十二冕旒缀建章。一片红光回暮景，翻疑海日涌扶桑。”诗中“扶桑”，代指太阳，且扶桑树也称杨树，由此产生杨氏图腾、族徽，而且扶桑象征杨姓之光耀千秋矣。

四、从南麓公祠到永庆公园

昔日的“百侯人民公社”已改名为“百侯镇政府”。镇政府大门前，向东约20米处是新修缮的南麓公祠。清乾隆十二年（1747年），为纪念杨氏十二世祖士薰公而兴建的南麓公祠，至今已有270多年历史。

南麓公祠在20世纪60年代被改作百侯粮所，后因粮食购销体制改革，粮仓人去仓空。由于祠堂年久失修，尘泥渗漉，雨泽下注，檐瓦摇摇欲坠。百侯杨氏裔孙于2010年1月开始动工修缮，2012年11月修缮竣工，使南麓公祠得以焕然一新，并作为百侯翰林文化展览馆，展示百侯翰林文化与中国科举文化。

南麓公祠旁边数米远有杨缵绪故居通议大夫第和杨德昭故居文明毓秀等，前面约30米远为“一腹三翰院”中的二翰林杨黼时的太史第，已作为百侯国学文化博览馆。肇庆堂那边，有“一腹三翰院”中的大翰林杨缵绪的太史第，已作为百侯农耕文化展览馆。从南麓公祠到永庆公园约100米地段，赫然可见写着“翰林别院”四字的客家檐瓦式的漂亮门楼。这是新建的“翰林别院”园林式民宿，占地1500平方米，共有19个高品质客房。2024年1月1日，杨骏虎先生投资1000多万元打造的高品质民宿“翰林别院”在百侯镇揭牌开业。该民宿的开业，为百侯实施百县千镇万村高质量发展工程添砖加瓦，更为百侯文旅事业发展注入鲜活动力。

南麓公祠后面约20米处是码头塘和原来的百侯粮所。原百侯粮所办公场所也是一座客家檐瓦建筑，码头塘四周和永庆堂相邻的地方都是粮所范围，曾有粮食加工厂房和职工宿舍。昔日热闹的百侯粮所已被全部拆除，建成永庆公园。永庆堂是杨应彬同志的故居，2013年改为杨应彬同志革命生涯陈列室，展示杨应彬同志的经历、照片、诗词等。永庆公园在“翰林别院”后面。从这里可进入炊烟缭绕的三十六巷，尽览一村客家民居古屋。

永庆堂附近的杨之徐故居谷诒堂，为坐北朝南三进院落，由百侯杨姓第一位进士杨之徐建于清康熙三十八年（1699年），已改为百侯姓氏家风家训展览馆。肇庆堂那边，西式建筑企南轩是杨之徐的书斋。谷诒堂隔巷相邻的杨氏家庙延庆堂，已作为百侯宗族文化展览馆。侯南体育场那边，八一南昌起义军朱德指挥部旧址百侯中心小学高级部孝祀堂（杨氏大宗祠），已改为百侯红色文化展览馆。

百侯古镇极其丰富且特别珍贵的文旅资源，体现为100多座客家民居古屋。如果每一座民居古屋都“修旧如旧”，并挖掘、整理、提炼出其蕴含的历史文化，同时，相关旅游设施又能不断完善和提升，那么古镇的文化旅游产业就会更加兴旺。

2011年，百侯镇被评为“中国历史文化名镇”后，以“人文百侯”为主旨，邀请专家编制了《百侯镇总体规划》《百侯镇旅游规划》《百侯镇历史文化名镇保护规划》，将全镇古民居、古树、非物质文化遗产进行分等级保护，对100多座古民居进行登记造册，筛选出历史、艺术、研究价值较高的，申报省、市、县文物保护单位；同时，完善特色民居的基础设施和对受损特色民居进行抢修和保护；推出了《人文百侯》《百侯画卷》《梅州·百侯》等书和宣传片，以及《百侯旅游册》，充分挖掘百侯深厚的人文历史，传承和弘扬百侯人文精神。

百侯镇政府在打造百侯旅游片区中提到的“百侯印象”四字极好。前来百侯参观旅游，首先是感受百侯村庄整体文化形象，这就是“百侯印象”。百侯山村近几年的变化有两大亮点：一是新铺筑了横贯村西北、东南的省道四车道，汇集一村禀赋，极大地提升了乡村文旅景观，此可谓“党政为功铺锦绣，乡村造景出桃源”。二是改造了从百侯街头到百侯中学的行知路，建设了行知教育文化长廊，擦亮“行知”特色品牌，装点出梅潭河及其沿岸的美丽文旅景观，此可谓“两字行知读百侯，路牌震耀竖街头”。

文武合一，术德兼修

百侯镇自古崇文重教，明清时期科举考试中进士举人有139人，占全县开科考取进士举人总数的40%。清末民初，百侯乡村各房姓均有学堂、私塾、书院。百侯镇核心区域的侯南村，清初以来科举兴盛，全村先后考取进士17人，其中翰林3人，另有举人110人，被称为“进士村”。现在，百侯中心小学门口的侯南体育场牌坊顶上“文武合一，术德兼修”八个大字引人注目，据说这八个字曾是百侯中心小学的校训。我小时候在百侯中心小学读书时没听说有什么校训，牌坊还是那个牌坊，以前是没有这八个字的。这八个字的含义与今天倡导“立德树人”之教育目标是一致的，用作校训是非常合适的。那么，这八个字怎么会出现在牌坊顶上呢？说起来，还真有一段故事。

一、八字笔力雄，牌坊成地标

我小时候居住的祖屋素谦公祠，距离百侯中心小学不远，走路约十分钟就可到达。记得，我一般经过永思堂大屋门坪，转弯到杨文采院士祖居鳣瑞流徽（德星堂）门前的李屋坪，转到杨兰史烈士故居清白世守（绳德堂）门前，一路踩踏着鹅卵石，从高墙古巷中出来，进入侯南体育场，穿过体育场牌坊，就到学校大门口。

小学的高级部和低级部，被体育场通向柿窠坪和骑楼老街的道路分隔开来。那时，高级部（杨氏大宗祠）门口有一个水塘，水塘边生长着好几棵枝叶繁茂的合欢树。后来听说现在依然青翠的其中一棵合欢树，是当年陶行知先生派来百侯中学当校长的潘一尘先生栽种的。当年，潘一尘校长大刀阔斧地改造了百侯乡村教育。百侯中学还设小学部，开办幼儿园，形成推行陶行知生活教育的中学、小学和幼儿园“一条龙”模式，普及乡村教育效果显著。低级部原是“回”字形的四合院式民国建筑，院内中间是大天井，天井里栽种了桃树、杏树等，四周走廊地板光滑而宽敞；院外四周屋檐走廊也光滑而降噪，偶尔独自快步走过，感觉特别的清静怡悦。校门围墙内有几棵高大的桉树，夏天刮风时会飘落满地土黄色的细小“笠嫲舌”（桉树花萼）；围墙外有一个水塘，我们上完写字课后，常在水塘边洗毛笔和墨砚。高级部后面是两层楼的钢筋水泥建筑，有后门出柿窠坪，并横过大路连接低级部后面的学校大礼堂。平时，学校大礼堂被公社作百侯电影院使用，学校节日文艺汇演也在那里举行。现在，低级部四合院式民国建筑和大礼堂均被拆除，建起了新楼。百侯电影院已建在体育场前面和幼儿园之间的甘蔗地。乡下早已没人到电影院看电影，2019年百侯作为乡村复兴论坛·大埔峰会的主会场时，电影院已修缮一新，成为旅游服务驿站。

依稀记得，面向学校的牌坊顶上写着“侯南体育场”五个大字，向着体育场那一面牌坊顶上，原有八个大字被白沙灰涂抹了，现在恢复了“文武合一，术德兼修”八个大字。这八个大字，笔力遒劲，典雅端庄，由当时百侯乡绅、百侯中学校董杨润石先生所书写。“文武合一，术德兼修”八个字，与当时陶行知先生在百侯中学推行生活教育的教育思想互相辉映，熠熠生辉。“文革”时期，岂料遭厄运，这八个大字在“破四旧”中被铲除了。改革开放后，这八个大字才按原样得以恢复。现在黄塘坝公路口的百侯镇牌坊东面的“文武合一，术德兼修”八个大字，是按侯南体育场牌坊原来的字体复制来的。当时杨应彬同志为牌坊题写了两副对联：牌坊正面是“植根中土开基领东流芳远播世界；焕发精神创造物质文明声壮家山”，牌坊背面是“秀水嘉山共掬丹诚酬梓里；环瀛薄海同将寸草报春晖”。1993年，刘兆伦、杨应彬、杨隆生等曾在刚建好的百侯镇牌坊和耀凤大道前留影纪念。

如今，侯南体育场牌坊“文武合一，术德兼修”八个大字已恢复为百侯中心小学的校训，该牌坊已成为百侯文化之乡的地标性建筑文物之一。

这八字牌坊，让我联想起百侯中心小学的办学历史。百侯中心小学创办于1906年，至2024年已有118年历史，是百侯文化之乡基础教育的摇篮。百侯中学、百侯中心小学和百侯幼儿园连成的“一条龙”，曾是伟大的人民教育家陶行知先生推行生活教育的全国四大实践基地之一。

据了解，这个八字牌坊还有一个鲜为人知的故事。话说侯南是百侯镇的中心村，近百年来，侯南体育场是村民政治、文化和娱乐活动的中心。民国时期，这里杂草丛生，荒丘枯树，古坟阴森，因而被称为“鬼子园”。随着百侯街墟市的繁荣热闹而向周边延伸，“鬼子园”成为专卖柴炭、竹木的市场。百侯中心小学则把这里开辟为学生体育运动场所，当时有不少政治聚会活动、民俗搭戏台演戏活动都在这里举行。据说，百侯侯南坪头归厚堂人丘楚香原想在“鬼子园”建抗日战争胜利纪念亭，因为百侯中学凉盆坝已建有一个抗日战争胜利纪念亭，经众议后，将原准备的材料和资金改建成“侯南体育场”牌坊。

作为百侯镇的中心村，侯南村的崛起和发展离不开“文教”二字。侯南的文教之风，可追溯至明代。明嘉靖年间，八世祖杨淮斥巨资在村中修建学塾“大书斋”，此后，侯南杨氏陆续修建起兰台书室、延庆堂义学、见南轩、芝兰室等几十座大小学塾，侯南文教阵地逐渐形成。自清康熙年间始，侯南各姓氏定期举办文会。文会让学子写命题作文，评定优劣，以选拔出族内的优秀子弟，提高科举高中的概率。对科举学子来说，文会作为试场之雏形，提供了试场练兵的宝贵机会。世代延续的文教之风促成了侯南在科举时代的兴盛。侯南村出了杨缵绪、杨黼时、杨演时3位翰林，杨之徐、杨成梧等17名进士，110名举人，秀才则不计其数。清康熙年间，进士杨之徐与其妻饶氏婚配后，生下杨缵绪、杨黼时、杨演时三子，三人分别于康熙、雍正、乾隆年间考中进士，并进入翰林院。其中，兄长杨缵绪对侯南影响深远。延续至今的侯南小吃百侯薄饼、民间艺术鲤鱼灯舞，都是杨缵绪在陕西为官期间从西安带回来的。杨缵绪还在其故居通议大夫第左侧修建了兰台书室，供宗族子孙读书。

杨缵绪对文教的重视，离不开父亲杨之徐的影响。杨之徐的功绩远不只培养出三个翰林，还有继承了侯南助学兴教的优良传统。在他的号召下，侯南杨氏每年都将部分祖产用于资助和奖励族中的科考子弟。杨之徐还亲自主持宗族文会，作《会文引》，表达对与会学子的厚望。得益于贤达和宗族的推动，侯南文教蒸蒸日上，“同堂七魁”“一榜三进士”“六代举人”等非凡佳绩还在侯南流传着。科举时代落幕后，侯南依旧延续了重视文教的传统。清末，侯南杨氏以松台书室为校舍，创办高等小学和初等小学，学堂后来发展为百侯中心小学。民国年间，侯南村形成了从幼儿园到中学的一套教育体系。作为粤东地区的“巨镇仁乡”，侯南村如今依然延续着数百年生生不息的生活，并逐渐走出粤东，以古村落的面貌重新面向世人。

二、庠序化于邑，黼黻藻川岳

侯南体育场牌坊顶上“文武合一，术德兼修”八个大字重见天日，让我回想起百侯的文教历史。也许因为父亲是乡村教师，所以我对教师特别尊敬，对家乡文教也比较关注。我曾经在百侯人文网阅读过整个百侯镇的学校教育历史资料，吸引我的不单是百侯镇各山村的旧时学校情况，还包括一些地道的小地名。百侯镇有侯南、侯北、东山、曹鲇、横乾、白罗、南山、曲滩、帽山、苏姑坪、旧寨、软桥、武塘和新乐等14个村，每个村都重视教育，文教都得以阐扬，流传着兴学重教的感人故事。

（1）侯南村：文教中心，底蕴深厚。侯南村是百侯镇政府所在地，是百侯镇的中心村，由一村、二村、三村、四村、侯西村、双隆村组成。百侯中学（1923年创建）、百侯中心小学（1906年创建）、百侯幼儿园（1939年创建）均在侯南村。百侯幼儿园是中国最早的乡村幼儿园。侯南步梯初级小学是清光绪二十四年（1898年）创办的，是大埔最早创办的学校之一，随后又有思成、一原、锡尔学校，四校合并成侯南中心学校。20世纪60年代初，在侯南楼下海源楼创办了“百侯侯南侨办小学”，先后设7个班，即小学一年级至六年级并附设初一班，教师有杨育德（创办校长）、杨富荣、杨朗泉、杨娘添、杨元郎、杨月贤、杨永达、杨文标、刘锦云、侯美云、杨兆和、杨莲芳、杨耿曾、蓝进岳（后段校长）等10余人。侯西由茶亭下、宝善楼等自然村组成，1915年杨达尚先生就在茶亭下办起了侯西小学，1991年杨德练先生建起了新的侯西小学。双隆有高磜、矮磜、老鼠隆等自然村，20世纪60年代前只有离侯南中心村较远的老鼠隆（又名“隆中”）办有初级小学，1967年在高磜水库尾建起了双隆小学。中华人民共和国成立初期的20世纪五六十年代，除了公办学校，也普遍有民办学校。百侯中心小学、侯南村办了夜校和农中等，在当时教育尚未普及的情况下，起到了积极的辅助作用。百侯中心小学在蛇形窠最先创办附中，以后由大埔县办了大埔县农业中学，全县统一招生。据说，大埔县农业中学只办了几年，又转为百侯镇中学。1993年，旅马华侨杨鸿耀先生与夫人黄凤英独资捐建了在蛇形窠老校前面的耀凤中学。2018年，蛇形窠山麓兴建了百侯山庄民宿，助推百侯乡村文旅。百侯幼儿园是1936年由侯南乡中心学校试办幼稚班（蒙养班）后，于1939年正式由侯南乡中心学校在百子墟思成堂创办全国首间乡村幼儿园，1953年与侯南乡中心学校分开，正式成为县立幼儿园。由于幼儿多，校舍不够，便把大门西边的池塘填平，开辟为儿童游乐园，设置了滑梯、攀登架等。1956年，又在原百子墟菜地增建了三间教室，并在西北角（即靠书房子屋）开了个门，挂上“百侯幼儿园”牌子。

（2）侯北村：侨贤兴学，文脉绵延。侯北村由上村、中村、下村组成。民国初期，在下村崇德堂创办了崇德初级小学，今为崇德福利会和龙珠灯文化展览馆。民国十五年（1926年），在萧氏大宗祠（鸳鸯祠）创办了振德高、初级小学。1951年，华侨萧东初等人在城墩头捐建了侯北小学。香港关超然先生、萧国藩后裔等热心人士捐建了慈君教学楼、国藩综合楼、幼儿园等。1966年，为方便上村人读书，还在上村兴建了上村小学。侯北幼儿园创立于1951年，原是侯北小学附属幼儿班，2005年成为独立幼儿园。

说到1951年兴建的侯北小学，我想起了在百侯乡村流传的爱国侨贤萧东初先生兴学重教的感人故事。萧东初（1896—1985），又名萧保甲，是大埔县百侯镇侯北中村思永堂人，曾在新加坡担任茶阳（大埔）会馆会长兼理事长及萧氏公会主席，是著名的爱国侨领。萧东初先生的夫人杨森女士是百侯镇侯南村大坟顶（申锡堂）人。清末民初，因家境贫寒，13岁的萧东初开始打工。后来，漂洋过海到新加坡谋生，背井离乡做了“水客”，走南闯北，历尽艰辛。“水客”，也称为“侨批员”。一个出色的“水客”首先要诚信，才能得到华侨和乡人的信任。“水客”的工作十分辛苦，要到泰国、马来西亚、印度尼西亚和新加坡等地的华侨家中，逐家逐户收取物资、钱银或信件，并把收到的物资用木箱钉好，带到船上，经海上十余天风浪，到汕头、潮州，再到大埔县高陂码头。当时没有公路车辆运输，只能用人力把物资挑回百侯。萧东初的妹妹说，她亲身经历过从百侯走山路到高陂码头，把物资挑回百侯，往返有70多千米，一路崎岖难行，其辛苦程度令人难以承受。财物、信件等带回百侯后，按华侨所托交付到老家的亲人手里，事情才算完成。因萧东初为人诚信，东南亚的华侨都愿意把财物、信件委托他带回来，家乡的父老乡亲们也总是把家中的特产或信件委托他带给东南亚的亲人。萧东初一生非常节俭，衣服旧了也不舍得换新的。他去泰国、马来西亚和印度尼西亚等地收取物资时，为了省钱，晚上不住旅店，而是住在学校，睡在书桌上。就这样，他辛辛苦苦赚了一些钱。他本计划回家乡在自己的祖屋思永堂建后楼，知道家乡侯北村还没有正规的学校，遂发善心，将准备建后楼用的2万元捐来建设侯北小学。1951年，猪肉一斤才0.15元，2万元如同天文数字。1980年秋，萧东初已88岁高龄，坐轮椅从新加坡回到广州时，还不忘家乡侯北小学，又捐了15 000元修建礼堂。萧东初捐建侯北小学的事迹非常感人，当地乡亲有这样的说法，没有萧东初就没有侯北小学。前几年，我读过萧东初先生的孙女萧耀珠的文章《怀念我的祖父——爱国华侨萧东初先生》，很受感动。

侯北中学是萧畹香先生等捐资兴建的初级中学，位于萧氏宗祠后，2023年改为大埔县百侯中小学生研学实践教育营地。该营地依托大埔县红色苏区的地缘优势和百侯镇深厚的人文底蕴，引进新研文旅有限公司打造而成；涵盖劳动实践教育区、爱国主义教育区、特色非遗实践区和客家传统特色民居教育认知区等实践区域，开设古建筑研学、非遗文化教育、红色研学课程和劳动实践教育等课程，旨在打造集红色文化教育和素质拓展于一体的研学旅行实践教育营地。该营地践行“德艺同厚，知行合一”的教育理念，培养学生爱国爱乡的家国情怀和综合实践能力。据了解，百侯中小学生研学实践教育营地是大埔县重点项目和百侯镇重点招商引资项目，计划总投资2000万元，总占地面积1.58万平方米。投资该研学基地的新研文旅董事长廖志群先生说，将以营地作为一个中心点，往外延伸覆盖，完善景区项目。同时，围绕客家文化名片来挖掘宣传，跟各旅行社达成长期战略合作，全力打造研学项目。该研学基地立足大埔县和百侯镇深厚的古色、红色文化资源和美丽的山水田园资源，正以崭新的经营理念，全面优化、培育区域文教旅游新业态，全力助推乡村振兴。从媒体上看到，元宵节当晚可以在兰陵民宿预订房间，方便在侯北观看龙珠灯活动后直接入住。兰陵民宿位于萧氏兰陵广场边的研学基地内。据侯北朋友称，笙曹筱筑亦有民宿客房。

（3）南山村：文教昌盛，翰林遗风。南山村，位于百侯镇东南边，包括老屋下、高圳岗、天门岭、湖洋仔、石壁下、半岭、陂卜里、下新浦、塅里、圩里、岩头、茅坑、下隔岭、礤里、石戈里、五斗里、上门仔、牛喜坑、罗湖岗等小地方。南山村有张、黄、杨、詹四姓，其中以张姓为主。南山村一向重视教育，过去一直都有书斋、学堂和学校，鼎盛时期有完全小学并附设初中，学生有600多人。侯南村"父子进士"杨之徐与杨缵绪皆写有"侯山十二景"诗，打造出"侯山十二景"，而南山村翰林张翱亦"黼黻河山"，写有"南山八景"诗，打造出"天门活水""银瓶祈雨""仙盘棋石""狮潭暮雾""西廊晴霞""宝塔横舟""清泉对月""马岭青松"等"南山八景"。"侯山十二景"和"南山八景"，都是文化底蕴深厚的山村胜景。

在大埔，几乎村村皆有类似的胜景，承载着厚重的历史文化，成为"遥远的小山村"独特地域文化的重要部分。1995年，热心桑梓的台湾张健生先生捐建了南山大桥和宝华塔。色彩艳丽、气势雄伟的宝华塔是在原址重建的。200多年前，此地就有宝华塔。清代南山村翰林张翱"南山八景诗"的"宝塔横舟"诗云："一带长江水接天，层霄宝塔与云悬。孤松落径风飘日，疏竹穿篱雨扫烟。鸟语斜阳钟报夜，笛吹晚渡夕留船。不知古寺人何处，欲问山僧解化缘。"翰林张翱被称为"嘉应才子"，他曾在乡试中解元（全省第一名），后来考取进士，选入翰林院。

南山、白罗和横乾三村，皆在梅潭河东山电站大坝库区的深潭储碧、岑岭堆绿、平湖映翠的风光里，宛若人间仙境。记得在百侯人文网读过乡人写的诗《南山一带印象》：“翠竹婆娑风谡谡，青山夹岸影深潭。翰林笛吹宝华塔，进士魂归碧玉簪。联袂三村生景帙，萦回八景入诗坛。花生腴味名遐迩，最爱平湖绿如蓝。”诗后面有详细注释：①“翰林笛吹宝华塔”，翰林指张翱的“宝塔横舟”诗。张翱（1785—1819），乳名诜羽，字思飞，号仪坡，谥文敏，大埔百侯南山人，清嘉庆进士，翰林学士，科举考试的神童。清嘉庆十二年（1807年）丁卯科广东乡试解元。嘉庆十九年（1814年）甲戌科进士，选翰林院庶吉士，丁丑散馆，任工部屯田司主事。②“进士魂归碧玉簪”，进士指张觐光。张觐光（1844—1898），字绍棠，号黼庭，百侯白罗蕉子坑人，清光绪六年（1880年）庚辰科进士，历任河北新城县（现高碑店市）知县、浙江乌程县知县、浙江省湖州府知府等职。“魂归碧玉簪”指张觐光卒后葬于百侯白罗蕉子坑进士第后山。③诗中“三村”指南山、白罗和横乾三村。

（4）软桥村：侨贤捐资，兴学重教。软桥村，由软桥、石子岭、湖子里、下马湖、南洋、廖屋排、漳田坑等10多个自然村组成。软桥人历来重视教育，先后有杨虎臣、杨富臣、杨纪尤、杨增蕴等捐巨资建校办学。这里有软桥小学，其前身先后是强立学校、富立学校和强富学校。清宣统二年（1910年），杨虎臣（原名自强，石子岭人）捐巨资建了一座占地500多平方米、两层砖瓦结构的校舍，取名“强立学校”，其意取兄弟之名各一字纪念（其弟名礼臣，号自立），也含有勉励人们勤奋学习、自强自立、奋发有为之意。他聘请名师教学，学生费用全免，品学兼优者还有各种奖励。因为教学质量高，过去县内各乡镇甚至福建永定的学生都蜂拥而至，在校学生就有500多人。杨虎臣还捐资建设百侯中学，并对社会公益有求必应，踊跃捐助，名垂千古。杨富臣是软桥南洋村人，1922年独资在家乡软桥建“富立学校”，请名师设计，中西合璧，建筑风格独树一帜，成为当时全县一流的校舍。请名师任教，办学一切费用由他负责，学生一切费用全免，家境困难者还能得到午膳补助，鼎盛时期有学生500多人。他热心公益事业，慷慨解囊，还捐建百侯中学、大埔中学等。1939年，日寇侵略，上海、汕头相继沦陷，办学经费不足，杨富臣与杨虎臣的后代商定将强立学校和富立学校合并，改名为“强富学校”。同样，聘请名师，学生免学费，由于教学质量高，吸引本县甚至饶平等地学生来求学。民国十年（1921年），杨富臣被江西省省长聘为咨议。民国十三年（1924年），被孙中山大总统授予嘉禾三等勋章。20世纪90年代，香港杨纪尤先生捐建软桥小学前的多间教室，为学校解决校舍不足的难题。漳田坑小学是1936年创办的，20世纪70年代杨增蕴先生建了漳田坑小学，1993年重建了新楼房和新校舍。漳田坑是旅印度尼西亚著名侨领杨增蕴的故乡，他爱国爱乡，捐资给百侯中小学等800多万元，为家乡建设作出了巨大贡献。

（5）横乾村：文教兴盛，古韵悠长。横乾村由横乾、溪背、岭头、大坑、小坑、高帽岭等10余个自然村组成，村服务机构设在横乾。对面有一山叫乾山，山下梅潭河水面宽阔，渡船横渡自如，故村名“横乾渡”，后称“横乾”。1917年在这里创办聚奎学校，1958年在权丰村创办乾丰小学。横乾村聚奎斋始建于清康熙年间，由罗氏十一世翰威公独资所建，作村童学习之场所。现村里存有聚奎斋两副对联：“聚会友朋研究学问；奎临斗拱映照文章”“聚璞细雕期成大器；奎光普照望作良材”。聚奎学校的校名系当时枫朗镇坎下村人罗仙俦先生亲笔所书，校名左边有他写的小楷字劝学诗：“饮酒读书二十年，乌纱头上有青天。男儿欲画凌烟阁，第一功名不要钱。”校名右边则写着：“勤能补拙，俭可养廉；学能治愚，志可移山。”聚奎斋乃村之传统文化核心、村之灵魂所在。聚奎斋和横乾礼堂旧址，坐落在群山如黛、翠竹摇风、碧水萦回的梅潭河水湾边，山溪缭曲，田畴绣错，烟村隐约，平湖映翠，玉盘叠珠，风光旖旎。绿水掩映的横乾村，聚奎斋、东川世第、温氏宗祠等人文气息浓郁的古建筑，让人感受到历史风烟之美。梅潭河的美，更是堆积在一些险滩和深潭上。梅潭河除了许多险滩，顾名思义，还有许多深潭，如枫朗镇溪背坪村的“龙头潭”，百侯镇横乾村的“牛喜潭”、车头村的长潭等。烟霞轻笼的横乾村，宛若一派江南水乡图景。林麓之美，峰峦之秀，洞壑之奇，烟霞之胜，令人流连忘返。白墙黛瓦，奎临斗拱，绿水映照，村景俨然，民俗经典，风光宽阔，禀赋独秀，人羡奇景，横乾村乃是“藏在闺中人未识”的旅游休闲胜地。横乾村的绿色、古色非常浓重而富有特色，其红色文化也甚为突出，如村中的东川世第就是革命烈士罗法胜的故居。罗法胜（发胜），又名武铭，是大埔县百侯镇横乾村人，1900年出生，1924—1926年就读于黄埔军校（第三期），毕业后留校先后任教官及训育部次长职务，在校期间受周恩来、聂荣臻、叶剑英等共产党员进步思想的影响，于1926年加入中国共产党。罗法胜曾参加第一、二次东征和北伐战争，英勇善战，战功赫赫。1925年12月初，罗法胜曾带领队伍回过横乾村短暂停留，并在村里河边沙滩上进行军事训练。1927年6月，罗法胜与中共大埔县委书记饶龙光一起领导和指挥工农军武装大埔县城（茶阳）暴动，并为接应八一南昌革命起义军进入大埔做了充分安排和大量后勤保障工作。1928年春节后，据中共中央和南方局指示，罗法胜到香港地下交通站工作，公开名字为罗武铭，任蓝引南酒楼的经理。1931年6月，罗法胜因被叛徒出卖而在香港被捕，被国民党反动派秘密杀害于广州，牺牲时年仅31岁，1983年被批准为革命烈士。“飞盖雾色新，爽气来青嶂。”“水坝东山南北连，风光最阔在横乾。”梅潭河环抱着的横乾小山村，风景这边独好。有诗为证：“黄前古渡风犹在，白鹭新栖树梢摇。翠映平湖分秀色，奎临斗拱聚琼瑶。峰峦竹浦寻常见，山麓水乡分外妖。风景这边称独好，江山如此自多娇。”

（6）曲滩村：文教振兴，侨贤典范。曲滩村由宜洋坪、塔下、坑口、坑尾等14个自然村组成。曲滩村与帽山村旧时统称为“曲水乡”。曲水乡是百侯西北的一个片区，包括曲滩、进光（箭灌）、横坑水等30多个自然村。抗日名将罗卓英就出生在宜洋坪村，爱国爱乡华侨杨鸿耀出生在坑尾村，慈善家爱国华侨萧畹香出生在帽山进光村。曲滩村宜洋坪的五洋小学，最初是罗卓英创办的宜洋小学、宜山小学。五洋小学大厅上有罗卓英将军亲笔书写的校训“正静信进”，与虎山中学校训相同。五洋小学背面虎形山上有一巨石（卧虎石），刻有罗卓英亲笔书写的“正气”二字。20世纪90年代，在曲滩青坑口建的青坑大桥，可通往青坑、苏姑坪、宜洋坪等地，后因损坏而报废。2007年，杨奇元等在曲滩青坑口原报废老桥旁边新建了百侯奇秀大桥（以杨奇元和其夫人余秀钏各一字命名）。侯南村的杨奇元是旅港大埔同乡会永远副会长，他热心公益，捐资兴建百侯奇秀大桥、百侯中心小学奇秀科教楼、明德图书室，捐资侯中奖教奖学金、省道茶上线百侯段路灯等，共计捐资约千万元。20世纪80年代，曲滩坑尾村爱国爱乡华侨杨鸿耀先后捐资约千万元，兴建百侯镇牌坊、耀凤大道、耀凤中学、耀凤小学、百侯幼儿园等。曲滩小学前身为培育学校，创建于20世纪30年代。1979年，杨鸿耀捐资重修，随后又重新改建全部校舍，并增建两栋教学楼。1991年，为表彰杨鸿耀捐建新校，县里决定改为耀凤小学（以杨鸿耀及其夫人黄凤英各一字命名）。说到曲滩小学，我回想起父亲在调回百侯中心小学教书之前，在曲滩小学教了八年书。正是当年父亲在曲滩村留下了足迹，让我对曲滩村的山水人家感到特别亲切。曲滩从村头到村尾那条坑水总是清清溜溜的，像流淌在我心灵里、血脉中。坑水两边缓伏的青山，那堆积着的层层翠绿，总让我目光变得异常清亮，总让我内心变得异常平静。曲滩村，诗一般的村庄，在我的想象里是那样美丽和祥和。每当想起村庄作福的热闹场面，我的喜悦就油然而生。每年农历二月初十是曲滩“联和福”作福的佳节，福场张灯结彩，锣鼓喧天，祭拜有礼，戏班演戏，人山人海，热闹非凡。此福的特点是对祭品进行艺术加工，如企鸡、企鸭、企鹅、鱼山果品、全猪全羊、糍夹粄夹等，应有尽有，琳琅满目，美不胜收。

（7）帽山村：文教融合，和山文化。帽山村由帽山、文丰、进光、横坑水、观音面、老住隆、在子背等10余个自然村组成，村服务机构设在帽山。因村境山顶形似帽状，称为帽山。帽山村的教育、文艺相当活跃。进光村包括文丰、进光和横坑水3个自然村。慈善家、爱国爱乡华侨萧畹香先生就出生在进光村，他热心教育事业，除了办好“进光学村”，还为其他地方学校捐巨资，如嘉应学院、百侯中学、大埔中学、帽山小学、文丰小学等20多所学校。他为家乡公益事业费尽心血，捐建湖寮至进光、横坑水、平原三岗亭公路，使高陂至湖寮缩短路程，方便沿途群众。他还捐建了百侯医院、百侯大桥等。

2007年，大埔县政协委员、香港大埔同乡会荣誉会长、香港南延贸易有限公司董事长杨曾延重修帽山村古屋南延居。此屋古色古香，雕梁画栋，金碧辉煌，是近代与现代有机结合的典范。其大门对联是“南峰拱秀春不老；延水环流福无穷”。帽山村口有千年古檀、和山桥和戬穀宫，村尾有千年古枫、福安桥和石庙。古枫下伯公伯婆石庙与和山亭互相呼应，演绎美丽的神话故事。村中古屋和民俗文化多姿多彩，构筑了一幅美丽的画卷。帽山清华寺始建于清乾隆年间，距今已200多年，供奉观音菩萨。

曲滩村与帽山村，旧时统称为“曲水乡”，我脑海浮现出曲滩电站水坝下梅潭河涌起的朵朵洁白浪花，这洁白浪花与两岸线条优美的青山构成了美丽的山水画。山水画里，还有水边的绿草沙洲，沙洲绿草丛中还飞出几只水鸟，水鸟拍打着翅膀，似乎兴奋地迎接从云层里洒落的阳光。整幅山水图，由此变得无比生动。

曲滩，顾名思义，是梅潭河流经这里，转了个大弯，生出一个美丽的河滩。我想起以前读过帽山村人写的一篇文章，说帽山村村口有一棵千年古檀树。前几年，我去帽山村游览时看到了这棵古檀树。走到古檀树下时，感觉微风清爽无比，千年古檀散发着古朴的幽香，枝叶摇曳，其下是潺潺的溪流与幽静的小桥，小桥栏杆中间镶嵌的石板上写着“和山桥”三个大字。

这“和山”二字，让我沉思良久。“和”是经常使用的字，但出现在如此偏僻的小山村村口的桥名上则耐人寻味，“和”与“山”的组合则升华到哲理的境界。我想，为何不从人与自然的关系来理解“和”字，从而引申到世界万物间的关系呢？人是万物之灵，惟和而生、而成。然而，《论语·子路》有言：“君子和而不同，小人同而不和。”这么说，“和”是一种境界。小桥“和山”二字还未梳理清楚，路旁山头上供奉“杨林太公”等诸位尊神的寺庙名“戬穀宫”又让我惊奇。这名称用词古老，若简单理解，“戬”是“福”，“穀”是“禄”，合起来是福禄之意。“戬穀”二字古朴，《诗经·小雅·天保》有言：“天保定尔，俾尔戬穀。罄无不宜，受天百禄。降尔遐福，维日不足。”由此而出的“戬”“穀”“罄”“宜”四字，蕴含着至善、积善之意，可浅解为福禄、尽善。因古檀树，尤其是桥名和寺名，我对这小山村肃然起敬。村中心和四处山麓的一座座檐瓦民居，让我觉得不虚此行。溪流两边田畴翠绿，继志居、清白流芳、南延居、衔鳣世业等檐瓦规整的古屋让我流连忘返，点缀在山麓的叠叠黑瓦与群山黛色和谐协调，吸引我反复浏览。除了保存完整的客家古建筑，还有文辞劲丽的大门对联，即继志居大门的“继造华堂叨祖德，志成门第起人文”，南延居大门的“南峰拱秀春不尽，延水环流福无穷”，竺林衍庆大门的“竺林崇善承祖训，衍庆尚德启后贤”等，尽显此村古屋遗风之素朴、民居旧韵之风雅。那溪岸路旁的湮没在芳草中仅剩门楼的华乐居、芝兰轩等残垣断壁，其“井灶有遗处，桑竹残朽株”之状，令人不禁唏嘘而怀想昔日之灵秀及祥和。我徜徉于溪岸、田埂，凝视一处处用鹅卵石垒起的块块田丘，心头涌起万千思绪顺着小溪缓缓流去。走到村尾大路，休憩于和山亭，感慨村口和村尾皆有“和山”字样，实乃此山村文化之精华。

早听说过此村村尾山麓有两棵千年古枫，并有传奇的爱情故事。百闻不如一见，和山亭对面的两棵古老大枫树就在眼前。村尾千年古枫与村口千年古檀，寄托了小山村祖祖辈辈的浓浓乡情，酝酿、演绎了人间真情的无比芳香。千年古枫下有座小桥，叫“福安桥”，“福安”二字应是对村口的“戬榖”二字的解读呼应。古枫下“伯公伯婆”石庙与戬榖宫的“杨林太公”等诸位尊神，是山村迎神作福启合隆重篇章之重点，延续了浓厚的乡村民俗文化。身临千年古枫下的小桥流水精巧胜景，拜读帽山村杨志伟撰写的《古枫礼赞》碑记，回味刚刚走过的曲水村景，襟袖间古枫的清香氤氲让我陶醉其中，我愉悦地聆听着潺潺溪流和婉转鸟鸣，感觉内心特别平静，而且是从未有过的平静。在平静里，有一种若有若无的愉悦。我想起了曾在百侯人文网读过乡人写帽山村的两首诗，觉得不错，而身临其境时，更觉有味道。其一是《游帽山曲水芳村咏怀》，诗曰："鹧鸪碎步斑斓韵，檀树垂枝曲水乡。戬榖村头长佑善，和山桥下永流觞。旧房瓦垄裁山色，新露珠痕化玉妆。如梦小亭栖凤影，却留枫叶盖鸳鸯。"其二是《帽山村吟咏》，诗曰："夹岸檀香登戬榖，一桥树影过和山。田丘卵石垒耕读，瓦垄桷椽承宇寰。枫叶千年凝梦境，帽峰万载耸云鬟。村烟暧暧萦秾粹，篱菊沾衣流水潺。"福安桥前，千年古枫下，回想这两首诗，一时竟分不清是诗意美还是景色美，细细想来，两者皆美。

（8）武塘村：文教普及，人才辈出。武塘村由武统窠、公下、段塘头、三丘田、高曹坑、亭公磜、黄惊窠等20余个自然村组成。村服务机构设在武统窠陂子潭，村名取"武统窠""段塘头"各一字合成。武塘村重视教育，1917年就创办了育英小学（后为武塘小学），1932年在段光村创办段光小学，1935年又在亭公磜创办定丰小学。

（9）旧寨里村：古寨遗风，文教传承。旧寨里村由旧寨里、乌石坑、松栢坑、大坑等自然村组成，村服务机构设在旧寨里。相传，古时在此地曾筑寨以防贼，后人以"旧寨里"作村名。旧寨里村，有旧寨小学和松栢坑小学。

（10）新乐村：文教兴村，乐土育人。新乐村由新村畲、上村、下村、小洛溪、旧洞岌、相看岭等20余个自然村组成，村服务机构设在新村畲。新乐，原名新村畲，土改时取"农民有了土地，将过上快乐幸福生活"之意，改名为"新乐"。1946年创办新乐小学，创办人是刘巧台、刘耀卿。另外，还有小洛溪、旧洞岌、相看岭等小学，20世纪80年代兴建了新乐中学。

（11）苏姑坪村：文教兴盛，侨贤助力。苏姑坪村，由青坑、圆塘、苏姑坪、眼塘、石岩塘等自然村组成，村服务机构设在苏姑坪。据传，旧时为保平安，在村口建一"苏姑娘宫"，宫背有一草坪，人称“苏姑宫背坪”，简称“苏姑坪”，后被用为村名。1932年，在苏姑坪创办培英小学（苏眼小学前身），眼塘也办了眼塘小学。2000年左右，旅马华侨杨鸿耀先生与夫人黄凤英捐建了新的苏眼小学。

（12）白罗村：文教先驱，历史悠久。白罗村由白罗、大坪里、蕉子坑、南丰圩、马山下等10余个自然村组成，村服务机构设在白罗。据传，南宋末白罗人的祖先由梅县松源迁来，开荒年，收百箩，故名“百箩”，后改“百罗”，明嘉靖年间称“白罗”，清代称“白寨甲”，中华人民共和国成立后复名“白罗”。白罗人重视教育，1894年兴办了全县最早的小学堂。

（13）东山村：文教振兴，侨贤助力。东山村由车头、榕树下、岭下、城前角、城龙子、廓山嶂、林屋寮等10余个自然村组成，村服务机构设在车头和城龙子，东山过去曾称为“车头”。据传，车头多坝地，祖先在河边安装水车引水灌田，此后就有“车头”之称。1948年成立农会时，以车头位于百侯东部廓山嶂下，定名东山农会。清光绪三十二年（1906年），创办侯东初级学校，创办者为萧传霖、萧之桢。1943年，创办了侯东小学。另外，长戈子也有长戈小学。

（14）曹鲇村：文教传承，双坑兴学。曹鲇村由九龙亭、鲇坑、游湖畲、廓山嶂、曹碓坑等自然村组成，服务机构设在曹碓坑大窠寺的外面路口。取曹碓坑、鲇坑两个地名的头一个字，为“曹鲇”。1966年，在曹碓坑办有曹鲇小学。

三、山麓建民宿，文旅写新篇

在山庄木屋的茶香里，我联想到素谦公祠重光纪念画册里的杨氏族谱“简谱”。其开篇曰：“小宗次房，达尊公派简厚公支系，诚裕公（作孚公谥诚裕）衍派。”按此“简谱”，我花了一番工夫，终于理清素谦公祠系连的宗脉。从杨氏六世祖达尊公（杨安公）“五星归垣”坟墓说起，就明白了。杨氏六世祖达尊公（杨安公），传杨氏八世祖淮公，传杨氏九世祖敦义公（杨万公），传杨氏十世祖简厚公（杨应卿公）、传杨氏十五世祖作孚公（诚裕公）。我的祖祠素谦公祠，主祀杨氏十五世祖作孚公（诚裕公）。从素谦公祠系连的宗脉，我深刻地感受到百侯杨氏与侯南体育场的密切联系，感慨我祖上杨氏六世祖达尊公（杨安公）坟墓“五星归垣”曾经何等壮观！当年请名师为其祖父达尊公（杨安公）精心构筑坟墓的杨氏八世祖淮公，建大书斋开百侯文脉之先而光耀侯山，彪炳千秋。

说到杨氏八世祖淮公，流传着三则故事：

故事一：傅将军曾做过百侯杨氏八世祖淮公家的门人。淮公见他仪表堂堂，身材高大，气质不俗，留在杨家可惜，便主动资助他去从军，以谋得一官半职。岂知他到了湖乡（今湖寮），便将行李及临行前淮公所赠一百两白银赌博输精光，无法前往从军，于是很不好意思地回到了杨家禀告淮公。淮公没有怪罪他，又赠他二百两白银，可是赌性难改，到了三河他又输得身无一文。淮公于是便派家人亲自护送他到府城（潮州），嘱咐他不能再贪赌误事了。淮公还出资帮他安排职务。傅将军倍感愧疚，深感其恩，发愤努力当差，以图报淮公之恩。时逢明朝末期，社会混乱，淮公的长子杨万（敦义公）被李家诬陷谋反关进大狱，淮公四处活动打官司营救。无巧不成书，傅将军自从军以来，痛改前非，发愤图强，此时已在潮州总镇府任要职。当他听说淮公到潮州府打官司的事，立即带着佩剑亲自来到府衙，要求知府按他的意思公正审判此案。知府支吾推托，不肯答应他的要求。他怒火中烧，一剑砍向案桌，案桌顿时断成两截，差点砍中知府的头。知府大惊失色，惧怕傅将军的虎威，便按他的意思公正办理了文书。文书送到了省里臬司衙门，恰巧审理此案的是巡按陈仕贤和刑曹张毂，当年此二人曾游学至百侯，淮公收留他们，提供书斋给他们读书备考，他们深感淮公之恩。二人了解事情始末真相后，当即为淮公长子昭雪。杨淮公打赢官司后，傅将军辞去了官职，护送杨淮公回到百侯，成为他的贴身护卫，并在百侯娶妻定居，没有再出去任职，去世时，享年62岁，但没有留下后代。淮公以家人的礼遇厚葬他，埋葬在村里的田心岗。他所居之屋后来被称为“傅家祠”，墓和祠由杨姓人世代祭祀。20世纪50年代“移坟上山”运动时，坟墓被毁，移至山上，移坟者对其“骨罐”中硕大的骨骸印象深刻，并在棺木中发现宝剑一柄，至今在村民家中珍藏。

故事二：杨姓八世祖杨淮公继承了祖父杨安公（达尊公）的财产，其姐嫁与李姓的李相为妻。李姓人觊觎杨淮公的财产，在嘉靖末年冬月田禾收割后，李姓人以“秆把会”聚会为名，诱请杨淮公参加聚会，以稻秆一束为坐具，稻秆中暗藏利刃，准备中午杀害杨淮公。杨淮公的姐姐知道这件事后，急遣婢女召唤杨淮公前来，把这一消息告诉他，杨淮公大惊。其姐束金于囊，让杨淮公骑马快逃。杨淮公逃至礤下，李姓人在后持刀呼啸赶来。在高礤、矮礤两条路之间，遇一群乞丐（乞丐们素受杨淮公的周济恩惠），说明情况后，一乞丐急忙与杨淮公互换衣服，牵马往另一条路去。李姓人追去了，杨淮公则由乞丐背负，由帽山往高陂，乘船下潮州，到陈通判署中，才得到救助。这是“杨李相�”中的一段故事。

故事三：据民间传说，杨姓八世祖杨淮公得到五世祖婆留下的“鬼子担银”，成为巨富，遂建新洋里、大书斋等大屋，文风蔚起，宗族不断兴旺。话说南宋末，白堠杨氏五世祖克昌婆在南阳岽西麓的礤下泉涧旁，沿路边盖了几间草房，与儿孙们一起日

出而作，日落而息。有一天，一位外乡老人路经克昌婆的草舍门前，天色已晚，便扣柴扉投宿。克昌婆热情接待，留食留宿。次日清晨，外乡老人看到克昌婆杀了一只鸡，而早餐饭菜却仅以鸡头、鸡爪招待他。外乡老人有点纳闷："这妇人把自己辛苦养的鸡煮来招待过路人，甚难得，只是把鸡头、鸡爪给客人吃，好肉留给自己，未免小气些。"饭后，外乡老人向克昌婆揖谢道别，克昌婆送上一只大饭包，嘱咐："前去跋山涉水，道路崎岖，很少人家，这饭包给你半路充饥。"外乡老人带着饭包，翻过陡峭的山岗，登卢山，穿卢涧，至山旮旯的青松浓郁、翠竹婆娑、泉涧盈盈的秀水湾处，觉时近中午，口渴肚饥，体疲力竭，捧饮几口山泉水，翻开饭包，一吃，米饭里包的全是鸡肉。外乡老人大为感动，感慨这位妇人施恩不露，用心良苦，而自己早上嫌鸡头、鸡爪的想法，才是小气。心想滴水之恩，当涌泉相报。吃完饭，外乡老人立即转身返回原路（此秀水湾处，后来被称为"转水浣"），翻山越岭，回到克昌婆家中，告诉克昌婆："吾乃风水先生，长年遍走山川，研究地理，勘察山龙地脉，寻觅风水宝地。感汝一饭之恩，特来相报。吾今觅得一上好风水宝地。可将汝上代的遗骸在某年某月某日寅时安葬，待某年某月某日卯时必发。"克昌婆信其言，遂将上代遗骸按风水先生指点的时间、穴位安葬。光阴似箭，日月如梭。克昌婆转眼已满头白发，垂垂老矣，每日只在家门口守门，儿孙们仍是日出而作，日落而息。一日，忽见一群难民，蓬头垢面，挑着几十担货物，仓皇来到克昌婆家门口。此时雷声大作，暴雨将至，难民称此货物是蓝靛（染料），要求克昌婆借个屋角闲间堆放。老态龙钟的克昌婆还没反应过来，在不知不觉间，蓝绽很快就在屋角闲间堆起。因门槛高，众人挑担过门槛时很是艰难，克昌婆顺手将几块砖头垫在门槛前，以方便挑担。谁知这砖头一放，就再也不见难民挑蓝绽来了。难民一去不返，杳无音信。斗转星移，春去秋来。时隔三代之后，一直无人前来取寄存之物。八世祖杨淮公一外甥知道蓝绽几十年无人认领，想借些来用，便翻开货物，一看竟全是银子，惊叹上代那风水先生说的话今日应验了。此乃天助八世祖杨淮公得巨资，建大书斋而开侯山文脉之先。这就是百侯民间传说的“鬼子担银”故事。

如今，新修筑的四车道公路经过曲滩大桥、五丰大桥，望着南阳岽山色，横过肇庆堂前，直奔九龙亭，连接大潮高速，连起漳州和潮州。肇庆堂前，“百侯山庄”公路交通指示牌下，有大路连接蛇形窠山麓新建的百侯山庄民宿。山庄园林郁郁葱葱生景致，瑞象纷呈，融入传统村落画卷的古色古香里。崭新的民宿大楼高高耸立，黼黻装点着侯山风光，很好地解决了百侯名镇旅游区住宿的短板问题，有力地助推了百侯古镇文旅事业的发展。

行知思想，玉汝于成

2023年10月，在百侯中学建校100周年庆典活动中，我参观了修缮一新的学校老礼堂，观看了三贤厅里的陶行知、杨德昭、罗明塑像，参观了新布展的校史馆和陶行知纪念馆。此后，我又阅读了百侯中学校史和校庆纪念画册，对百侯中学的百年办学历程有了较为全面的了解，对当年陶行知先生派潘一尘等10多人来百侯乡村推行生活教育运动的那段历史有了新的认识。“陶教”，不仅是百侯教育的品牌，还是百侯文旅的品牌之一。

被称为“万世师表”的陶行知先生，与崇山峻岭中的百侯中学怎么会有如此密切的联系呢？查阅陶行知先生《百侯中学复校十周年祝词》诗稿手迹，开头几句是："有源头之活水兮，逝如梅河。从廓岭以凌云兮，无或蹉跎。南风之薰兮，吾道有邻。"陶先生笔下的廓岭、梅河，就是百侯乡村的胜景。"南风之薰兮吾道有邻"，说明当年百侯中学推行生活教育运动获得成功，成为中国南方学陶的发祥地。后来，陶先生又依据祝词为百侯中学作了校歌歌词。陶先生在校歌的最后直接阐明："文化为公，百侯精神。"60年后，中国陶行知研究会原会长方明为百侯中学题词"北有晓庄，南有百侯"，是"吾道有邻"的具体表述。那么，生活教育的种子为何能在百侯乡村生根、开花、结果呢？这与百侯乡村的深厚历史文化底蕴是密不可分的。

一、播种行知思想的一块沃土

廓山雄峙，梅水奔流。溪南风土，钟灵毓秀。宋时此地，隶属潮州。耕读传家，崇文尚学，稼穑平畴。隆师课子，文武合一，术德兼修。明清两代，科举兴盛，魁甲相望，棣萼交辉，角逐鳌头。客家先人衣冠南迁，落脚于深山，耕读传家，较完整地保留了中原文化；明清文风鼎盛，科甲显赫，人才辈出，决定性地提升了百侯历史文化的高度，为百侯赢得了"文化之乡"的称号。

坐落在侯南村的通议大夫第建成于清乾隆三十八年（1773年），距今250多年，为时任陕西按察使杨缵绪所建。通议大夫第坐西北向东南，为砖木结构建筑，建筑主体分上、中、下三堂，左、右共四横（两侧各有两排横屋），为三堂四横九厅十八井的府第式，占地面积为3866平方米，建筑面积为2970平方米，屋内共有80个房间、9个厅、18个天井，建筑工艺精湛，雕梁画栋，正门顶灰塑"通议大夫第"五个白底黑字。虽是平房，但气势恢宏，结构科学合理，既是一座典型的客家民居，又是一座大型的官厅式府第。整个建筑天顶屋脊皆为鲤鱼吐草的高翘沙灰雕塑。屋内抬梁斗拱、木瓜墩均雕有各式花草图案，制作工艺精美。2010年，通议大夫第被广东省人民政府列为省级文物保护单位。

关于杨缵绪，以下三个故事可表现他的人品和官德：

故事一：废除“锡蛇”酷刑。杨缵绪升任陕西按察使后，回乡探亲。杨缵绪的母亲为人贤淑善良，生怕儿子滥权不慎制造冤案，乃至草菅人命，便设法试探他。一天晚上，杨母叫杨缵绪到房间，问他能否破家中的一个案子。杨缵绪不以为然地说：“没有我破不了的案子。”于是，杨母便开始介绍情况：“近日，没有外人来我们家，家里却不见了几个鸡蛋，不知是什么人干的？”杨缵绪听后，断言一定是丫鬟偷了，并说如果丫鬟硬是不承认，就用家法使她招认。听到儿子这么判案，杨母生气地说：“屈打成招，哪里有真正的公正？”原来，家中的鸡蛋是被老鼠偷走了。杨缵绪知道自己错了，跪到母亲面前请求宽恕。杨母轻抚他的头，语重心长地说：“儿子，你要记住，人头落地不可再生！”杨缵绪回陕西后，随即将前任所创的“锡蛇”酷刑废除。后来，杨缵绪便以母亲教诲策勉自己，“不造冤案，不杀无辜”。每当坐堂判案，他便想起“老鼠偷蛋”的事，再也不敢主观武断地断案，而是通过多方调查研究。因为杨缵绪明察秋毫、惩恶扬善，所以当地百姓称赞他为“当代包青天”。

故事二：一肩明月，两袖清风。据传杨按察告老还乡后，有一年，河水泛滥成灾，谷物歉收，农民生活困苦，熬过了三荒四月，端午节又到。客家人的端午节是很讲究的，有钱大户，猪鱼酒肉，亲朋盈门；贫苦人家，也要随俗，筹备过节。当时，杨按察一门远亲因无钱过节，想起了按察公来。他想了个办法：拿来一段竹子，用刀破了两半，但不破竹节，以示“过节难”，然后另附打油诗一首：“黄芩黄柏捞黄连，外加熊胆两三钱；今需按察波罗蜜，急分些许来和丸。”按察公一看已明白，但对这位亲戚的苦状爱莫能助，虽说为官半生，家中积蓄实在不多。但人既来，不好叫他空手回去，遂吩咐家人，备足五十两银子交付来人带回。谁知往返两地，五十两银子几乎耗尽，到家依然两手空空，不由怪怨起按察公来，当即修书奉寄按察公，并附一联：“百余里舟车往还，只因少小知交，故敢辕门求法雨；五十元官场重大，除却盘缠旅资，依然空手打秋风。”联中充满求不见怜、怅惘冷漠的情绪，按察公只是摇头，有苦难言，忽而仰天喟叹：“自古以来，当官发财，天经地义，世人又怎知我这个按察使，官场半生，竟是一肩明月，两袖清风。”

故事三：带宝物回乡。杨缵绪是个孝子，当他从陕西回乡给母亲祝八十大寿时，带回三个宝物。第一个宝物是百侯薄饼。为孝敬母亲，杨缵绪带家厨回家乡摆寿宴，其中有一道点心薄饼，母亲十分喜欢吃。杨缵绪便叫家厨留下，要他把薄饼手艺传授给当地村民，母亲便能长期吃到薄饼。这种饼从此就在大埔县百侯镇流传，并且有了个“百侯薄饼”的名字。第二个宝物是一小袋沙子。杨缵绪任按察使，掌握生杀大权，如出巡各地，吃饭时吃到沙子，便可杀厨子。他听从父母教导，要宽厚待人，每逢外出公干必带一小布袋，吃饭若有沙子，便暗藏在小袋中。在母亲寿宴上，他恭敬地呈上小布袋。杨母掂了掂布袋，欣喜地说：“儿啊！你的寿礼何止万金。”虽然布袋中只是几十颗沙子，但是杨缵绪挽救了几十条生命。第三个宝物是鲤鱼灯舞。杨缵绪知道父母年老，不方便出去看戏，乡村的文娱活动也不多。当时有一种鲤鱼灯舞在陕西很流行，适合老年人观赏。于是，杨缵绪返乡前就请西安名师把鲤鱼灯舞的要领用文字记录下来，让丫鬟、童仆跟着名师演练，把鲤鱼灯舞带回家乡为父母和乡邻演出。从此，大埔县百侯镇就有了鲤鱼灯舞这项民间表演艺术。

乾隆称赞杨缵绪为官清廉，两袖清风，赐款为他兴建了九厅十八井的府第，即现在的通议大夫第。杨缵绪重视培养后代，在修建通议大夫第时，特地在房屋左侧30米处建了一座兰台书室，供子孙及村童读书学习。杨黼时和杨演时辞官回故里后，教子侄、村童读书。后来，杨缵绪的三个儿子中，两个中举，一个副榜。他的四个侄子德徵、德瑞、德邵、德彰全部考中举人，荣称“同堂七魁”。

百侯杨氏书香文脉延绵不断，及至近现代，中国当代著名经济学家、国务院发展研究中心研究员杨培新，中国科学院院士杨文采等，都是杨缵绪的后裔。杨氏家族人才辈出，这与杨缵绪重视“顺父母、睦兄弟，利宗族、完国赋，务勤俭、勤耕读，谨丧祭、肃闺门，慎嫁娶、安本分，禁非为、守公法”的家规家训教育是分不开的。

作为百侯镇核心区域的侯南村，除了官宦富商的大宅，各式各样的大小祠堂也星罗棋布，这些古祠堂外形各具特色。据统计，该村有大小祠堂90座，其中杨氏祠堂便有80座。祠堂多为九厅十八井官厅式大屋。在侯南村，有36条石砌街巷将众多大宅连为一体，形成“三十六条巷，巷巷都一样”的神奇民居布局。古民居多为坐西北向东南，避风向阳，体现天、地、人和谐统一的思想。在侯南村，举目所见的通议大夫第、肇庆楼、百忍楼、植槐堂、海源楼、大书斋、德星堂、谷诒堂、永庆堂、莲瑞流馨、关西世胄、清白世守、延庆堂、绳德堂、荣封第、树德堂、南麓公祠、李屋祠、陈屋祠、州司马第、孝思堂、穀似堂、敬造公祠、一原堂、丘氏别业、关西衍派、书房里、黄屋祠、上大房、思成堂等古屋民居名和祠堂名，都散发着浓浓的书香。

近代新学，推行陶教，文化普及，北有晓庄，南有百侯。处处书香弥漫的侯南村，是当年潘一尘等推行陶行知生活教育运动的实践基地。潘一尘到百侯前，侯南村各房姓学堂或私塾主要有思成、一原、步梯、锡尔初级小学校和杨氏高级小学等。“思成”“一原”“步梯”“锡尔”这些初级小学的校名，散发出侯南浓厚的历史文化气息。

“思成”，出自韩愈的《进学解》：“业精于勤而荒于嬉，行成于思而毁于随。”意思是说学业由于勤奋而精通，但荒废在嬉笑声中；事情由于反复思考而成功，但可能毁灭于随随便便。古往今来，业精于勤的典故不胜枚举。战国时苏秦起初因学识浅薄而未被重用。后来他发奋读书，常以锥刺股驱睡意，终成著名政治家。这说明学业需勤奋，德行需思考。

“一原”，指一个本原。古语云：“一原，道之原也。”《淮南子·俶真训》云：“是故身处江海之上，而神游魏阙之下，非得一原，孰能至于此哉！”清代王夫之《张子正蒙注·太和》云：“神则合物我于一原，达死生于一致，氤氲合德，死而不亡。”

“步梯”，出自《笠翁对韵》：“松对竹，荇对荷。薜荔对藤萝。梯云对步月，樵唱对渔歌。”《笠翁对韵》是从前人们学习写作近体诗词，熟悉对仗、用韵、组织词语的启蒙读物。作者李渔，号笠翁，仿照《声律启蒙》写成，因此叫《笠翁对韵》。全书分为上、下卷，按韵分编，包括天文、地理、花木、鸟兽、人物、器物等的虚实应对。从单字对到双字对，三字对、五字对、七字对到十一字对，声韵协调，朗朗上口，从中得到语音、词汇、修辞的训练。从单字到多字的层层属对，读起来如唱歌般，较之全用三言、四言句式更见韵味。侯南步梯小学开办于清光绪二十四年（1898年），是全县最早兴办的学校。

“锡尔”，出自《诗经·大雅·既醉》：“孝子不匮，永锡尔类。”朱熹《诗集传》云：“类善也……孝子之孝诚而不竭则宜永锡尔以善矣。”意思是孝顺的子子孙孙层出不穷，上天会恩赐福祉给孝顺的人，可以理解为只有做孝顺的孩子，才能得到幸福。《诗经·大雅·江汉》云：“肇敏戎功，用锡尔祉。”意为迅速谋划建大功，就把福泽赐予你。

二、小先生制在百侯成功推行

当年，陶行知先生派潘一尘、程今吾等十多人来百侯乡村推行生活教育运动，并获得成功。1943年，陶行知先生在《百侯中学复校十周年祝词》中写道：“手脑双挥兮敲未知之门。岁寒然后知松柏之后凋兮求仁得仁。竖起几根穷骨头兮顶天立地。崇拜自己之集体创造兮虽败终成。千教万教兮教人求真。千学万学兮学做真人。天下为公兮教育无私。杨氏不为我兮记取百侯之精神。”陶先生充分肯定了百侯乡村的生活教育运动，赞扬了以杨应彬为代表的一大批“小先生”们“竖起几根穷骨头兮顶天立地”的求知若渴、坚韧不拔精神，赞扬了潘一尘、程今吾等“崇拜自己之集体创造兮虽败终成”的推行生活教育运动改变乡村教育的精神，赞扬了杨德昭先生“杨氏不为我兮”的倾心百侯家乡教育的精神，这就是“千教万教兮教人求真。千学万学兮学做真人”“天下为公兮教育无私”的“百侯精神”。

百侯乡村能够成功地推行生活教育运动，离不开一批脊梁人物。明清科甲鼎盛，杨之徐父子等一批脊梁人物，提炼、黼黻和藻饰百侯乡村，塑造了整个村庄的文化形象。20世纪三四十年代，杨德昭、陶行知、罗明、潘一尘、程今吾等一批脊梁人物付出不懈努力，在百侯乡村成功推行生活教育运动。曾见证百侯乡村成功推行生活教育运动的丘玉辉校长，90岁高龄仍身体硬朗。他回忆当年火热的学习生活，满怀激情地高唱起那时百侯中小学流行的《生活教育歌》：“同学们，别忘了！我们的口号是：生活即教育，社会即学校，拼命地做工，拼命地跳。一边儿学习，一边儿做。别笑我们年纪小，我们要把中国来改造。”

“桃李不借力于东风，而春色必叨荣于桃李。”当年成功推行生活教育运动的一抹“春色”，给百侯山村披上万道金光，使这个深山里的人文秀区倍增光彩。

百侯中学创建于民国十二年（1923年）。其创建之秋，正值大革命风起云涌之时，百侯中学师生在中共党组织的领导下积极投身于革命烽火斗争，为革命作出重大贡献。蒋介石发动“四一二”反革命政变后，百侯中学师生积极开展反蒋宣传；中共百侯中学党组织领导革命群众暴动，收缴国民政府百侯区公所枪支；八一起义军转战到大埔时，百侯中学中共地下组织派学生迎接并发动群众支援三河坝战役；同时，响应茶阳、高陂等地起义，推翻百侯国民政府，建立百侯苏维埃政府。八一起义军撤离后，迫于形势险恶，百侯中学停办达六年之久。民国二十二年（1933年），杨德昭先生恢复百侯中学。正值杨德昭先生的父亲杨祖宴七十大寿，杨德昭将各方所送的生日寿款三万银圆全部捐给百侯中学。林森拟了《为杨翁祖宴七秩寿庆乞移寿仪充学款启》一文。民国时期国民政府主席林森，行政院院长兼财政部部长宋子文，立法院院长胡汉民，孙中山之子中央执委孙科等八位政要在上面签了名，这是百侯中学校史上的浓重一笔，也是民国史上罕见之美事。

为改革乡村教育，杨德昭先生设立百侯中学校董会，自任董事长。其时，陶行知先生倡导的生活教育运动正值“东风桃李争春”。继南京晓庄乡村师范桃李满园后，上海山海工学团又东风劲吹，“教学做合一”及“小先生制”得以推行，教育普及蓬勃展开。杨德昭先生很赞赏陶行知先生所倡导并身体力行地用改造和普及乡村教育的方式来改变农村落后面貌的主张，力邀陶行知先生来任百侯中学校长。陶行知先生本拟要来百侯，后因局势复杂、事务缠身而不能成行，于是推荐了晓庄师范小学部指导员潘一尘老师到百侯中学任校长，并先后派程今吾、程本海、唐文粹、朱泽甫、钱寒康等10多位晓庄师范的生活教育骨干来到百侯推行生活教育运动，在粤东山区的大埔县百侯中学撒播下生活教育火种。为迎接陶行知及其“生活教育”的一批老师到百侯中学实践“生活教育”理论，杨德昭先生特在南京、上海筹措资金新建主体综合楼一座（即现在百侯中学的行知礼堂），由时任国民政府主席林森亲自题写校名。

潘一尘任百侯中学校长后，团结本地教育界和社会人士，成立百侯乡村教育促进会，推动侯南村分房、分姓办的小学合并，建立侯南中心小学，作为百侯中学附属小学。此举有利于教育的普及和中小学教育质量的提高，把百侯的教育事业推向了一个崭新的阶段。百侯中学实行生活教育期间，分设初中部、艺友制师范班、小学部（附设幼稚园）和民众教育馆。潘一尘校长对这四部分都进行了有条不紊的改革。

潘一尘推行生活教育运动的大刀阔斧式的改革，刷新了百侯乡村旧教育，具体如下：

在小学部的改革上，把百侯侯南原来分房分姓办的四间初级小学和杨氏高级小学校合并为侯南中心小学，作为百侯中学的附属小学，由晓庄师范的优秀生唐文粹任艺友制师范部主任兼小学部主任。中心小学又负责抓好12所村小分校，对村小统筹统办，培训并调配师资，建立区、乡教育网，统一推行生活教育。后来，为了进一步推行生活教育，小学部在1937年专门组织了“京沪教育参观团”，前往山海工学团、嘉宝农校、南京燕子矶小学、南京鼓楼幼儿园进行参观学习。

在初中部的改革上，不按原来的学历而按智力考试编班，对初中部的学生实行了减免学费、勤工俭学制度以及工读生制。其时，百侯中学开设校办工厂和农场，实施“教学做合一”“手脑双挥”的教育，这大大提高了学校的知名度，许多外地学生都来百侯中学就读，他们来自潮汕、梅县、闽西南等地，除此之外，也有一些归国华侨。第一届招收的初中生就有四个班共200多人。

又如艺友制师范班，这是为更加深入持久地开展生活教育，以真正达到改造乡村教育之目的，1934年开办特色小学师资班。艺友制师范班采用晓庄师范的办学模式，即运用边学边教、边教边学、“师傅带徒弟”的方法，把小学部作为实验基地，在“做上学”和“做上教”。其时，艺友制师范班的学生，以“捧着一颗心来，不带半根草去”为座右铭，个个学到了真本领。艺友制师范班第一批招收的学生有30人，来自四省八个市县。艺友制师范班的学生毕业后，很多被外地学校聘请，把生活教育推广到其他地方。萧赐培（白雁）、李良史（后任江西省教育厅长）、张伟烈（后任大使）等都是当年艺友制师范班的毕业生。1935年，艺友制师范班学生李俊成、李良史、萧史培和杨应彬等共赴广西南宁国民基础教育研究院任小学教师和半工半读，推广生活教育。1936年，以百侯中学、艺友制师范班校友为骨干，联合小学教师，组成“时代剧社”，演出了《放下你的鞭子》等宣传抗日的进步话剧。对于百侯中学办艺友制师范班，陶行知认为，凡用朋友之道教人学做教师，便是艺友制师范教育，艺友制的方法是教学做合一。20世纪30年代，百侯中学以推行陶行知的生活教育运动而著名，在全国享有“北有晓庄，南有百侯”的美誉。

再如民众教育馆，百侯中学民众教育馆是为了推行识字教育运动、普及民众教育而建立的。在崇山峻岭的落后的百侯乡村普及民众教育，面临经费、师资、校舍和设备等困难。然而，“潘一尘旋风”到哪里，哪里就“转”起来：一方面，联络各界人士支持，解决经费、校舍和设备问题；另一方面，推行“小先生制”，解决师资问题。

潘一尘等生活教育骨干老师们，以培养具有创造精神、科学头脑、艺术兴趣、健康体魄、劳动身手的青年为目标；以陶行知“生活即教育”“社会即学校”和“教学做合一”的教育思想为指导方针和教学原则，重视理论联系实际，特别强调实践；重视发展学生智力的教育，特别强调因材施教；重视教师的示范作用，特别强调培养学生良好的生活习惯。当时的百侯中学，把陶行知生活教育思想贯彻落实到课堂教学、学校管理、社会生活等方面。例如，要求学生一律不吸烟、不喝酒、不赌博；要求学生轮流下厨房，挑水、烧火、煮饭；要求学生扛锄头、拿镰刀，挖地、除草，以及挑粪桶、种瓜菜；要求学生做木匠，自制桌椅板凳和教具等等，以培养学生艰苦朴素的生活作风和劳动习惯。又如，在校园的墙壁、门楹上，悬挂、张贴“生活即教育，社会即学校，教学做合一”“手脑双敲”“以教人者教已，在劳力上劳心”“镰刀到处无荆棘，锄头底下有自由”“以宇宙为学校，奉自然作宗师（后来陶先生改‘自然’为‘真理’）”“亲民亲物亲赤子，问古问今问未来”等陶行知生活教育的名言警句，产生强烈的视觉效果，催人觉醒。当时百侯中学的校园营造出浓郁的生活教育氛围，师生精神面貌很好，处处可闻《锄头舞歌》，以及《生活教育歌》：“同学们，别忘了！我们的口号是：生活即教育，社会即学校。拼命地做工，拼命地跳。一边儿学习，一边儿做。别笑我们年纪小，我们要把中国来改造。”

生活教育，于斯为盛。廓岭山麓，晓庄钟声。行知思想，玉汝于成。乡村庠序，步入新程。百侯中学实行生活教育，取得了丰硕的成果。受陶行知先生生活教育熏陶的学生，很多成了杰出人物，这是百侯中学生活教育之树结出的累累硕果。硕果之一：12岁的杨应彬跟随潘一尘到上海见到陶行知先生，写出了由陶先生题写书名、中华人民共和国成立前再版12次的《小先生的游记》，并从此走上漫长的革命道路，成为共和国的功臣。硕果之二：当时17岁的杨茂轩是百侯中学复办后第一届的初一班学生，后来考入艺友制师范班，成为该班36位学员之一。1936年，杨茂轩在师范班学习毕业后，到百侯中学附小试办幼稚班、蒙养班。1939年，他正式创办百侯幼儿园，从此百侯幼儿园就有了一位男性园长。

百侯中学100周年庆典当天下午，还举行了刚改编出版的《小先生的游记》连环画首发式活动。在我心中，《小先生的游记》不是一本普通的书。这本薄薄的小书，承载着当年百侯乡村推行陶行知生活教育运动的那一段辉煌历史，承载着陶行知先生和他的一批弟子们改变乡村教育的理想和意志，承载着以杨应彬为代表的一群“小先生”们的梦想和追求。这本薄薄的小书，字里行间仿佛都闪烁着光芒，这光芒，宛然象征当年谱写百侯乡村教育新篇章的创造精神。这种精神，就是陶行知先生所赞扬的“百侯精神”。

阅读《小先生的游记》时，我总会想象当年潘一尘在百侯乡村推行“小先生制”的情景。

潘一尘在百侯乡村推行“小先生制”非常成功。当时，倡导“即知即传人”“不做守知奴”等口号和要求，规定从小学三年级起，每位学生都要担任“小先生”。“小先生”通过乡村夜校和家庭夜校，教周围群众识字。在百侯中学师生的共同努力下，百侯全乡办起了乡村夜校和家庭夜校77所，小先生有700多人，夜校学生有3000多人，夜校学生年龄从7岁至80岁。百侯乡村夜校中出现小儿教妈妈、孙子教奶奶、婆媳母女互学互教的动人情景，使百侯乡村成为南方普及教育运动的著名地区。陶行知先生致函朱泽甫老师，对百侯乡村推行的“小先生制”给予高度评价，陶行知先生的信函指出“抵抗这个文化侵略之最有效办法是小先生的普及教育运动”，肯定道“百侯的小先生的工作已经立了一点基础”，勉励在百侯乡村推行生活教育运动的老师们“必须百折不回干它几年才有效力”，希望朱泽甫老师“留在百侯与洁声（即程今吾）同志合作把这大事干到底”。当时，有70多个“小先生”合写了《一个南方的普及教育运动》并出版。

当年陶行知先生写给百侯中学校长潘一尘的信《小孩子有不可思议的力量——致潘一尘》中，对潘一尘校长等人在百侯乡村推行生活教育运动，尤其是推行“小先生制”所取得的显著成绩，给予“百侯办得有精神”的高度评价。后来，潘一尘写了《小先生制》一书。

潘一尘是陶行知教育思想的坚定和勇敢的实践者。“小先生制”是陶行知思想中的一个重要组成部分，也是陶行知先生在当时最理想的教育教学模式。“小先生制”最先由陶行知先生提出。在推行民众教育时，陶行知先生提出，民众教育的根本主义就是把知识扩散给大众，要把教育知识变成和空气一样，弥漫于宇宙，荡涤于乾坤，普及众生，人人都得呼吸，把知识变成空气最好的办法就是运用“小先生制”。陶行知先生说，“小先生是负着普及教育之使命。穷社会除了重用小先生之外，是没有别的办法可使教育普及”，“我们全中国有一千一百万小学生，每人教三个，就有三千三百万学生，蒙童馆的学生每人教三个就又有三千万，一共六千三百万学生，要请大先生请不起，所以干普及教育运动，只有靠小先生”，“穷国普及教育最重要的钥匙是小先生”。由陶行知先生倡导的“即知即传”的“小先生制”不但在全国而且在东南亚一带也产生了很大影响。

杨应彬就是当时百侯中学培养出来的“小先生”。杨应彬在《良师·益友·楷模》一文里提到：“百侯中学很强调学生要适当参加一些社会活动，今吾同志是位热心的组织者，主要是号召大家做‘小先生’，在家庭、邻里之中，开展识字教育运动，自己的母亲、婶婶、嫂子、姐妹，都可以成为识字班的学生，结合着识字运动，还进行了普及科学知识、破除封建迷信的教育。‘小先生’也要‘以教人者教己，在劳力上劳心’。为了教别人懂，自己就要先懂，就要学会把生活中的事物用知识和文化的语言来表达，这种学习远比单纯的课堂学习强多了。”1934年，12岁的杨应彬跟随潘一尘到上海见到陶行知先生，在“亭子间旁一座木楼梯转角处”，写成一本赴上海的日记，并送到陶行知先生手中。陶先生看了书稿，非常满意，一字不改，亲笔题写了书名“小先生的游记”。从这本书的书名，可以看出陶行知先生对潘一尘在百侯乡村推行“小先生制”所取得的成果是充分肯定的，对来自百侯乡村的杨应彬这位“小先生”是特别关爱的。潘一尘把杨应彬带到上海，就是把推行“小先生制”的鲜活成果——杨应彬这位“小先生”，带来向陶行知先生汇报。杨应彬这位12岁的“小先生”还写出书来，陶先生怎能不高兴呢？这本书的序言是朱泽甫老师的弟弟朱一明写的，当年陶先生派潘一尘、程今吾、程本海、唐文粹、朱泽甫、钱寒康等10多人到百侯中学推行生活教育，朱泽甫老师先来过百侯中学，后来到大埔县大麻中学去推行生活教育。1935年，《小先生的游记》由上海儿童书局出版，并在中华人民共和国成立前再版了12次。

翻阅《小先生的游记》，我脑海中浮现出当年杨应彬等“小先生”们募捐购买煤油、粉笔，创办乡村夜校的身影。夜校煤油灯的黯淡小光，点亮了普及乡村教育的光明之路。再次阅读陶行知先生写给百侯中学校长潘一尘的信，我对潘一尘到百侯乡村推行生活教育运动感慨良多。岁月流逝，沧桑变幻，数十年前在百侯乡村发生的一切都已不复存在，可那伫立在百侯中学的沧桑古榕，却保留着不变的记忆。

杨应彬在上海还写了《百侯自动夜校》一文，登载于1934年9月出版的《生活教育》杂志。文章标题中“自动”二字，说明这所夜校是杨应彬等“小先生”在寒假自发创办的。“在天气是异常寒冷的时候，大部分的夜校，都已放寒假了”，杨应彬等“小先生”们组织了一个团体，叫作寒假创造生活团，“团员有九个”。然而，“办夜校，灯油至少需要的，灯也至少要一盏，可是，哪里来呢”，“小先生”们决定去募捐，“我们去捐钱很顺利：不是六毛，就是四毛；不是四毛，就是两毛；至少是一毛”，还到“保华寺去向尼姑募捐”。募捐到钱后，“买了一箱煤油，买了一盒粉笔”，“借了一盏暗淡小光的煤油灯。是晚，就在钟屋举行开学典礼”。

《百侯自动夜校》一文中提到，在开学典礼之前，请了程洁声先生来参加和指导，所以开会时，先请程先生谈话。程先生说了这句话：“他们那些学校，生活室是高大的洋房，灯火是光亮的汽油灯；至于我们的生活室呢，是高低不平的地，我们的灯火是暗淡无光的。可是，我们不要灰心，我们要晓得，我们的光明，是从这个暗淡的灯火下面发出来的……”“他这许多话，又和着他那种雄伟的声音，真是令人听了兴奋欲狂。”好一个寒假“自动夜校”！这是“小先生”们自觉承担起普及乡村教育的使命，这是实践陶行知生活教育思想所取得的伟大成果。

百侯中学的生活教育还辐射到大埔县其他学校，朱泽甫、钱寒康等曾在高陂中学、大麻中学等学校实践过生活教育理论，古城小学等也向百侯中学学习，开展生活教育。生活教育在大埔的实践愈来愈广，影响到粤东地区。百侯中学实行生活教育，影响深远，成为南方农村中、小学校教育改革的一面光辉旗帜。

侯宝斋遐想

驱车沿新铺筑的省道四车道，经过曲滩大桥、五丰大桥和百侯大桥，载着梅潭河的溪光翠翠，载着南阳岽的山色青青，直奔九龙亭而去，可直上漳州和直下潮州。

在我印象里，过去百侯乡村梅潭河西溪尾和马阜山一带风光是美到极致的。有诗为证，诗曰："夹岸竹枝摇绿水，一桥光景接青天。西溪旧日扶桑送，骏尾而今彩带牵。"

一、溪光夹岸碧，竹影一桥长

记得，自从建起了侯西大桥，马寺晨钟景点所在的马阜山与河对岸沙岗尾和天子印山就风光相接了，溪光竹影和松风山色也集于一桥一同观览了。

我曾徜徉于侯西大桥，凭栏而望，沙岗尾侯北长堤草青青，西溪尾翠竹摇风，侯南黄塘坝香蕉林碧碧，桥下溪光里宛若铺着厚厚的绿，好像从廓山嶂那边流来的梅潭河还不停地送绿来。看到黄塘坝香蕉林，我记得这似乎是20多年前才有的，这块地方原本是沙滩、竹林和旱地。

在"以粮为纲"的年代，黄塘坝的竹林和旱地被改造成水田。那时，黄塘坝梅潭河边的大片竹林被毁了，连同旱地一起改造成水田。毁竹林的时候，还在黄塘坝召开"誓师大会"。"誓师大会"一结束，毁竹林的"战斗"就打响，贫下中农们奔向梅潭河边，挥舞锄头，砍竹竿，挖竹根。还是小孩的我，在那里跑来跑去看热闹。那被毁的竹林，我是去过的。竹林里看不到天，很阴凉。记得竹林里有很多高大的野杨桃树，树下能捡到很大的金黄色酸杨桃。那酸杨桃有现在的保温杯那样大，但很酸，不能吃。穿过大片的竹林，可看到洁白的沙滩和清澈的流水。回想起来，那溪边的风景特别好。后来，长大了，对大自然越发热爱，才怀念起那被毁了的大片竹林，时常感到惋惜。如今，站在新建的侯西大桥上，看到河边的竹枝倒映水中，景色迷人。假若没有发生那场毁竹林“战斗”，这侯西大桥边的景色定会美数十倍。被毁的竹林虽不可能恢复，但如今有了一片香蕉林，算是在遗憾中得到了些许安慰。

说到香蕉林，我想起百侯南山、白罗有个叫“蕉子坑”的地方。顾名思义，蕉子坑是产香蕉的小山村。蕉子坑有很多香蕉树，但几乎没有像样的平地，香蕉树远未成林。在侯北沙岗尾往下几里路的梅潭河北岸五斗背村，也有小片香蕉林，我经过那里时，也感到非常舒服。

一桥美景让我的思绪飘得很远，很远。走过大桥，宽敞的侯北村道让我心旷神怡。想起以前在深圳时，听来访的老乡极力赞美侯北宽阔的村道，还连带赞扬当时侯北的村书记，说“侯北出了个萧书记”，才有贯通上、下村的宽大村道，才有堤坝边榕树下的漂亮乡村别墅群。

侯北村是百侯名镇旅游区的“侯北人家”片区。“侯北人家”四字，让人想象到平畴碧绿、比屋祥和的客家村落图景。这里有明朗的天空和广袤的田野，还有许多错落有致的青砖黛瓦古民居。而且，小村庄所有景致都被完全包裹在梅潭河溪光里，恰似一块美玉镶嵌在翠烟渺渺的梦境中。

二、筱筑藏瑰宝，书法添魅力

在村道岔路口，赫然竖立一座客家墙瓦式的路牌，竖排着出自名家手书的“侯宝斋”三个字。侯宝斋，指的是深圳市侯宝斋文化传媒集团董事长萧曾祥依托古民居笙曹筱筑，与百侯镇党委、政府共同打造的一座集名家书画、艺术陶瓷、农耕文化及艺术家工作室于一体的侯北乡村艺术馆。

笙曹筱筑的“后靠”是天子印山。天子印山上，碧绿树木接着云锦，云锦连着遥远而缥缈的天空。山色如秋，秋色叠满檐瓦，好像一年四季，笙曹筱筑皆如秋。看那宽阔的门坪外，亦觉月塘秋水盈盈，水面曲桥蜿蜒，小榭可人。周遭田野清风徐来，好像眷恋着“水榭月塘桥曲翠”，还带来一缕缕花果香作为礼物，让漫步曲桥的人衣襟沾满清香。曲桥小榭倒映于月塘秋水，这一幕让我想起小时候瞥过一眼的《秋水轩尺牍》扉页里竖排的楷体字书名，“秋水”二字墨痕规整而洒脱，字形沉稳而隽永，笔画淳厚而清秀，像印在我脑子里一样，若闻墨香而历久不淡。当时，我还是小孩，难以解读“尺牍”二字，但心里暗知其是写文章之类的礼节和规矩。也许是脑海里“秋水”二字书法绝美，如今看到月塘秋水，就更有感触。

“马阜青青秋水长，廓山拱秀穀昌堂。”举头看到笙曹筱筑左右横屋门额上的“西岩拥翠”“东廓霞辉”的端庄秀丽的笔墨，真是“东廓西岩齐拱秀”，一屋书法映秋水。眼前的笙曹筱筑特色古民居，是20世纪初由旅新加坡华侨典当行领袖萧笙曹公独资，并委托其胞兄萧亮溪公、萧史琛公监建完成的。始建于1920年左右，主体工程建造历时15年，占地总面积2738平方米，房屋主体面积1575平方米。此屋坐北向南，三进院落二横屋，取中轴平衡，左右对称，方正工整，有18个小天井，构成“九厅十八井”的格局。正门上方“笙曹筱筑”四个大字和左、右横屋门额上的“西岩拥翠”“东廓霞辉”，皆由著名书法家商衍鎏题写，笔墨端庄遒劲，豪迈洒脱。商衍鎏，广东番禺人，是1904年清朝最后一次科举考试的探花。中华人民共和国成立后，历任江苏省政协委员、广东省政协常委、广东省文史研究馆副馆长等职。上厅“穀昌堂”三字，是林森题写的，百侯中学老礼堂门楼顶上的校名也出自林森手书。林森，福建闽侯人，曾任中华民国开国参议院议长、国民政府主席等职。笙曹筱筑家藏林森、商衍鎏等当时政要名家墨宝，堪称“一屋两名书”。今天，书法家萧曾祥在此精心打造的侯宝斋艺术馆，亦是口碑载道。

“侯宝斋”，恰似百侯古代书斋名。对萧曾祥，媒体有文赞曰：“其人谦和仁厚、豁然大度；其学汲古纳今，严谨广博；其心情牵宗族，凝聚萧氏之美好品质；其字豪放洒脱，清奇多变，数十载临池不辍，创作研习，锲而不舍，始终如一，成就了大家气象。”

我回想起曾在百侯人文网读过的乡人所写的两首诗，觉得写出了笙曹筱筑的“垂裕鸿延”和萧曾祥书法作品的“大家气象”。其一，《侯北笙曹筱筑巡礼》诗曰：“笙曹瓦垄映山色，山色难遮乡土魂。叠叠风光连两岸，层层景帙接三村。沙岗显曜堪舆地，侯宝飞光筱筑门。水榭月塘桥曲翠，檐牙铁凤啄晨昏。”其二，《萧曾祥书法作品欣赏有咏》诗曰：“云烟研墨字飞凤，寄托神魂书转萍。坚毅雄浑凝锐气，雍容厚重散芳馨。曲藤遒泽牵金缕，霄岭祥风绕紫屏。柳骨颜筋融劲腕，羽觞真味汇兰亭。”

由此，我联想到，在百侯中学百年庆典时，萧曾祥邀请了52位当代书画名家共同挥毫庆贺。这些书法作品中，有工整严谨的楷书，有龙飞凤舞的草书，有遒劲有力的行书，有结体秀美的隶书，有浓郁古味的篆书。这些墨宝是对百年名校的献礼，也是对百侯中学师生的美好祝愿。

三、北有荣宝斋，南有侯宝斋

萧曾祥大学毕业后，曾在银行工作。后来，“下海”创业。

2001年，他收购了濒临破产的生产可燃气体报警器的东震公司，经过短短一年多，就使企业扭亏为盈，经过多年励精图治，该企业成为国内知名的国家级高新技术企业。企业经营范围不仅延伸至燃气设备、燃气工程等，更与中国科学院能源权威部门合作，投入巨额资金专门从事前沿节能产品的研究与开发。他2012年创办的侯宝斋文化传媒集团，不仅享有“北有荣宝斋，南有侯宝斋”之誉，更成为深圳市历届文博会活动指定战略合作单位。

事业有成后，萧曾祥不忘家乡建设，为家乡旅游、文化、教育出资出力、建言献策，有力地推动了百侯镇乡村振兴。2016年，创办“百侯人文”微信公众号，积极传播古镇文化和风土人情，该公众号也被誉为古镇人民的“网上图书馆”。2019年6月，萧曾祥积极响应大埔县委、县政府乡村振兴战略和贤达回归工程的号召，依托笙曹筱筑特色古民居，与百侯镇党委、政府共同倾力打造一座集名家书画、艺术陶瓷、农耕文化展及艺术家工作室于一体的侯宝斋艺术馆。侯宝斋艺术馆多次举办各类书画、摄影作品展，成为百侯镇文化传播的重要阵地。

2019年，萧曾祥在百侯镇支持创建了大埔县第一支村级志愿者队伍，成立大埔县侯宝斋志愿者协会，连续5年共筹集40多万元开展“暖冬行动·与爱同行”行动，为百侯数百位老人、儿童送去温暖。依托侯宝斋艺术馆，成立了梅州市第一个公益童声合唱团，邀请国家少年足球队前队员侯春元教练开展乡村公益足球培训班，开展公益书法班、古筝培训班等共490多场儿童公益培训活动，丰富乡村儿童的课余生活，艺术馆被共青团中央评为“童心港湾”基地。

说回侯宝斋艺术馆，其文化艺术氛围甚为浓厚，是萧曾祥作为书法家和企业家的成功之作。何以做到“北有荣宝斋，南有侯宝斋”？看到上厅林森所书的“穀昌堂”三字，我想起了素谦公祠的“榖似堂”三字。这个“榖”字，正如筀曹筱筑大门对联的“俾尔戬榖”，是福禄，更是善。没错，就是因为善。这个善，上升到中华传统文化的高度来看，就是“止于至善”。若顺着南宋理学家朱熹的深邃目光看，侯北村也好，侯南村也罢，拥有深厚历史文化的百侯，其内核就有一个“善”字。

鸳鸯祠重光

2023年12月13日，作为侯南杨姓宗亲代表之一，我很荣幸参加了侯北鸳鸯祠举行的大埔萧氏重光庆典。鸳鸯祠位于侯北村望楼下，由萧氏大宗祠椒远堂及小宗祠心臧堂构成。两祠并立，大宗居左，小宗居右，昭穆得宜，春秋匪解，享祀不忒，乡人俗称鸳鸯祠。其北负山如屏列，南面江如带环，千峰叠翠，百水朝宗，殆据一乡之胜。

一、德盛百代祀

伫立鸳鸯祠前，目送滔滔梅潭河向马阜山麓流去，我感慨良多。梅潭河源于福建，流经广东大埔县大东、双溪、枫朗、百侯、湖寮等地，于三河坝注入韩江。我是喝梅潭河水长大的，梅潭河、韩江，好像奔流在我的心里。

读小学时，我曾在侯南的浮桥头走过摇摇晃晃的长木桥，登上有一棵棵龙眼树的城墩头，远眺廓山嶂、南阳岽庇佑下的比屋炊烟胜景。当时，只听说过蔡仙圳灌溉了侯北大片良田，并不知道侯北萧氏的开基创业史。

后来才了解到，大埔萧氏肇基祖讳淳，字季川，号伯海，又名念三，潮州人称为“诗伯”。宋淳祐五年（1245年），淳公出生于福建省安溪县龙涓乡。宋景炎中登进士，出仕漳州通判，迁宦潮州路总管。避宋末之乱，韬光隐迹于百侯。初住溪背坪上坪子，创建家庙余庆堂，为萧氏始祠。不久迁至百侯溪南山下坪，三择宝地，又迁往溪北凹头，于是这里便成为萧氏肇基地。从四世裔孙乐耕、乐园、乐庄、乐基开始，萧氏家族拓基创业，迁徙至大埔各地，后迁至省内之陆丰、海丰、龙川、惠州、饶平、高明等地，元末明初又迁徙至中国台湾、马来西亚、新加坡、泰国等地，历经700多年，椒实繁衍，远播寰宇，已有数万人之众。

大埔萧氏，自宋末至今，人文鹊起，甲第蝉联，为国家柱石，其德行才献，忠孝节义，媲美古人，并传不朽。明成化年间，萧氏六世祖正直公兄弟八人始建大宗祠“椒远堂”，弘治六年（1493年）建成，后毁于兵火。明万历己亥年（1599年）在原址重建，祠祀始、二、三、四世。1981年，在畹香公的支持下，又在原址重建，历时一年半后建成。清顺治十五年（1658年），萧淳十一世孙翱材中进士，成为清代粤东地区的第一个进士。其辞官回乡后，念四世乐耕公，乃绍德创基祖，实开文运，遗有尝田，而无专祠，遂倡议建小宗祠“心臧堂”于本村乾上，祀四世乐耕公及其四子八孙，康熙三十年（1691年）又迁建于大宗祠右侧。赐进士第翰林院编修李士淳撰曰：“今萧氏既有大宗以祀始祖，而小宗之设自不可少，萧族其亦准乎情，以合乎礼者也。”

数百年来，萧氏后裔敦古道，尚孝义，宗祠历毁历建，不改砖木结构，亦光彩堂皇，见证了百侯人文史实之昌盛，也为百侯开创了科举世家之先，为百侯文化古镇奠下根基。古人云：“德盛百代祀。”2023年12月13日，农历十一月初一，大埔萧氏鸳鸯祠重光庆典，千余宾朋共襄盛举。侯北村望楼下鸳鸯祠前，锣鼓喧天，龙狮飞舞，鞭炮齐鸣，现场气氛热烈，人们为这个盛大的家族盛事而欢呼。11时左右，杨家茂先生代表百侯杨姓致辞，向萧氏鸳鸯祠重光庆典表示热烈的祝贺。敬恭笃其庆，昭穆锡之光。鸳鸯祠是萧氏家族的祖庙，也是百侯镇一处重要的文化遗产。在鸳鸯祠重光庆典上，敬赠匾额仪式之隆重热烈，给我留下深刻的印象。如敬匾仪式，台湾淳公裔孙、陆丰八万尚德堂、车头诒燕堂淳公裔孙齐齐敬匾，表达了对祖先的敬仰和对家族文化的传承；又如赠匾仪式，百侯池氏、刘氏、林氏、丘氏、温氏、杨氏、张氏和钟氏，以特制的匾额或工艺品向鸳鸯祠献上祝福，展现了各姓氏之间的深厚情谊和紧密团结的“大百侯”精神。回想重光庆典场景，那一块块匾额依然在我脑海里浮现出来，匾额上的鎏金大字如“光前裕后”“源远流长”“粤东翘楚”“桂馥兰香”“岭东望族”“兰陵世泽”“诗书传家”“葳蕤繁祉”“兰陵世家”“一脉相承”“源聚一堂”等，闪烁着夺目的光辉。

2024年4月6日，农历二月廿八，萧氏举办清明祭祖大典，千余人参加，场面壮观，堪称尊宗敬祖祭祀之经典。萧氏2023年的鸳鸯祠重光庆典和2024年的清明祭祖大典，皆盛况空前，有乡人欣然吟咏《萧氏鸳鸯祠重光和清明祭祖》诗为证，诗曰：“椒远心臧俎豆香，翰林进士曜牌坊。江西衍派记蓝缕，侯北开基永颂扬。画壤三村频黼黻，修祠一脉耸鸳鸯。重光锣鼓余音在，又见清明祭祀忙。”

在侯南村长大的我，对村里黑压压的官厅式老屋群似乎已熟视无睹，对“进士村”的历史缘由也习惯性地未做深入探究。然而，当我了解到百侯镇第一个考上进士的是清初顺治年间侯北村的萧翱材时，我开始对承载侯北村历史文化的那数十座老屋崇敬起来，并产生了浓厚的兴趣。

侯北村的萧翱材，不单是百侯镇第一个考上进士的人，也是粤东地区第一个考上进士的人，被称为“粤东进士第一人”。清乾隆四年（1739年），兵部侍郎、两广总督鄂达上奏朝廷，为表彰萧翱材的母亲，在茶阳镇茶阳圣庙前，建“天褒节孝”牌坊。同时，立牌匾于萧氏家庙“敕封萧太母邬氏：敕旌节孝，祠祀坊表，郡邑志乘，千秋荣耀”。萧翱材故居“既勤堂”，也叫萧氏家庙，始建于乾隆三十八年（1773年），至今约250年历史，系百侯萧氏五世祖伟公专祠。其典型的官厅式结构及建筑风格，与侯南“通议大夫第”相似。萧翱材外甥杨之徐后来也中进士，任河南光山县知县。其时，“伯侄进士”“舅甥进士”被传为佳话。杨之徐娶茶阳人饶氏为妻，饶氏“一腹”生下杨缵绪、杨黼时、杨演时“三翰院”，即为著名的“一腹三翰院”。由此可见，明清时期百侯镇侯南、侯北与茶阳镇文脉相连，科举文化曾一样鼎盛。

“宗族兴腾村土旺，祠堂构筑客家魂。”科举人才的涌现，对百侯乡村社会的变迁和发展产生了深远的影响。“粤东进士第一人”萧翱材大力倡建宗祠，还确立了萧氏大小宗祠的制度。六世八兄弟创建大宗祠“椒远堂”，十一世翱材公创立小宗祠“心臧堂”。“椒远堂”“心臧堂”两座宗祠并排肃立，位于梅潭河北岸的侯北村，堪为侯北古建筑之代表作。其大门对联“江西衍派；侯北开基”和“乐于斯地；耕在其中”，展示了客家源流之久远和耕读文化之深厚。

椒远堂于明成化年间（约1486年）建成，是四世萧宗敬的孙子，亦是萧淳六世孙萧爵、萧禧、萧玄、萧瑛、萧琼、萧恭、萧辉、萧巩等八人合力所建，大门对联为“江西衍派；侯北开基”。明弘治六年（1493年），岁在癸丑，赐进士第吏科都给事郡人郑寓为大宗撰文曰：“基址有位，岁月创营。考卜维正，攘剔修平，规划有式，堂寝门庭。增其式廊，以妥祖灵。祠祀始、

二、三世而小宗祠祀四世讳宗敬及其四子八孙之设。”明嘉靖五年（1526年），七世萧朝庄、萧朝恭立下祭祀规矩：“今与族人约，遇春秋祭，少长咸集，设陈肴馔，盛服行礼，澄心肃虑，谨其步趋，毋躁而急，毋荡而嚣，毋待而慢，毋喧而扬。今日敬祖，既为子孙后日之敬于我也。”明万历己亥年（1599年），椒远堂因毁于兵火。祠堂稍微修葺，神主牌位摆放好后，十世萧端吉倡议合族重建祠堂。“椒远心臧昭穆祀，江西衍派历沧桑。”1983年、1999年，“椒远堂”“心臧堂”分别再次合族重修。鸳鸯祠蔚为壮观，见证萧氏淳公肇基侯北，椒实繁衍，人文鹊起，云程发轫，甲第蝉联，发祥昌大。明代，五世孙伟官拜承事郎、六世孙琼官拜文林郎；清代，十一世孙翱材登进士，十二世孙宸捷登进士，拜翰林院编修，才冠一时。

美丽的梅潭河自东南向西北奔流，把百侯镇大约10平方千米的小盆地划分为侯南村和侯北村。作为侯南村人，我从小就对侯北村有着美好的印象，也常与伙伴们走过摇摇晃晃的长木桥，到梅潭河北岸侯北村宽阔的白沙滩和热闹的骑楼古街道玩耍。随着年龄的增长，我对侯北村的感觉逐渐浓厚起来。因为对侯北的喜爱，我曾多次从马寺晨钟景点所在的马阜山下的侯西大桥直接进入侯北村，一是浏览感受梅潭河环抱的宽阔田洋景色，呼吸清新的空气；二是由远而近地向碧野里的老屋走去，脚步仿佛踏入了老屋那历史感强劲的磁场。这样的游览过程，让我有播种、栽培和收获快乐的惊喜感觉。我所熟悉的侯北村特色古建筑主要有椒远堂、心臧堂、衢亨、久大堂、保定楼、崇德堂、筀曹筱筑等，其檐牙高啄、高墙深院，气象恢宏；青砖黛瓦、雕梁画栋，精巧别致，总是让我陶醉其中。

“保我孙子，定橛邦家”，这是保定楼大门对联。保定楼，建于清顺治八年（1651年），占地7162平方米，是一座大型的碉堡状围屋。外围楼寨高三层，墙厚近一米半，只有一个用铁皮加固的大门进出，大门及两旁的碉楼均设有数个枪眼，堪称“铜墙铁壁”，以抵御贼寇侵扰。进入大门，可见院落、天井宽敞，正面是一座殿堂式的三进院主体建筑，两边各有两排厢房。大屋的两侧及后墙，是既独立又相连的两层楼房，楼房内共有150多个房间。大屋内有水井，据说若遇贼寇侵袭，可紧闭大门，二三百族人完全可以十天半个月不出门。保定楼是很有特色的大型古民居，萧翱材曾题名“永锡堂”，堂联为“永居祖宅；锡子贤孙”。

值得称道的是，有一座古民居名为“衢亨”。从外表上看，它并不起眼，大门正面有3米多的照墙与外界阻隔。门楼处于侧门，看不见大门。先从侧门进入，穿过悬挂“大夫第”金匾的门楼通道，可见宽阔的院落。这时，赫然现出大屋的一个大门和两个小门，屋顶四角高翘，庄严神圣，气派非凡。大门额书“麟阁宗风”，字迹饱满遒劲。屋内是“三堂出水”的客家围屋，中堂宽敞高深，“树德堂”金匾高悬。举目所见门窗、屏风雕饰皆工艺精湛，除了中轴线上的堂屋天井和横屋天井，堂屋与横屋之间还有许多小天井，是一个典型的深宅大院。衢亨的大门对联是“衢通两大；亨运三阳”，祠堂对联为“读相国世家名留千载；溯汉朝懋绩冠居群臣”。大门、厅堂对联之精妙绝伦，可看出侯北村的客家文化积淀之深厚。衢亨大屋是广东省委党校原校长萧如川同志的祖居。我曾读过范以锦社长的文章《质朴笔触饱含故土情——品读萧如川的山水画》，对萧如川校长有了更多了解。大埔家乡人对萧如川校长和范以锦社长都非常敬佩，他们皆儒雅清正，至德可师，一直都是我学习的榜样。

我亦去过儒宗衍庆、久大堂等老屋游览。儒宗衍庆的大门对联是“儒林森玉树；宗石巩金盘”，久大堂的大门对联是“久长绵世泽；大有庆年丰”。其实，几乎所有百侯镇的老屋，都有文辞精美的对联，细细研读，其味醇厚而隽永。衢亨大屋的门外，门坪开阔，天空明亮，让我想起曾读过乡人写侯北古屋民居的两首诗。其一，《溪背古屋》云：“侯北人家观古屋，蔡仙水圳饮新泉。粤东进士排名首，溪背文澜遥领先。椒远心臧常肃穆，衢亨崇德总俨然。高墙庭院煦蒸久，嘉树青葱明朗天。”其二，《春色融融侯北村》云：“举目云峰连屋脊，一村秾粹接山楹。崇基保定念宏构，大气儒宗思懋成。地厚风淳荣树德，天高日艳曜衢亨。筀曹道履兰陵梦，新筑牌坊晴翠萦。”这两首诗意境开阔，我最欣赏的是写衢亨（树德堂）的两句诗：“地厚风淳荣树德，天高日艳曜衢亨。”

百侯镇如此众多的老屋多为明清科举文化鼎盛的产物，既有官宦富商的深宅大院，也有各式各样的大小祠堂和中西合璧建筑群落。百侯作为清代粤东地区的科举重镇，科举人才不断涌现。正是当时科举显赫，官厅古屋大量兴建，才有现在众多的名人故居、仕宦官邸、书斋等古建筑。众多的官厅古屋，规模宏大，形式多样，雕刻精美，而且屋名、对联等文辞劲丽。凡此种种，塑造了科举重镇文翰荟萃之地的村庄文化形象。

侯北村的众多老屋，一砖一瓦都表现出客家先人开基侯北、耕读永居的历史神韵。这神韵，弥漫、升腾在整个村庄的绿色田洋里，形成侯北人家碧玉妆的美好形象，让人忘却那庸人自扰的烦恼，消除那粗陋浅薄的浮躁，洗尽那油腻厚重的铅华，从而找回时常丢失的其实又是最素朴、最简单的人生快乐。

二、勿忘畹香公

萧畹香先生有一次回家乡时，要去看祖祠“椒远堂”。可是，这座祖祠在“文革”时被拆毁，只剩遗址，于是，就有了

1983年畹香公重建萧氏祖祠椒远堂的故事。不仅如此，畹香公还倡议在侯北村虎形山麓复建几百年前的始、二、三、四世祖坟。过去一直分散在各地的祖坟，由于年久失修，破烂不堪，乡亲祭祀不便，在他亲自倡议和努力下，这一难题得以圆满解决，乡亲们十分感动。此外，为了纪念历代祖先，他又捐出店铺作为祭祖基金，供春秋二祭的费用。

旅马来西亚侨领畹香先生，是一位对家乡建设作出巨大贡献的教育慈善家。早在20世纪40年代，他就在家乡帽山村独资兴建了一所小学，还请邹鲁先生题写“培新公学”校名。他热爱桑梓，乐善好施，一直做捐资修桥、筑路、建医院的善事，1987年还兴建了进光中学，在大帽山下建起“进光学村”，造福乡邦，功德千秋。1996年10月，时任国家教委副主任王明达、广东省教育厅厅长江海燕专程视察“进光学村”，并会见畹香先生一行，王明达还欣然题诗赠畹香先生：“巨资兴学乡情深，倾洒山村育新人。造福桑梓志千里，遥望华夏更昌盛。”畹香先生多次表达捐资教育的初衷：“只有教育发展，人才辈出，才能发明和创造各种先进科学技术，使中国科学技术赶过世界发达国家。”他还题写了“岂能尽如人意，但求无愧我心”的座右铭以自勉，高风亮节，令人钦仰。

作为家乡人，当永记萧畹香先生热心公益、倾资兴学之功绩。在陪同朋友参观畹香先生事迹展览馆后，我查看所拍照片，参照展览馆的要点，结合自己的想法，把畹香先生的生平事迹整理如下：

1. 客家巨子，泽被桑梓

萧畹香先生（1902—2000），字兰轩，清光绪二十八年（1902年）出生于广东省大埔县百侯镇帽山村下属的箭灌自然村

（1994年箭灌自然村归湖寮镇管辖，改名进光村）的一个农民家庭。他年少时离家旅居马来西亚，白手起家，创业于新山市。他虽身居异域，但心系桑梓，淡泊儒雅，乐善好施。他毕生尤对兴学育人情有独钟，在侨居国兴办华文学校和在家乡兴学都倾尽全力，半个多世纪的兴学育人之举，情满侨居地和桑梓。

他在家乡念私塾4年，因家贫辍学，在家干农活。民国九年（1920年）3月，到马来亚谋生。他先在吉隆坡怡和白铁店当学徒，8个月后到柔佛州新山以打白铁为业，转而开办“和昌父子公司”，兼营建筑业和种植业。尔后，又在香港开设“和昌贸易公司”，逐渐成为有殷实资产和较高名望的华侨实业家。

早在中华人民共和国成立前，畹香先生就在家乡创建培新小学，施建凉亭、庙宇等。1957年，他回国探亲，前往北京观光。适逢五一国际劳动节，周恩来总理在北京饭店欢宴各国使节和归国观光的侨胞，畹香先生应邀出席，聆听了周总理鼓励侨胞热爱祖国、捐资办教育等公益事业的讲话。他从北京回到家乡，即独资兴建进光小学，捐资建百侯医院等，为桑梓兴办公益事业。1979年，他对在家乡创办的进光小学进行修缮，附设了初中班。1983年，又捐资兴建一座三层的教学楼，办起了进光初级中学（后成完全中学）。1987年，他在村口建起一幢八层教学大楼，又陆续建起礼堂、膳堂、师生宿舍大楼及运动场等。帽山村终于办起了幼儿园、小学、中学。进光中学成为具有面向全县招生条件的中学。1987年10月进光中学落成之日，他自拟了一副对联“闻得书香心自悦；深于画理品能高”。

为办好进光中学，畹香先生对在校师生实行优惠待遇。凡在进光村读幼儿园、小学、初中、高中的学生，一律免收学费；学校教师70多人，除按国家标准发放工资、补贴外，学校另加津贴；给学校补充办学经费每年达50万元。为提高师资水平，他捐资为学校培养了21名大专毕业的中学师资，又高薪聘请已退休的老教师回校任教。他还为学校提供电脑实习室、语言教学实验室等现代化教学设备。他除了从自己的财产中拨出一笔款作为进光中学的办学专用经费，还把在汕头、高陂的店铺产业和在县城新建的一幢四层大楼捐赠给学校作校产，作为学校长久性办学基金。他投入巨资改变学校交通闭塞的状况，捐资310万元，开通湖寮经进光至三岗亭长达22.5千米的公路，全线铺设沥青硬底路面，使学校北上县城、南下高陂连成一线，还为学校购置交通车，方便师生往返。为解决进光中学的电力和通信问题，他独资架设由县城至学校的输电线和电话专线。他为进光中学创造了优越的办学条件。因此，各地学子均愿意到进光中学念书，教师也乐于到进光中学任教。1991年，进光中学被列为县重点中学，还被市评为最具办学特色的中学之一。1987—1995年，进光中学连续6年高考取得好成绩。

畹香先生是华侨实业家、慈善家，1961—1962年，他应马来西亚宽柔中学校董和师生的请求，担任宽柔中学董事长。1986年，他献出时值近1000万马来西亚林吉特的土地，给创办南方学院作校园。1955年，他在国内带头捐建大埔县华侨中学（在茶阳）。1980年，为县华侨中学复办而带头出钱出力。1989年，大埔县华侨第二中学在县城落成，他带头捐建了1座教学大楼。接受萧畹香赞助建校的还有百侯、石云、广德、高陂、大东、双溪、大埔中学，侯北、平原、北坑、松栢坑、帽山、文峰、旧寨小学和县教师进修学校及百侯幼儿园。他还创建了侯北中学。在嘉应大学他还捐建了1座“学宫”。1991年，大埔县政府特赠给畹香先生“光被桑梓”金匾，以彰其德。1992年，梅州市政府授予畹香先生“梅州市荣誉市民”称号。2000年2月，萧畹香病故于马来西亚，享年98岁。

2. 艰苦创业，自强不息

马来西亚华侨畹香先生，10多岁还在大埔山区放牛，尔后“一条裤带”闯南洋，白手起家，成为当地巨富。畹香先生是位客家巨子。客家人在长期的艰苦生存环境中，锻造出了刻苦耐劳、坚韧刚强、坚忍不拔、务实开拓的优良品质。在畹香先生身上，淋漓尽致地体现了这种优良品质。

畹香先生小时候只在本村私塾念了4年书，就因家贫而辍学在家里干活。13岁开始耕田种地，上山砍柴烧炭卖，有时跟人做泥水木匠工，还常给陶瓷厂挖瓷泥，做泥工。16岁那年冬季的一天，他与好友其俊到苦竹顶砍柴烧炭。那里小的杂木砍完了，想砍一棵较大的松树。树大，两人只好用锯来锯。锯到一半时，树一偏移，锯被一压，松树未倒下，而锯却夹在里面，动弹不得。两人没办法，只好回家借来一把斧子，慢慢从另一方向砍进去，好不容易才把这棵大树砍下来。不料，天气寒冷，畹香先生用力砍树出了一身汗，回到家里换衣服，因天气太寒冷，加上身体孱弱，受凉感冒，病了一场。畹香先生的父母心疼得不得了，他母亲星夜打着火把，到田头地角、坑边路旁找回草药。当时穷人家没钱，请不起医生，一般都是按祖传的土方法找草药。没几天，畹香的身体康复了。这时的他心事重重，老想着那天与其俊两人拉锯拉不动的情景，就好像他被穷困缚在山沟里动弹不得，他产生了出去谋生的念头。当时年关已到，他想着家里没钱过年，于是又和其俊两人爬上苦竹顶，一边唱着伐木歌，一边锯木头，苦中作乐。两人很快把锯下的木头劈开烧成炭，再挑到高陂街上卖，足足走了17.5千米，卖了木炭得了些钱，回家简单地过个年。童年、少年艰辛的生活磨炼了畹香先生坚强的意志。

1918年，畹香先生18岁那年，由于普降大雨，三河等地发生水灾，又加上兵荒马乱，家里生活艰难，畹香先生决定出南洋去闯一闯。他说服祖母和父母，只身跟“水客”前往南洋谋生。1919年先到马来西亚吉隆坡怡和白铁店当学徒。畹香先生小小年纪，初出茅庐，每天早上五时起床挑水煮饭，放下饭碗拾洗餐具，接着埋头学打白铁；午饭、晚饭仍要他兼做；每天干到星光高照，还需加班加点，直到11时才休息，每天干18小时。一上床，累得筋骨疼痛难入睡，总想着家乡祖母、双亲受苦受累。他认为一个人要学一身手艺才能自食其力，他专心地学打白铁手艺，以坚强的毅力，硬是挨过了寄人篱下、艰苦的徒工生活，最后得到师傅的好评，才领到第一个月工资4.5元。但是，还要白做3个月才能还清“水客”的债。畹香先生就这样省吃俭用，后来又把所有的积蓄全部寄回家赡养亲人。

畹香先生做事比较有主见，他决定了的事就一定要做到。做了8个月徒工后，他辞工与先去吉隆坡几年的兄长吟香一起到柔佛州新山市沙主街29号陈合兴货仓左边租了一块8平方米的土地，搭起工棚，以熟就熟，先打白铁，立志创业，旋即经营白铁档。当时，畹香先生在大马兼做建筑。以前新山市多是用茅草盖屋，畹香先生廉价收购100多间改为镀锌板屋顶，赚了2000多元，买橡胶园广种树。兄弟俩手工打白铁和修理业务，同时购进五金配件，进而办成五金白铁店，命名“和昌行”，供应橡胶园等用品。经过7年奋斗，畹香先生渐渐有了可观的收入，家底也厚实了。25岁那年，他回乡娶妻，经人介绍，与帽山贤惠淑女廖惠志喜结良缘。妻子成为他母亲的好帮手，畹香先生更安心在外创业，“和昌行”生意越做越兴隆。

3．诚信待人，声誉昭彰

抗日战争爆发后，“和昌行”损失惨重。日本投降后，“和昌行”要打开新的局面还得重整旗鼓，重新起步。然而，受过百般磨难的畹香先生意志坚定过人，见识过人，胆识过人，他勇敢地迎接挑战。

畹香先生自幼生长在山区，小时候在家乡学会种树，做过木匠、泥水工。他对种植、建筑业是内行。在当地百废待兴之时，他对承包的基建工程都是事必躬亲，亲自动手，按时保质保量完成，令对方很满意。这样一来，他的信誉提高了，对方对他所做的工程也放心。畹香先生开办的建筑业日益兴旺发达。随着马来西亚新山经济的恢复和发展，他看准了橡胶树种植业的发展前景，逐步买山，种植橡胶树，发展橡胶产业。

畹香先生经商办企业诚心待人，心口如一。他把“货真价实，童叟无欺”八个字，用毛笔写在纸上，贴在店内墙上，欢迎顾客监督。他最反对的就是旧社会遗留下来的经商作风，即那种“同行便是贼”“互相倾轧”“尔虞我诈”的丑恶作风。可见，畹香先生早就是文明经营工商企业的典范。

4．重用人才，团结奋斗

畹香先生还认识到，办好工商企业不只是一个人就能完成的事，还需要各方面的人才。妻子廖惠志在大埔老家生了5个子女，到马来西亚后又生了5个子女，他们先后都在马来西亚、新加坡或中国香港等地，先读书后经商，个个成才。在此期间，子女升学造就之时，“和昌行”的业务又一步步扩大，畹香先生忙不过来，他慧眼识人才，很快诚聘了一位家乡在百侯镇侯南村的杨培晃先生。杨先生对会计财务很在行，给他的企业帮了大忙。畹香先生还在各分支企业里都诚聘了能人任职。在重用人才方面，他遵循“用人不疑，疑人不用”的原则，所以被聘用的人对畹香先生的企业非常忠诚。

经商需要人才，搞工业更需要科学技术人才。马来西亚以橡胶业和锡矿业著称。畹香先生曾开采过锡矿，组织人力开采了很久仍未找到锡矿床。后来他无偿地把锡矿让给老乡宗亲开采，老乡终于找到了矿床，发了小财。老乡感谢他无偿转让锡矿开采的慷慨之举，畹香先生也从此更深刻体会到科学技术人才的重要。

5. 尊为侨领，赐封拿督

畹香先生所经营的工商企业，自马来西亚1957年独立后得到迅猛发展，可谓是得天时、地利、人和。天时，是马来西亚独立的时势，政府鼓励大力发展工商企业；地利，是新山为马来西亚南方的重要经济城市，有利于工商业；人和，是畹香先生一家父子共同团结奋斗以及得到人民和政府的支持。自此，畹香先生不仅继续经营橡胶业、建筑业，还逐步发展扩大和昌机构，畹香先生成为赫赫有名的富豪。

日本无条件投降后，中国和东南亚各国人民重见光明。当时，他的一家就像客家人在新山的接待站一样。祖国有许多乡亲走到新山，凡有大小事情找到畹香先生，他都为他人着想，极力帮助他们解决一个又一个实际困难，如协助贷款、征地、找工作等。他到新加坡和马来西亚赞助建设慈善医院、孤儿院、老人院等福利事业，尤其还大力赞助办学。由此，凡是华侨、华人、客家人等的社团活动，他都被推为领导或重要职位。那时起，畹香先生就已成为侨领之一。畹香先生也得到新加坡、马来西亚等国家领导人的信任和尊重。为表彰畹香先生为全马发展经济和办学的贡献，柔佛州苏丹依斯殿下特赐封他为“拿督”。

漂洋过海创业的客家人，几乎都有幼年家贫的经历，畹香先生就是典型的代表。客家精神在畹香先生身上得到淋漓尽致的体现，这也是他海外创业成功的重要因素。在几次大迁徙中，客家人在颠沛流离、艰苦生存中形成了自己的独特品质，传承了自己原有的中原士族文化，淬炼了客家人万难不屈、刻苦勤俭、开拓进取、重伦理、尚教育的精神。这种客家精神对“客商”的人格塑造起到了深远影响。“客商”在埠外能与当地人相处融洽，并且因为当地作出不少贡献而被称颂和表彰。

6．赓续仁爱，推崇华文

客家先民是中原华胄，来自中华文明的发源地，具有较高的文化素养，虽经辗转流徙，文化气质不变。讲礼节、重伦理、好学问、尚教育、敦亲族、敬祖先、隆师道等品格，在畹香先生身上得到了很好的体现。作为在马来西亚备受尊敬的侨领，他非常注重传承华夏文脉，弘扬博大精深的中华文化。

在马来西亚新山市，当时只有一间于1913年元月创办的宽柔小学。在日军南侵后，马来西亚沦陷，全马华文学校停办，在新山原有的宽柔小学亦停办。1945年，日军投降后，经畹香先生等侨领倡议，扩建了校舍，于1951年开办了初中班。1956年以前，畹香先生一直担任学校董事，在他建议下，1957年起增设了高中班，1958年中小学分治，新山市华文教育得到了发展。

1986年6月24日，畹香先生与华人贤达向大马政府申请在新山创办“南方学院”，经3年才获批准，这是马来西亚第一所华文学院。据了解，当时马来西亚当局对华文教育基本持不提倡、不鼓励、不反对的态度。要兴办华文学校，必须自行购地，以及筹集建校、办学的经费。因此，校地成了申办南方学院的先决条件。畹香先生本着“拓展华教事业，增辟深造管道”的赤心，无条件献地15英亩（1英亩=0.004 047平方千米），作为南方学院的校园所在，此后又低价把9英亩土地用于南方学院建筑校舍（赠送的土地价值约2000万马来西亚林吉特），此事震动了全马来西亚华人社区。南方学院于1996年10月正式招生开课，人们为了永久纪念畹香先生的兴学之情，把南方学院校园亲切地称为“畹香园”。

为了纪念畹香先生对华文教育的贡献和对南方学院的功绩，学校将南方学院大厅命名为“畹香厅”。畹香先生不仅对南方学院如此，更在自己家乡兴教办学，独资兴办了进光中学，被大家称为“慈善老人”，真可谓“内有进光中学感动桑梓，外有南方学院闪耀马来”。

7. 慎终追远，大德风范

畹香先生是海外客家人的杰出代表，他身居异国却时刻眷恋着家乡，时刻想念“唐山”和出生地“胞衣迹”，常讲“阿姆话”，教导子女溯本思源、寻根问祖，兜好香火，永远不忘祖国与列祖列宗。畹香先生一生热心桑梓、乐善好施，捐建桥梁、医院、学校，善举无数，为家乡建设作出了重大贡献。他深知“百善孝为先”，始终将孝道视为立身之本。在他看来，教育的首要任务是让人懂得孝亲尊师，做一个有道德的人，其次才是传授各类技能。这种理念不仅体现在他对家乡的慷慨捐助中，更贯穿于他对中华传统文化的传承与弘扬中。

畹香先生的大德风范，誉满乡邦，令世人敬仰。他不仅修桥筑路、捐资办学，还致力于弘扬中华孝道文化。在中国传统社会中，儒家将孝与感恩视为“人伦之公理”，并将其作为维护社会伦理关系的重要手段。畹香先生深谙此道，他以孝为起点，将“修身、齐家、治国、平天下”的理念融入自己的行动中，致力于使孝道从家庭美德升华为社会普遍的行为准则。

何为孝道？中国第一部字辞书《尔雅》中的定义是“善事父母为孝”。孝，是子女对父母的一种善行和美德，是家庭中晚辈在处理与长辈关系时应具备的道德品质和必须遵守的行为规范。

作为中华民族的传统文化，孝道随着社会文明的发展被不断赋予新的内涵。畹香先生不仅践行传统孝道，更致力于重建与现代文明社会相适应的新孝道文化。他通过自己的善举，融合代际关系，促进家庭和睦，营造孝亲敬老的社会氛围，为构建和谐社会贡献了重要力量。

萧畹香先生的一生，是“慎终追远”的生动写照，更是“大德风范”的完美诠释。他以实际行动传承中华文化，弘扬孝道精神，为后人树立了榜样。他的爱国爱乡情怀和无私奉献精神，将永远铭刻在家乡人民的心中，成为激励后人的宝贵精神财富。

8．兴学典范，誉满乡邦

1979年，大埔县教育局收到海外侨胞的信，畹香先生在信中提出对在家乡创办的进光小学进行修缮和增设初中班的设想，受到大埔县人民政府的大力支持。1982年，他把祖屋“善庆居”拆建成一座三层的教学楼，办起了进光初级中学并面向全县招生。1983年，他提出兴办“进光学村”的设想，此后先后两次到厦门陈嘉庚办的集美学村访问。1985年4月他捐出巨资，在进光村口建起一幢八层教学大楼，接着陆续建起礼堂、膳堂、师生宿舍大楼及运动场等。帽山村终于办起了幼儿园、小学、初级中学、高级中学，成为远近闻名的学村。1987年10月学校落成之日，他亲笔题写了“进光中学”四个大字，自拟了一副对联“闻得书香心自悦；深于画理品能高”，表达了他钟情教育的情怀。畹香先生曾先后捐款建过4间学校（2间小学、1间初级中学和1间高级中学），这4所学校的校名分别由邹鲁、何香凝、秦萼生等名人题写。

为兴办教育，畹香先生及其实业集团先后在家乡投入资金数千万元，畹香先生逝世前，叮嘱后辈要一如既往关心支持家乡教育事业。其子萧光盛继承父志，每年捐资支持进光中学办学，而且每年均从该校选出优秀毕业生，资助其海外留学。

在捐资教育的同时，畹香先生还为家乡其他公益事业尽力。他先后多次为他捐建的百侯人民医院扩建医舍，添置设备，购买救护车，新建门诊大楼、住院大楼和员工宿舍。他首捐巨款并发动海内外贤达捐资，兴建百侯大桥。此外，畹香先生还捐建了平原三岗亭至进光的公路，为家乡人民摆脱贫困悉心擘画蓝图。早在20世纪70年代，他就捐资在大帽山、炼山种茶；20世纪80年代又捐资给进光村每家每户种果。畹香先生还为村里的自来水、照明、瓷厂等项目捐资，为新侨乡的建设和家乡人民致富奔康竭诚尽力。在大埔县内，接受过畹香先生捐助的单位，还有百侯镇政府、大埔县卫生局、大埔县教育局、大埔县教研中心、大埔县汉剧团、高陂公园、大埔县政协文史科、大埔县华侨事迹展览馆、大埔县海外联谊会、梅县客联会、梅州客属联谊会大埔厅、世界大埔同乡联谊会、西河福利会等。1996年春节，畹香先生得知大埔拟在帽山顶新建微波信息中心，但至帽山公路工程款尚未落实时，即捐资100万元先行开通进光村至帽山顶的公路，为微波信息中心的建成创造了先决条件。

在崇山峻岭之中的进光村，农家子弟们为求学往往需要走三四个小时的山路。为弘扬畹香先生倾囊相助家乡办教育的精神，大埔县委、县政府筹资近4000万元重修从县城连接“进光学村”的全长22.7千米的山区公路，按三级路面标准建设。

以上内容远未全面，只是期望百侯后代子孙勿忘家乡先贤萧畹香先生，更要学习他的大德风范。萧畹香先生是客家人出洋创业成功的典型代表，他身上折射出客家人自强不息的炫目光辉。他的爱国爱乡情怀，重视客家优秀传统传承、热心华文教育、倾情兴学的精神，是宝贵的精神财富，值得我们永远学习。

饮福宴联想

大埔民俗文化丰富多彩，旧时就有舞龙、舞狮、打幡、放铳、迎花灯、打锣鼓、赛龙舟等各种民俗活动。比如在侯南村杨氏、侯北村萧氏的祠堂春秋祭祀上，除了敲锣打鼓、燃放鞭炮，还舞龙、舞狮、放烟花、举旗扬幡等，可谓“南村北村鼓咚咚”。在节日里，还常见鲤鱼灯舞、龙珠灯活动和五鬼弄金狮表演等。鲤鱼灯舞最早的活动地为侯南村，是族人杨缵绪从陕西带回来的。杨缵绪，清康熙辛丑年进士，乾隆二十二年（1757年）任陕西按察使。依此计算，侯南村的鲤鱼灯舞已有200多年历史。龙珠灯是侯北村萧氏特有的民俗活动，已有700多年历史。龙珠灯起源于南宋时期江西、浙江南部和福建一带流行的“板灯”。萧氏肇基始祖萧淳卜居侯北后，结合侯北形似鲤鱼的地形，前面加鲤鱼，寓意后面的灯为鱼卵，称为“龙珠灯”，一方面是形似鲤鱼，另一方面是取鱼跃龙门之意，传说鲤鱼跳龙门后就成了龙。此外，还取年年有余之意。五鬼弄金狮是流传于大埔县的一种狮舞，取材于唐僧取经的民间传说。在各种民俗活动中，侯南村、侯北村的作福盛典场面壮观，给我留下了深刻的印象。

一、侯南村作福盛景

作福，也叫祈福，意为做善事而获福祉。《尚书·商书·盘庚上》曰：“作福作灾，予亦不敢动用非德。”《尚书孔传》曰：“善自作福，恶自作灾。”《孔颖达疏》曰：“汝有善，自作福；汝有恶，自作灾。”作福，也可理解为赐福。《尚书·周书·洪范》曰：“惟辟作福，惟辟作威。”西汉董仲舒《春秋繁露·保位权》曰：“所好多则作福，所恶多则作威。”北宋宋祁

《宋景文杂说》曰："有所爱，能以得君之赏以贵之，是谓作福。"可见，"作福"一词蕴含着浓厚的历史韵味。

侯南村的太平福是每年正月廿二至廿三日举办的大型祭拜活动。相传明末清初，自然灾害严重，气候变化无常，白堠村民生活艰难困苦。村民推举乡绅到阴那山佛寺拜祭惭愧祖师潘了拳（817—866），去拜祭的乡绅在寺中休息得一梦：在每年惭愧祖师潘了拳出生之日，将他的神像恭请到白堠青子凹拜祭，即可保佑村民太平。

阴那山前山有万福寺，后山有灵光寺，都是唐代高僧潘了拳和尚修持的地方。阴那山的灵气，从1100多年前的潘了拳大师开始延续至今。潘了拳，自号"惭愧"。传说他出生时，左手握拳，不能伸开，所以取名字为"拳"。三年后，一位云游僧人在他左拳上写了个"了"字，他的五指马上伸张，于是更名"了拳"。了拳和尚来到阴那山一带时，醉心于这里五指峥嵘苍翠、耸峙云表的山川形胜，终于驻锡于此，并在此修行30多年，成为阴那山祖师。说到惭愧祖师，我想起曾读过乡人写的两首诗。其一，《惭愧祖师永禅五指峰》，诗曰："若渴望梅千百年，黄砂赤蕨感苍天。灵岩如是观悬石，仙桂因缘念了拳。玉渡莲花留故事，神通卓锡涌甘泉。烹茶隔鼎阴阳晓，五指雄峰五指玄。"其二，《惭愧祖师勤谦修真一生》，诗曰："五指雄峰念了拳，香岑钟磬慰前贤。檐牙高啄萦苍紫，泉涧深流入郁渊。长命寨观仙桂绿，灵岩寺见石磐悬。悟空赤蕨景行止，魂眷祖师千百年。"这些诗句蕴含着惭愧祖师在大埔西河的赤蕨岭、洲瑞的麒麟山、大麻的阴那山修行的故事，读来令人回味无穷。

没想到，侯南村乡绅在阴那山佛寺有此缘分。乡绅回村后，马上召集全体村民操办此事。村民将惭愧祖师像请到白堠青子凹后，即按梦境指引购置神坛、置办祭品，举行祈太平福的拜祭，自此风调雨顺，五谷丰登。于是，拜祭惭愧祖师祈太平福这个仪式就成为传统民俗活动。

侯南村太平福由村民祈福的重要仪式，逐渐演变成一个盛大的传统民俗文化节日。每年正月廿二至廿三举行两天一夜的系列活动，包括接神、迎福、拜福（斋拜）、完福、许福（拜荤）、还福（送回）等程序，以及晚上举行的文艺晚会。文艺晚会节目有广东汉乐、汉曲、汉剧、木偶戏、舞龙、舞狮、鲤鱼灯舞、武术，以及燃放烟花等。侯南村民通过太平福系列民俗活动，庆祝太平盛世，祝福生活蒸蒸日上，祝愿祖国繁荣昌盛。

作福拜祭不分姓氏，不论贫富，只要是口碑良好、有公益心的善信就可卜卦，服众者即可被推举为福头。清末至民国初期，侯南村处于三省通衢，炊烟缭绕，商贾云集，人才济济，后来要求通过竞争产生福头，往往要卜卦好几次才能定下福头。乡绅、名人、富甲一方者，均以能当福头为荣。近几年来，在热心乡绅的倡导下，设立了太平福理事会，不论姓氏均可参与理事、福头的选举。我好几次看到侯南体育场举行的祈福盛典，其场面之热闹，程序之传统，让人叹为观止。

二、侯北村作福传统

侯北村的太平福，有着深厚的历史文化内涵。这项传统民俗活动始于宋末元初，至今已有700多年历史。据说，早在汉朝，汉高祖刘邦和汉武帝刘彻曾做过福头。刘邦分肉给乡亲们时说过："我不但要分肉给乡亲，还要把天下分给乡亲。"当他登上皇位后，发布诏书"巡祭皇土"，举行春天祈福、秋收还福活动。客家人来到深山后，勤劳耕作，祖宗传统不断。每年农历冬月上旬（择周末时间），侯北村民购置神坛、置办祭品，将玉皇大帝、五显灵官大帝、西天如来、太上老君、圣母娘娘、公王、师爷、财神、灶君等众神恭请到侯北萧氏鸳鸯祠堂前举行祈福拜祭，庆祝过去一年五谷丰登、六畜兴旺，祈求新的一年风调雨顺、国泰民安。每年萧氏鸳鸯祠作福现场，供品琳琅满目，气氛热烈，成为一道独特的村落人文景观。

2023年侯北村作福，萧氏鸳鸯祠前彩旗飘扬，鼓乐喧天，人声鼎沸。村民们或肩挑或手拎供品，陆陆续续来到作福场，将供品摆到供桌上。福场前端全猪全羊整齐排列，福场中央四列几十张八仙桌上摆满荤斋供品，各式各样供品摆设非常讲究，有些还颇有创意。大家纷纷烧香烛，虔诚地跪拜，全猪、全羊尤其引人注目。上午8：30，活动正式开始，身穿汉服的主持人带领福首及村民们开始作福仪式。唱礼读祝后，福头们人手一炷香，按顺序到神前祭拜。随着锣鼓声响起，作福的主持者跪在福场的主位。他领唱祈福的经文，所有人跟随着他的节奏，庄严而又肃穆地祈福。祭拜的礼仪是严谨、繁复的，每一个步骤都很有讲究。三叩九拜，频繁往复，需要很好的体力，即便是年轻人，整个流程下来，也会累得腰酸背痛。虔诚的福头们千里迢迢赶回老家，为的就是自己的心愿。伴随着万炮齐鸣，一年一度的作福活动拉开了帷幕，村民把带来的供品收起带回家，中午便每家每户邀请亲朋好友到家中聚餐。从福场请回香蜡，象征把福带回了家。村民露出幸福的笑容，挑着供品回家。作福仪式结束后，大街小巷都弥漫着香气。村民们陆续回到自己家中，享受这一天的祥和。在这个特别的日子里，侯北村的作福盛典彰显了悠久的历史和深厚的文化内涵。

在侯北村的作福盛典之后，通过媒体报道重温作福的全过程也是一件十分快乐的事，尤其是那一张张精彩图片，令人回味无穷。比如打锣鼓、吹唢呐、烧拜神金纸、燃放鞭炮、现场分肉等场景的图片，都非常吸引人。旺盛的香火，既寄托了人们对过去一年平安、幸福、丰收的感恩，也承载着对来年风调雨顺、五谷丰登的期盼。当天晚上，还举行作福暖夜文艺演出，有兰陵舞狮队开场、八仙庆贺、龙鼓舞、唢呐独奏、少儿锣鼓、汉剧选段、游戏互动、川剧变脸、肚皮舞等20多个节目。

三、作福与饮食脉络

在百侯镇，曲滩、帽山、南山等村的作福盛典也非常热闹。无论哪一年或哪一村，作福场面里的全猪全羊整齐排列、八仙桌上的供品五颜六色，特别是村民现场分肉的喜悦和邀请亲朋好友到家中聚餐的欢乐，皆让我联想到春秋时期《管子·牧民》中所言："仓廪实而知礼节，衣食足而知荣辱。"老百姓的粮仓充足，丰衣足食，才能顾及礼仪，重视荣誉和耻辱。

由此，我进一步联想到百侯镇及大埔县各镇乃至整个客家地区的作福与饮食文化。作福仪式结束后的聚餐，如同古代祭祀礼毕的"饮福宴"。《礼记·礼运》曰："夫礼之初，始诸饮食。"古籍《周礼》《仪礼》《礼记》等"三礼"中皆提到祭祀中的酒和食物。"礼"是世间万物的秩序与规范的体现，座席的方向、箸匙的排列、上菜的次序等，无不体现着"礼"。北宋高承的《事物纪原·礼祭郊祀·饮福》载："《宋朝会要》曰：乾德元年十一月以南郊礼毕，大宴于广德殿。自后凡大礼毕，皆设宴如此例，曰'饮福宴'。"元朝《文献通考·郊社四》、清朝《续资治通鉴·宋太祖乾德元年》载，此宴始于北宋太祖赵匡胤乾德元年十一月。也就是说，饮福宴是重大祭祀活动后所设立的宴席。作福，就是通过祭祀活动向上天祈福，饮福宴便是纳福的场景与载体。当然，现代邀请亲朋好友到家中聚餐，虽然与古代宫廷式饮福宴在秩序与规范方面相去甚远，但从祭祀礼毕开宴席的角度看是一样的，其纳福要义和饮食文化更是相通的。

由古代祭祀礼毕“饮福宴”之隆重，我联想到现代作福盛典后聚餐之欢乐，进而联想到包括“长寿镇”百侯在内的大埔长寿食谱。大埔传统客家美食，是大埔先民将中原饮食文化、烹调技术与当地原材料充分融合形成的，其历史之悠久、品种之繁多、风味之独特、“食养效应”之明显，都是久负盛名的。长寿菜品和养生药膳是大埔长寿食谱的重要内容。

（一）长寿菜品

长寿菜品充分考虑了各种食材的功效，进行科学合理的组合搭配，还体现了客家饮食讲究均衡调和、滋养身体的“德食和饮”习惯。每一种菜品，皆以原汁原味原生态的地方美食为载体，体现了客家人热爱生活和企盼健康长寿的美好愿望。现选取10种长寿菜品如下：

1．黄酒焖鸡

烹饪方式：焖。

原料：劘净家鸡1只、黄酒500克。

调料：盐、白糖、姜片。

功效：活血祛寒，通经活络，补气补肾，强身健体。

制作步骤：①土公鸡洗净，切大块；姜洗净，切片。②锅中倒入油烧热，加入盐、白糖、姜片，将鸡肉煎至金黄色。③放入黄酒焖至15分入味即可。

2．盐焗鸡

烹饪方式：焗。

原料：劘净家鸡1只。

调料：粗盐、姜、葱、八角末、沙姜末、精盐、姜油或麻油。

功效：养血补肝，养心安神，滋阴润肤，温脾暖胃。

制作步骤：①鸡洗净，吊起晾干，精盐擦匀，并放入姜、葱、八角末、沙姜末，先用未刷油的草纸裹好，再包上已刷油的草纸。②用旺火烧热炒锅，粗盐炒至高温，取出1/4放入砂锅，把鸡放在砂锅内，将余下的盐覆盖在鸡上，盖严锅盖，用小火焗约20分钟至熟。③把鸡取出，揭去草纸，手撕成丝肉片上盘，再配以姜油或麻油食用，皮软肉嫩，香浓美味。

3. 味蒸鹅肉

烹饪方式：蒸。

原料：劏净鹅、香菜、芹菜、大蒜、姜、葱。

调料：盐、鱼露、酱油、鸡精、白糖、胡椒粉、麻油。

功效：补虚益气，暖胃生津。

制作步骤：①将鹅洗净，晾干水分；香菜、芹菜、大蒜、姜、葱切成末，加入盐、酱油、鸡精、白糖、麻油和胡椒粉，拌匀成调料。②将盐、鱼露均匀地涂在鹅身上，腌制1小时，蒸熟后斩块装盘，蘸调料吃。

4. 粉陈鸭

烹饪方式：凉拌。

原料：劏净鸭1只、粉陈（薄荷）、姜丝。

调料：白醋、食盐。

功效：祛风散热，明目祛痰，健胃消食，治疗伤风感冒及疗疮热疖等。

制作步骤：①将鸭洗干净，上锅蒸熟。②粉陈切碎，姜切成丝备用。③将熟透的鸭切成小块备用。④将鸭肉、姜丝、粉陈放在一起，加适量的盐、白醋，拌匀上碟即可食用。

5．葱段炒河虾

烹饪方式：炒。

原料：小虾、葱、蒜蓉、姜。

调料：生抽、香醋、花生油。

功效：增强人体免疫力，缓解神经衰弱，有利于病后恢复，预防动脉硬化。

制作步骤：①将河虾洗净后备用。②姜切丝，葱切段，蒜切片备用。③锅下油将姜、葱、蒜爆香。④倒入河虾爆炒，炒至无水，放葱段，加少量生抽、香醋。

6．笋干扣花肉

烹饪方式：焖。

原料：笋干、五花肉。

调料：盐、猪油、酱油。

功效：解暑热，清脏腑，消积食，生津开胃，滋阴益血，化痰，利尿。

制作步骤：①浸泡好的笋干，洗净花肉。②竹笋切条，焯五花肉后切块。③爆炒竹笋，然后放猪肉，最后倒入酱油。④大约炒5分钟以后，放到煲里焖半小时。

7．蜂蛹炒腰果

烹饪方式：炒。

原料：蜂蛹、腰果。

调料：盐、花生油、葱花、蒜蓉、盐焗鸡粉。

功效：补气养血，宣肺润肠，提高免疫力。

制作步骤：①焯蜂蛹后，放入盐腌制10分钟。②入锅炸至金黄色后放入腰果、调料爆炒2分钟。

8．炒猪肠红

烹饪方式：炒。

原料：猪肠、猪红、咸菜。

调料：盐、花生油、姜丝、蒜蓉、酸醋、生粉。

功效：清热，祛风，止血。

制作步骤：①焯猪肠、猪红、咸菜。②调料起锅后放入猪肠、猪红、咸菜一起爆炒30秒。

9．梅菜扣肉

烹饪方式：蒸、焖。

原料：五花肉、梅菜。

调料：盐、花生油、酱油。

功效：消滞祛湿，降低胆固醇，促进肠蠕动。

制作步骤：①把猪肉洗净，放入冷水锅中，大火煮至八成熟，捞出，趁热抹上酱油。②炒锅倒油，烧至八成热时，将五花肉皮朝下放入锅中炸至呈深红色，捞出晾凉；梅菜泡软洗净，起锅烩香。③把炸好的五花肉切块，梅菜垫底，均匀倒入酱油、适量盐，入蒸锅蒸约40分钟至肉软烂。

10．鲜红菇煲猪脚腕肉

烹饪方式：煲。

原料：鲜红菇、猪前脚腕肉。

调料：盐。

功效：补血、健胃，降低血液中的胆固醇等。

制作步骤：①鲜红菇浸泡洗净。②猪前脚腕肉切块，注入清水煮沸后放入脚腕肉及适量盐煲8分钟。③再加入鲜红菇煲10分钟即可。

（二）养生药膳

客家人喜爱喝药根汤。在大埔人的餐桌上，一锅药根煲成的靓汤是必不可少的。大埔养生药膳的原材料，主要来自山野草药，如通气藤、当泥根、白花蛇舌草、白花牛奶树根、溪黄草、五叶神、地胆头、金樱子、鸡骨草、簕苋根、苦斋、乌脚鸡、狗点耳、艾根、五指毛桃、观音串、石参根等。药食同源的观念，在中华民族文化中早已形成。从吃、喝入手，探讨防病、保健与增寿，让大家吃出健康、吃出长寿。现选取10种养生药膳如下：

1．五指毛桃鸡

烹饪方式：蒸、煲。

材料：五指毛桃根、劏净家鸡1只。

调料：盐。

功效：清肝降火，舒筋活络，止咳化痰，解毒消暑，益气生津，祛湿化滞，安神养颜，增强人体免疫功能。

制作步骤：①五指毛桃根浸泡15分钟，洗净。②家鸡洗净，加入调料腌制15分钟，切块。③放入煲中猛火蒸或煲20分钟。

2．甜羊煲

烹饪方式：煲、焖。

材料：鲜羊肉、党参、红枣、枸杞子、生姜。

调料：花生油、盐、味精、白糖、胡椒粉、米酒。

功效：羊肉能补血益气，温中暖肾；党参能补中益气，健脾益肺；枸杞子能补肾益精，养肝明目，补血安神。这个汤能用于阳虚、气血不足，症见面色萎黄、体虚乏力、虚喘咳嗽、腰膝酸软、目昏耳鸣、舌淡者等。

制作步骤：①羊肉砍成块，党参洗净切段，红枣、枸杞子泡透，生姜去皮切片。②焯羊肉块，沥干待用。③砂煲加入花生油、羊肉、生姜、党参、红枣、枸杞子、盐、味精、白糖、胡椒粉、米酒，注入清水，盖上砂锅盖，大火煮开后改小火炖煮1个多小时。

3．巴戟杜仲煲猪尾

烹饪方式：煲、焖。

材料：猪尾骨、巴戟、杜仲、干大枣。

调料：清汤适量，盐、味精、米酒、胡椒粉、花生油。

功效：猪尾具有补尾龙骨的功效，而杜仲有健筋骨、补腰肾之功用，枸杞子可滋阴，此汤对滋阴补肾有很好的效果。

制作步骤：①猪尾骨洗焯以去掉血沫，捞起放进砂锅。②巴戟、杜仲和大枣洗干净后放进砂锅，加入适量水，加适量清汤、米酒、花生油。③大火烧开后改小火煮约1小时后，加适量味精、胡椒粉、盐调味。

4．白花牛奶树根煲猪骨

烹饪方式：煲。

材料：白花牛奶树根、猪骨。

调料：盐、米酒。

功效：白花牛奶树根性温，味甘、辛，味道甘中带香，具有清热、滋阴降火、健脾开胃、益气生津、祛湿化滞、清肝润肺等作用。

制作步骤：①白花牛奶树根浸泡，去掉表面的尘土。②排骨洗净，放入锅中煮5分钟，焯去血水。③将排骨和白花牛奶树根放入汤锅中，加入适量水、米酒，盖上锅盖，大火将汤煮沸腾后，用小火煲1.5小时。④加入适量盐调味。

5．苦斋黑豆炖排骨

烹饪方式：煲。

材料：苦斋、黑豆、排骨。

调料：盐。

功效：清热解毒，健脾养胃，滋阴润燥。

制作步骤：①黑豆浸泡2小时，苦斋、排骨洗净。②砂锅加适量的水，放入排骨、黑豆、苦斋，用大火煮沸后，小火煮约2小时，加盐调味。

6．伸筋藤煲猪脚

烹饪方式：煲。

材料：伸筋藤、猪脚。

调料：盐、米酒。

功效：活血通络，舒筋壮骨，清热利湿；对风湿筋骨痛、腰肌劳损、跌打损伤有辅助疗效。

制作步骤：①把猪脚洗净，切块，焯去血水。②洗净的伸筋藤、猪脚块放入砂锅，加适量水、米酒，煲2个多小时。③加盐调味。

7．金樱膏炖乌鸡

烹饪方式：炖。

材料：金樱膏、劏净乌鸡。

调料：盐。

功效：固精止带，涩肠止泻，延缓衰老，强筋健骨，滋养肝肾，养血益精。

制作步骤：①把乌鸡斩小块备用。②适量的水，鸡肉、金樱膏放入锅中。③炖2小时，加盐调味。

8．当泥根煲狗肉

烹饪方式：煲。

材料：当泥根、狗肉。

调料：盐、米酒。

功效：对慢性痢疾、风湿病、肝炎及高血脂等有辅助疗效，对增强机体抗病力和细胞活力及器官功能有明显作用。

制作步骤：①将当泥根熬出汤。②把狗肉炒到血水干后放点白酒除腥。③炒好的狗肉倒入当泥根汤，大火将汤煮沸后，小火煲2小时后，加适量米酒，加盐调味。

9．乌脚鸡（白面虎）煲鸡

烹饪方式：煲。

材料：乌脚鸡、剮净鸡。

调料：盐、米酒。

功效：祛风散寒，通窍止痛，活血解毒。

制作步骤：①乌脚鸡（白面虎）熬出汤备用。②鸡洗净切块。③鸡肉放入乌脚鸡（白面虎）汤中，加适量米酒，大火将汤煮沸后，小火煲0.5小时，加盐调味。

10. 通气藤炖水鸭

烹饪方式：炖。

材料：通气藤、剮净水鸭。

调料：盐。

功效：祛风利湿，止痛解毒，消食化积，活血消肿。用于风湿筋骨痛、跌打损伤、外伤性疼痛、肝胆及胃肠绞痛、消化不良、小儿疳积、支气管炎；外用于皮炎，湿疹及疮疡肿毒。

制作步骤：①鸭洗净，切块备用。②通气藤用水浸泡洗净。③将水鸭、通气藤放入炖锅里，加入适量的水，大火烧开后，调小火炖1小时，加盐调味。

（三）大埔小吃

客家人烹调菜肴讲究咸、浓、烧（热）、香，小吃多以粮食为主料加工，品种多样，味道独特，形成独具特色的客家风味。大埔县境内名菜及风味小吃有白斩鸡、肉丸、酿豆腐、梅菜扣肉、鸡血粄、糍粑、忆子粄、笋粄、八宝糯米饭、薄饼、叶子粄、珍珠粄、鸭松羹等。大埔有客家传统小吃约200种，深受海外侨胞、港澳台同胞、国内乡亲的喜爱，因此有“客家传统美食之都”的美誉。现选取10种大埔小吃如下：

1．薄饼

大埔薄饼已有200多年历史。相传它是清朝雍正年间，百侯人杨赞绪任陕西按察使时带回家乡的四种小吃（薄饼、绿豆粄、豆子羹、蕨粉粄）之一。薄饼有“锦囊藏宝”之称。其制作方法：一是用面粉作饼皮。把适量的水和少许盐水加进面粉中，用力揉搓，放入加热后的平面锅上，推平压薄，烤熟成薄如纸的饼皮。二是制作馅料。一般以肉、豆腐干、蒜白、香菇、虾仁、鱿鱼丝等为原料，再加上适当的食油和酱油焖至熟透，包入饼皮捆扎好，加上胡椒粉或辣酱等佐料，即可食用。味道鲜美，香甜可口。

2．鸭松羹

鸭松羹制作原料为生粉、红糖、猪油、生姜及陈皮碎末。其制作方法是先把生粉炒熟，再将红糖加适量的水煮稠，用粗纱布过滤，除净杂质，放回锅里，撒上生姜及陈皮碎末，加上适量的猪油。待煮沸时，一边把炒熟的生粉用细筛均匀地筛选进稠糖上，一边缓慢地注入油料，并不停地搅拌，直至羹呈黑褐色。鸭松羹光亮润泽，香甜松脆。

3．忆子粄

忆子粄已有300多年历史。其制作方法：一是制作粄皮。把糯米粉加水，揉搓成小团，撒上适量的生粉，压成粄皮。二是制作馅料。一般以肉片、鱿鱼丝、豆腐干、蒜白、香菇、虾米等为原料，加上适量的食用油和酱油，焖至熟透。三是包裹忆子粄。把馅料包进粄皮里，扎成四方立体形，用干净叶子包好，涂上食油，放蒸笼里，用猛火蒸熟。蒸熟的忆子粄，加上佐料即可食用，其味别具一格。

忆子粄的得名有一段趣事。相传在明朝，大埔茶阳某地有一户人家，主妇叫松婶，其儿子阿根武艺出众，在郑成功部下当海军，漂洋过海到台湾去，除暴安良。松婶思念儿子，每逢中秋节，就做了儿子爱吃的粄，摆在月下，对月怀思。秋去冬来，足足等了30年。在一个中秋之夜，儿子突然回来，母亲端上儿子最爱吃的粄，欢庆团圆，此粄因而得名。

4．珍珠粄

珍珠粄原名老鼠粄，后人们认为此名不雅，故改名。它的主要原料是黏米，做法是用冷水浸泡黏米几小时后，捞起晾干后磨成粉，然后用开水拌和，反复揉搓后拧成团，以特制的“千孔粄擦”架在锅上，将粄团压在粄擦上用力来回摩擦，便可擦出每条1至2寸的粄条掉在锅中，待粄熟浮水面时捞起，置冷水中浸泡，冷却后捞起晾干备用。食用时，煮或炒均可，配上肉丁、葱花、胡椒粉等佐料，香滑味鲜。大埔县内，珍珠粄以西河一带最为有名。

5．绿豆粄

绿豆粄的主要原料为绿豆、糯米、红糖，再加上适量的橘饼、枣肉、龙眼肉、瓜片等为佐料。其制作方法与忆子粄相似，以糯米粉作粄皮，以绿豆沙及佐料作馅，包进粄皮里，用干净蕉叶扎成长方形搽上食油包好，放在蒸笼里猛火蒸熟。绿豆粄色香味俱全，有“沙里淘金”之称。

6．人丁粄

人丁粄主要以黏米粉与糯米粉混合，加上过滤后的红糖水或开水搅拌，撒上少许食用红色素，揉搓后捏成小团，用手掌滚成圆柱条，长约15厘米，放在蒸笼中猛火蒸透。大埔农村老百姓在年节或迎神活动时，做人丁粄作为供品，寓意家庭幸福，人丁兴旺。

7. 算盘子

算盘子主要原料为芋头、生粉，比例为2∶1，配料有肉碎、鱿鱼丝、香菇、虾仁等。制作方法：将芋头削皮、洗净、切片、撒盐、蒸熟，掺入薯粉，加开水拌匀揉韧，搓成条状后，切成颗粒，搓成圆形，再用拇指与食指将其按成两面凹的圆形，有如算盘上的珠子。然后，放进沸水锅里煮熟，捞起滴干水，再放进锅里与配料炒匀，倒入用猪骨头熬好的上汤，撒上葱花或芫荽。其味香滑，鲜美可口。

8. 笋粄

笋粄包括粄皮和内馅两部分。粄皮以木薯粉为原料，用开水拌和揉搓，配以适量煮熟的芋或番薯，制成小圆形薄粄块；内馅以半肥瘦猪肉及竹笋（冬笋为好）为主，分别切碎，再配上虾米、鱿鱼丝、香菇、胡椒粉、盐等。然后，用粄皮包裹肉馅，捏封口成半月形，放进开水锅中煮至浮起即熟，可加上佐料食用。

9. 豆粄

豆粄的粄皮制作与笋粄相同，不同的是，内馅以赤豆或白豆为主。此小吃被热油浸润，香滑可口。

10. 豆腐干

大埔豆腐干有200多年历史，名播岭南，远销海内外，早在1959年就被评为广东省名牌优质食品。此小吃以黄豆为主要原料，配以肉桂、花椒、八角、豆蔻、丁香、甘草、桂皮、砂仁、大小茴香等十多种药材磨成粉末的香料，用栀子或柠檬染成淡黄色。质坚韧，有弹性，味道甘咸香鲜。

四、侯山通坦途

古人云，“民以食为天”。到一个地方旅游，食、住、行是首先要解决的问题。在百侯名镇旅游，这些问题都能得到很好的解决。侯南村有百侯山庄、翰林别院等民宿，侯北村有兰陵民宿。这些民宿是百侯镇政府通过招商引资引进的，有效解决了长期困扰百侯旅游住宿的短板问题，为游客提供了良好的住宿条件。在旅游的六要素“吃、住、行、游、购、娱”中，“吃”排在第一位。大埔各镇，包括百侯镇，都有丰富的传统客家美食。比如大埔的长寿菜品、养生药膳和风味小吃，都能在百侯镇品尝到。因此，来大埔百侯旅游，完全可以称作“美食之旅”。无论是一场大快朵颐的味觉盛宴，还是一次酣畅淋漓的文化体验，百侯镇都能满足游客的需求。在“吃”和“住”得到保障后，“行”也极为方便。随着梅大高速和大潮高速的开通，百侯镇的交通优势愈发明显。侯南村和侯北村的地理位置优越，交通半径覆盖广东、福建和江西，距离广东梅州、潮州约1小时车程，福建漳州、厦门约2小时车程，江西瑞金约3小时车程。此外，百侯古镇到大埔县城仅需15分钟车程，而梅州往返深圳、广州的高铁已缩短至约2小时。侯南村拥有肇庆堂、海源楼、企南轩等90多座明清以来的古民居建筑，并打造了翰林展馆、农耕馆、国学馆、非遗展馆等10多个传统文化展馆，提升了景区体验，为沉浸式文旅提供了极佳的条件。

“宽阔风光蜜柚香，清新瑰丽美田庄。高墙深院光阴厚，黛瓦青砖岁月长。”这是乡人描写古镇肇庆堂的诗句，“清新瑰丽”的侯南村南部田园风光展现在百侯山庄面前。肇庆堂前，省道S221线贯穿百侯镇的曲滩村、侯北村、侯南村、曹粘村4个行政村。新铺筑的四车道宽阔平坦，大幅提升了百侯镇及其周边区域的交通状况。清风徐来，一路坦途，直通大潮高速和梅大高速，连通闽粤赣旅游线路，游客往返更加舒适便捷。

第二部分

素心铭志　谦德流芳

第三章 素谦公祠

我的祖祠素谦公祠建于清同治年间，距今150多年，主祀杨氏十五世祖作孚公。整个祠堂是砖木结构的府第式客家堂横屋，有二堂二横，坐东南向西北，占地面积652平方米，建筑面积473平方米。

素谦公祠经过“以旧修旧”后，2013年得以重焕光彩。祠堂大门顶端“素谦公祠”四个大字，字迹素朴厚重，遒劲有力，为始建祠堂时留下的墨迹。大门对联为：“素心铭志；谦德流芳。”此联为何柏俊先生所撰并书，且勒石赐赠。祠堂上厅高悬的金字横匾“穀似堂”（出自《诗经》的“教诲尔子，式穀似之”），为全国政协原副主席叶选平先生亲笔题字，字迹饱墨，端庄而隽永，沉稳精谨而挺拔，神韵冲简而标峻。下厅悬挂的“国监双英”金字横匾，映照桷椽，栋宇增华。祠堂上厅柱联“穀禄荣庭祖德宗风绵世泽；似星启后文韬武略振家邦”，下厅柱联“祖业中兴展新猷光辉焕彩；宗英荟萃抒瀚志高远腾飞”。上、下厅柱联均为杨文才先生所撰并书，“国监双英”匾墨宝亦出自他的劲腕。重新修缮后的素谦公祠，被评为梅州市示范文化祠堂。

清明时节雨纷纷

2024年清明次日15时许，我与两位来访的朋友在办公室喝茶聊天，说到了祖祠素谦公祠的大门对联“素心铭志；谦德流芳”，说到了山庄木屋命名为“素心园”是源于素谦公祠的屋名和对联，说到了“素心园”木屋后面续建的谦德楼装修工程即将竣工的情况。看到窗外虽阴天，但无雨，于是三人商定去看素谦公祠。

一、秉承素谦，式穀似之

我们从高高的青砖山墙外走到大门前，看到青砖矮墙围起的方形小门坪，青砖矮墙的开口朝向西北，与堂横屋朝向一致。站在小门坪里，举头看到大门额上的祠堂名“素谦公祠”四字，两边对联“素心铭志；谦德流芳”。大门墙上挂有“示范文化祠堂”“悦书馆”等牌。素谦公祠修缮重光后，已成为村文化中心。进入大门，可看到犹如羽毛球场大小的院落。站在院落里，直接可看到下堂的屋檐下左右外走廊分别通向对称的二横屋门，我小时候一家八口人居住在左横屋。抬头可看到下堂里面高悬“国监双英”的金字横匾、屏风彩绘、木门雕花和两根木柱上的11字堂联，这些雕花、彩绘皆为祠堂原有的文化装饰，只是“以旧修旧”因而焕然一新了。

从屏风木门里面，可看到上、下堂之间隔着一个天井。天井两边墙上有对称的方形大花窗，两边墙脚下有对称的通道连着上堂。下堂屏风木门后的走廊，左、右各有一道门，可进入独立的单元并通向二横屋；上堂屋檐下左右走廊亦各有一道门，分别通向两边后楼的一楼，并可进入二横屋。两边是独立的单元，各有一个隔着上、下堂的小天井。乡人朋友从下堂屏风木门后的左边进入独立的单元，在幽静中感受着造型纤巧秀丽的小空间，感慨地说："似乎侯南村的不少府第式客家堂横屋，都有独立的单元。在高墙深院里隐藏着的独立小空间，有'文心雕龙'般的精粹、玲珑和别致的感觉，有'心远地自偏'般息心归静的容膝能安的精神意蕴，真佩服先人的智慧，真是内有乾坤。"乡人朋友的话很是触动我心。眼前的独立单元，由下堂的左边房间（正房）、小天井构成，隔着小天井是上堂的左边二层楼，小时候过间穿堂、上下后楼，并未欣赏过什么精致玲珑，后来数十年背井离乡经常回家小住，亦未留意一屋瓦楞的天风潇洒拂檐楹，只在十年前修缮重光后，才感慨祖祠处处精华凸显，而对这独立的单元，我只感觉很好，也尚未细致理解其奥妙，而今乡人朋友说出了我心底所思所想，着实牵动了我久积于内心的情愫。

正值清明节气，看到雨润门扉，厅堂清洁明净，我忽然感觉内心浮尘全消，一时明净无杂念，既清又明，正合古书《岁时百问》所言："万物生长此时，皆清洁而明净，故谓之清明。"此时，院落、天井小雨嘀嗒起来，犹如敲打在我心坎里。举目青砖黛瓦，流檐翘角，竟然念出不知何时储存于心底的"峥嵘笼紫气"诗句，乡人朋友大为赞赏并说："您曾帮助那么多家乡人找事做，帮人家解决'饭碗'问题，还助人解决生活困难和求医问药等，又与族人合力修缮祖祠保护祠堂文化，并配合镇村文旅引进百侯山庄民宿这个招商引资项目，在家乡人心目中是了不起的成功人士，没想到您社会阅历深厚而一点都不'油腻'，正如'榖似堂'的'式榖'之善。"

乡人朋友如此说，虽有恭维之嫌，但如"式榖之善"是事实。身在祖祠扪心自问，切不敢对祖宗有半点不敬，"榖似堂"裔孙理当遵从"式榖似之"的先祖之善，世代以善教导子孙。

我想，正是“式穀之善”，才有我今天安身立命之较为裕如的光景，这一切皆是祖上荫泽。素谦公祠的“素谦”，就是倡导“素心谦德”，要求裔孙“勤谦敬恕”。山庄文化藻饰选取“素心”“谦德”，是对百侯乡村厚重历史文化的无缝衔接，体现了秉承“素谦”“式穀似之”的“善”字内核，并崇尚“大道至简”的少而精原则，体现了传承中华文化经典，并追求“文化为公”的思想境界，使“式穀似之”播芳泽于大众。

二、点石斋画，弥足珍贵

说着，看着，我们三人来到上堂。叶选平先生亲笔所书的“穀似堂”金字横匾高悬在上，横匾下面是祖宗先人牌位，两边木柱上是11字堂联。上堂的主要功能是作为祭祀祖宗先人的空间。可见，整座祖祠“居祀一体”，居祀合一而又分立，祭祀空间与生活空间存在于同一座建筑之中，但功能完全分离。祭祀空间设在全屋的最重要位置，可见对祖宗先人的敬畏、祭奠、怀念已经融入文化脉搏。我向两位朋友介绍了祖祠的建筑装饰，从梁柱、斗拱、屏风，到屋檐、廊柱、门楣、窗棂等，从雕刻、彩绘的山水、花鸟、人物图画，到造型、线描、构图、赋彩、传神等技法，工艺的玲珑剔透，彩绘的生动细腻，拥有强烈的艺术感染力。在我介绍的过程中，两位朋友不时就祠堂文化进行历史性、灵魂性的点评，甚为精辟，激活了我对祖祠的许多记忆，让我觉得有说不完的话。祖祠保留下不少珍贵的木雕和彩绘，数幅木雕和两幅人物的彩绘已印在2013年重光纪念画册里。祖祠重光时，我曾仔细研究过那两幅人物彩绘图，很自然就介绍起来。

其一是题有“上海点石斋”字样的图。我说，“上海点石斋”是指《点石斋画报》。此画报，由中国最早的石印出版机构“点石斋”书局出版，由上海《申报》附送，创刊于1884年，至

1898年停刊，前后14年，共出版44集528期，共刊图文4666幅。它虽不是严格意义上中国最早出现的画报，但可谓最先采用“时事画”这一创作方式的出版物，是近代中国影响最大的新闻画报。《点石斋画报》是清朝社会生活的一面镜子，勾勒了清朝上海十里洋场的世相。这幅含有“牧童骑牛吹箫”等人物、“上海点石斋”字样的图，很可能当年在《点石斋画报》上刊发过，或者是描绘《点石斋画报》当年刊行的空前盛况，很珍贵，很有历史价值。

其二是题有“大梦谁先觉”五言绝句字样的图。我说，“大梦谁先觉”五言绝句是元末明初小说家罗贯中的诗。图中四句诗为：“大梦谁先觉？平生我自知。草堂春睡足，窗外日迟迟。”诗题落款者与“上海点石斋”字样的图是同一人。此图亦很可能是当年在《点石斋画报》上刊发过的。该诗出现在古版本《三国志通俗演义》卷八，亦出现在新版本《三国演义》第三十八回《定三分隆中决策，战长江孙氏报仇》第三段。可见，此图很珍贵，也很有历史价值。我马上想到，印在重光纪念画册里的这幅图必须精心复制，并用木镜框悬挂于山庄适合的墙体上，比如刚续建完竣的木屋后面小楼墙体是悬挂位置之一。同时，可考虑请字迹饱满并有古韵的书法家手书罗贯中此五言绝句，就像山庄应考虑悬挂“谦德楼”牌或设置“谦德石”一样。

介绍完两幅彩绘图及引起数秒钟的联想后，我进而把祖祠堂横式建筑结构、设置和装饰总结为“一体二高三对称”。“一体”是“居祀一体”；“二高”是上、下厅堂墙体较高，后楼较高。站在上、下厅堂里，感觉墙柱和屋顶檩梁椽瓦很高；上堂的两边是二层的后楼，从横屋天井仰望后楼，呈现出天风潇洒拂檐楹的瑞象，这瑞象仿佛沾濡了清代以来的雨露，亦仿佛在蛇形窠山麓聚集升腾。“三对称”是二横屋均衡对称，上堂两边的后楼均衡对称，二堂二横的建筑、设置和装饰均衡对称。

站在下堂仰望“国监双英”金字横匾，说着“国子监生”的话题，转身看到从天空飘入院落的雨丝儿渐渐稀疏，我脑海里如同放电影一样浮现祖祠的影像：修缮重光后的祖祠有明亮宽阔的院落、古色古香的檐楹、工艺精湛的木雕、颜色艳丽的彩绘、规整典雅的屏风、疏密合度的椽瓦、独立幽静的单元……而且心随影动，祖祠建筑整体布局对称而不呆板，舒展而不零散，蕴含庄严的气质，尽显雍容的气派，特别是均衡对称的风格，在视觉上给人庄严、严谨、周正、沉静、稳定、和谐的感觉；处处精致的设置、装饰元素构成别具一格的居祀环境，加上屋角峨峨，檐牙铁凤啄山翠、萦紫烟，高度符合传统审美观，将儒学的中庸智慧和道家天人合一的思想体现得淋漓尽致。只可惜，我的父母亲未能看到祖祠重光，这令我心头泪珠儿滚滚滴不停，柔肠寸断的遗憾挥之不去。

三、瓦盖参差，雨湿流光

岁序更移，风光胜旧，又是一年清明时节。心念故人，烟锁西山。隔绝黄泉思念泪，尽化西溪曲水流。伏念年少远离乡井，未懂当日父母亲之牵挂。待到稍有能力回乡起新楼，特别是后来修祖祠，可惜晚之又晚矣！今日回左横屋，感觉儿时一家八口音容笑貌犹在，情境如昨。年久失修的祖祠，残旧痕迹常入梦境，九个陈旧小房间足矣，无奈只有一张老式“眠床”，八口之家居住怎么安排？木板、地铺漏夜长，何其困矣。幸有“榖似”厅堂祖上恩泽，幸有南阳崇之蛇形窠之运气，才有“穷且益坚，不坠青云之志”的品质，才有今日之门庭焕彩以告慰先人在天之灵。

“榖似堂”俗称“桑子树下”，遥想至此，我情牵故园，浮想联翩。“榖似”可联想“居庙堂之高”的阳春白雪；“桑树”能牵起“处江湖之远”的下里巴人。旧日“榖似堂”，屋前定有如伞盖般的古老桑树。仰望祖祠瓦盖参差，黛巘西山苍翠；襟袖青砖山墙，尽显恢宏气势。在清明“细雨湿流光”的祖祠青砖黛瓦之瑞象纷呈里，想象着雨烟含葱蒨的“桑子树下”，另有一番景致。

祖屋时光入梦来

2024年正月元宵节当日杨氏祭祖和清明节第三天萧氏祭祖的锣鼓余音，仿佛至今还在梅潭河两岸回响着。百侯杨氏的春祭，后代裔孙虔诚地祭拜了一世祖、二世祖和三世祖，尊宗敬祖的氛围甚为浓厚。朱子家训云：“祖宗虽远，祭祀不可不诚。”侯山之祭祀活动，正如《论语·学而》所说：“曾子曰：慎终追远，民德归厚矣。”

一、八口之家，相依为命

自清明次日我与两位朋友一起看了素谦公祠后，脑海中浮现的全是修缮一新的祖屋砖瓦厅堂和柱梁檩椽，还有屏风花窗、牌匾楹联和图案彩绘等，以至联想起往昔我三兄弟、三姐妹与父母亲在一起的生活。过去八口之家相依为命的祖屋时光，伴随着深夜雨水滴答，进入我的梦来。很奇怪，出现在我梦里的祖屋，完全是修缮前的陈旧样子。而且，连着后楼的左横屋的画面在我梦里定格下来，门厅和每一个小房间都反复浮现，天井里的斜阳也静静地照在屋檐边，父亲和母亲沧桑又慈祥的脸孔、熟悉的身影就在眼前，他们说话的声音也非常清晰。在梦里，我知道父母亲去世已久，但他们似乎还能跟我说话，还能听见我的声音。在梦里，我对父母亲说，我们家三兄弟、三姐妹生活都过得很好，六兄弟姐妹都在深圳安家，请父母亲放心。在梦里，我看到父母亲听了我的话后，都开心地笑了，笑容很灿烂。说着说着，窗外的雨滴声吵醒了我。我正想问父母亲化身黑色大鸟和大型蝴蝶飞来山庄的事，突然看到窗外的走廊灯光依稀，山庄夜深人静，才知道刚才在做梦。

梦醒后，我想起了哥哥年轻时本来有当兵的想法，体检也合格了，但因父亲不同意，没当上兵。适逢韶关煤矿来招工，他按父亲的要求到韶关煤矿去了。我在梅县读戏校时，每个月都准时收到他寄来的5元生活费；弟弟也很努力读书，考上了中山大学法律系，大学毕业后被分配到梅州市检察院工作，后来先后在深圳市宝安区和龙岗区任副检察长，甚为优秀。我弟在虎山中学读书时，我刚进入梅州市民间艺术团做事，每月有42.5元工资，像我哥负担我读书期间的生活费一样，我也负担起弟弟读书期间的生活费。我们三兄弟都特别关爱三姐妹，均守望相助，皆生活幸福。我想，父母亲在天上若有知，应该会像梦中一样高兴。

1987年1月，我从梅州市民间艺术团，通过专业考试调到深圳市宝安县（今宝安区）轻音乐团。调到深圳后，我每月工资已有200多元，夫妻俩每月工资合计400多元。我幼小的女儿暂时住在百侯家乡并由父母亲照看，我每月寄给父母亲200元。那时，一直在边远山区学校教书的父亲，已调回村里的百侯中心小学。我三兄弟都出来工作后，父母亲没有经济压力了，日子渐渐好起来。可是，快退休享清福的父亲突然中风病倒了，抢救回来后，在家养病到1994年去世，真是“天有不测风云，人有旦夕祸福”。父亲去世后，我把母亲接到深圳居住。母亲在深圳居住两年后，好几次要求我在家乡百侯镇侯南村建新房子，说要回家乡居住。当时，我在深圳的工资收入虽然高了些，但要立刻在家乡盖个像样点的新房还是有压力的。我对母亲说："您先回家去看看有没有您既满意又适合我们建新房的地方。"母亲真的行动起来，回家找到了她满意的一块地。这块地在坎头园，距素谦公祠约50米远。为了满足母亲的愿望，我三兄弟商量后决定合力盖新房，先用2万多元买下了这块地。1998年开始动工兴建，1999年完工，新房共三层半，占地300多平方米。可是，1998年9月14日寅时母亲撒手而去。母亲重病时，一位朋友建议我尽快把母亲送回家乡，不然就来不及了。于是，我立刻把母亲送回百侯家乡。结果，星期天（13日）晚上母亲就处于弥留之际，在还没到天亮的漆黑夜里（14日寅时），母亲就离开了我们。母亲的离去，犹如晴天霹雳！真是"哀哀父母，生我劬劳""哀哀父母，生我劳瘁"。我们兄弟姐妹都接受不了，父母亲都因长期劳累而身体虚弱，过早去世了。虽然母亲在世时，新房已经按她的意愿动工兴建，她却没能看到完工。为纪念父母亲，我们兄弟姐妹把三层半的新楼房命名为"麟云楼"。

二、平原北坑，生命相连

翻阅素谦公祠重光纪念画册，看到杨氏族谱简谱记载十五世祖作孚公"生于康熙乙丑（1685）年九月廿九日，卒于乾隆丙辰（1736）年正月廿七日。葬于平原北坑黄坪田头窝（又名蚊门）辛山乙向。"十五世祖作孚公传下的素谦公祠裔孙，"简谱"记载廿二世我的父亲："生于辛未（1931）年一月十八日，卒于甲戌（1994）年正月初十亥时"，"娶平原北坑廖氏碧云，生于癸酉（1933）年十二月三十日，卒于戊寅（1998）年九月十四日寅时"，"夫妻同葬于百侯侯南西山下"。看着"简谱"记载，"平原北坑"四字让我深思良久。十五世祖作孚公"葬于平原北坑"，而母亲生于"平原北坑"，当年百侯侯南与"平原北坑"

两地崇山峻岭相隔，何以“生死相连”而“命运与共”？其实，好几次翻阅“简谱”，“平原北坑”四字都引起我的注意，但从未像现在这样深思。带着这个疑问，我请教来山庄喝茶叙聊的乡人朋友。

乡人朋友说，百侯乡村四周群峰环列，交通闭塞，梅潭河濡灌出的方圆十里小盆地很早就成为客家人的聚居地。数百年来，以杨、萧、池、丘为代表的40余个姓氏在这片土地上繁衍，带来一河两岸特别是侯南村人口密集，呈现比屋炊烟之欣欣向荣景象。然而，旧时的村民要外出，须翻山越岭，步行肩挑甚为艰辛。凭当时客家先辈的智慧和辛劳，历经数百年的风餐露宿，他们开辟并打造出多条通往他乡的古驿道。例如，从百侯街出发，经西山下过南阳岽山麓，登上石礤双流的高礤岗，奔吊梨坳走打石戈，由平原五家拳转平原北坑，到达高陂古镇渡口，可搭船下潮州、汕头过番片（出东南亚）。当时，福建漳州平和、广东大埔大东等地的不少人先走他们那边的古驿道，到达百侯横乾，过黄前渡，接上从百侯街出发的古驿道，经平原北坑去高陂古镇渡口。若走水路，可下湖寮河头经梅硿古道，搭船从三河坝下高陂、潮州、汕头，但陆路到高陂是抄近路，走水路则较麻烦，须先赶路下湖寮河头，走梅硿古道才搭船，还受登船人数和费用等限制，所以从百侯出发的人多走平原北坑这条山路。过往，村里许多客家妇女从高陂挑货到百侯街，靠一根扁担养家活口，非常艰辛，杨应彬同志的母亲也是当年“打担”的妇女。我母亲也一样，经常“打担”走平原北坑这条山路。可见，经平原北坑到高陂的古驿道是一条客家先辈用血泪浇筑出的山路。如此说来，百侯侯南与平原北坑因古驿道紧紧相连，就不难理解当年十五世祖作孚公为何“葬于平原北坑”了。

经乡人朋友这么一说，我就明白个中缘由了。我想，当年十五世祖作孚公肯定经常走这条山路。“简谱”记载，十五世祖作孚公，“字少捷，号素谦，谥诚裕。葬于平原北坑黄坪田头窝（又名蚁门）辛山乙向”，这“蚁门”地名很特别。“蚁门”的意思是蚁作巢穴洞口的门。有一种蚁，称为龟蚁。龟蚁主要生活在树上，用甲虫在树枝上留下来的洞孔作为巢穴。龟蚁中的工蚁（天生充当工具的蚁），头扁得像锅盖。“锅盖”只承担堵上巢穴洞口的任务。洞口较大时，会用多个“锅盖”来堵上。我曾两次去“蚁门”祭拜祖公，知道“辛山乙向”是指葬于西山，坟墓向东。据“简谱”记载，十五世祖作孚公的墓葬是很讲究风水的，体现了先辈慎终追远的优良传统。母亲是平原北坑人，父母亲葬于百侯侯南西山下，坟墓向东，也属“辛山乙向”。“简谱”中关于十五世祖作孚公“平原北坑”“辛山乙向”的文字，使我联想起母亲生于平原北坑，父母亲葬于西山下，尽管清明时节我的头脑也清清明明，还是觉得这一切极为玄妙。我作为十五世祖作孚公一脉所传的素谦公祠裔孙，父母亲的命运，我兄弟姐妹的命运，好像与这条仰望南阳崇、经西山下、过平原北坑的古驿道联系着。而今，我回来南阳崇下的蛇形窠山麓，让百侯山庄民宿这个招商引资项目落户于此，此奇妙精彩、见证天心的人生归途，正兑现了当日西山下父母亲坟前所言（在坟前视线里为家乡做点事），这一切都应感恩上天，感恩祖上，感恩父母亲。

三、素谦宗功，榖似祖德

在乍雨乍晴、轻暖轻寒的季节里，由平原北坑“蚁门”山窝，我联想到南宋陆游“蚁门知将雨”诗句，又从素谦公祠联想到正月朋友所作“素谦宗功”“榖似祖德”两副对联并合成的诗《七绝·“素心园”木屋茶香有咏》：“素心铭志居行简，谦德流芳俎豆香。榖旦梓乡光裔胄，似星矜式曜山庄。”这两副对联组合成的七言绝句，提炼了素谦公祠所承载的祖功宗德，表述了祖上留传下来的“素谦”“穀似”家风家训。

这“素谦”“穀似”家风家训，核心就是一个“谦”字，要求素谦公祠裔孙“素心至简”，即一心一意地传承，让“谦德”始终馨香，并世世代代用善来教导子孙，以确保“谦德流芳”。因此，“素谦宗功”“穀似祖德”两副对联及这两副对联所组合成的七言绝句，乃是山庄文化的基石和根魂。按乡人朋友的想法，以后可请书法家挥毫《七绝·“素心园”木屋茶香有咏》四句诗，以彰显山庄精神文化之经典，并展现“文化为公”的理念。此墨宝，既可悬挂于合适的墙体，亦可作为古镇历史文化宣传资料使用。

一个“谦”字足矣！此所谓“素心至简”，乃合“大道至简”之风。谦是大智慧，更是一个人最好的修养。《周易·谦卦第十五·彖》曰：“谦，亨，天道下济而光明，地道卑而上行。天道亏盈而益谦，地道变盈而流谦，鬼神害盈而福谦，人道恶盈而好谦。谦尊而光，卑而不可逾，君子之终也。”这几句话很有哲理，意思是：天的法则是向下救济万物而大放光明，地的法则是让万物处于低卑而向上发展。天的法则是减损满盈者而增益谦卑者，地的法则是改变满盈者而流注谦卑者，鬼神的法则是加害满盈者而庇佑谦卑者，人的法则是厌恶满盈者而喜爱谦卑者。谦卑者处于尊贵位置就展现光辉，处于低下位置则没有人可以超越他，这真是君子的最好归宿。周易六十四卦，每一卦都有吉有凶，只有谦卦是六爻皆吉。“地山谦”卦，上面是坤卦，坤是地，下面是艮卦，艮是山。高山在地底下藏着，表示谦虚，所以越是谦虚的人就越有智慧，越有福气。朋友所作“素谦宗功”对联的下联“谦德流芳俎豆香”，用了“俎豆”一词，原指古代祭祀时盛食物的礼器。这“俎豆香”，就是祖上以“谦”字作祠堂名，期望世代传承此家风家训，可谓之馨德留香也。

如今，“素心园”木屋、“谦德楼”筱筑，蕴含“素谦”“穀似”之传统家风家训，其意义可谓大矣。再次一字一词地细读“素谦宗功”“穀似祖德”两副对联，愈加觉其精妙。

第四章 八口之家

清明次日与朋友一起去看了素谦公祠后，我常回想起小时候一家八口在左横屋里的时光。那段时光已经很远，但又觉得很近。虽然父母亲辞世很久了，但他们的善良和慈爱像阳光一样照耀着我心，让我在人生路上走得平稳，走得踏实。

孝是德之本，也是仁之本。祖先是我们生命的根本，犹如河流有源头而源远流长，树木有根系而根深叶茂。尽孝道，对祖先、对父母恭敬，生命才能够更加壮大，人生才能更加幸福。饮水思源，知恩图报，我之所以感到生活如此顺心顺意，是因为很好地传承了素谦公祠的“谦”字祖训。

我的父亲，一生劳瘁

中华人民共和国成立前夕，我的伯父维森带我父亲参加闽粤赣边纵革命队伍。有一次，父亲随游击队摸黑走崎岖山路转移，从陡峭山崖上坠落深深的岫壑。峭壑阴森，谷底乱石密布，只有一小块由洪水冲积而成的泥沙地。父亲恰好掉落在那一小块松软的泥沙上，不然就有可能粉身碎骨了，虽然幸运地保住了性命，但已摔跌成重伤。那次重伤对父亲的身体摧残很大，以致后来长期虚弱多病。父亲被救起，在养伤期间，还因外乡口音而被当地的地主民团武装作为“嫌疑人”抓捕关押，幸好同关押在一屋内的数人密谋逃走，其中一人撬开屋顶天窗爬了出去，接着全部人都爬出去逃走并躲藏起来。中华人民共和国成立后，伯父在饶平茂芝当地政府工作，父亲在一间小学教书。对于家境不好的父亲来说，为了生存，他几乎没有喘息和选择的余地，从饶平教书开始，娶妻生儿育女，生活负担日益加重，接着六个儿女嗷嗷待哺，只好拖着病弱的身体负重前行，继续走完终身山村教师的生涯。

我的哥哥说过，父亲后来调回大埔白罗蕉仔坑小学教书。刚调回大埔时，父亲去茶阳县城开会。开完会，在茶阳买了两双小皮鞋，带回家里给我大姐和哥哥穿。他们穿上新皮鞋，高兴地笑得合不拢嘴，蹦蹦跳跳地在厅堂来回走。现已步入古稀之年的哥哥说起穿皮鞋的往事，还笑得像小孩一样开心。后来，父亲被调到枫朗大埔角西岩山的上山下村岗头小学教书，我哥哥还曾被父亲带到岗头村住过一些日子。我哥哥常说，岗头村的村民对他很好，他还记得当时一些村民的姓名。再后来，父亲还在大埔角西岩山麓隔背小学、石圳小学和百侯曲滩小学教书，最后才调回离家很近的百侯中心小学。他早年参加游击队时摔跌成重伤，缺医少药、缺乏营养和担惊受怕，虽总算养好了伤，但终归损了元气，加上儿女多，长期辛劳，身体透支严重，在退休前就病倒了。

我之所以潜心刻苦留在梅县学汉剧表演、学音乐，又费尽周折调到深圳去，主要是因为心中有着改变自己命运进而改变家庭命运的强烈愿望，也因为自己希望让父亲感到欣慰。我1987年调到深圳后，夫妻双方每月工资共有400多元，每月寄给父亲200

元了，但这仅是实现愿望的开始。而且，这并不是因为我有什么能耐，基本是靠妻子的理解、支持和省吃俭用。遗憾的是，我在深圳刚做出点成绩让父亲感到欣慰时，父亲就去世了。俗话说：“人在做，天在看。”在我脑海里，父亲慈祥、期待的目光一直注视着我。更遗憾的是，过了几年，母亲又不幸过早辞世。

俗语说，父爱如山。回想小时候，父亲对儿女的爱很细致、很周到，像山间清泉一样润泽着我的心田，温暖着我的人生。我12岁时，梅县地区戏剧学校来蛇形窠簀舍招生。面试后，我和郭俊驹被通知到梅县地区戏剧学校复试。那时，大埔到梅县，一张车票要2.4元，如果父亲送我去梅县，至少要多花4.8元。那时去梅县的班车少，如果父亲当天没有车回大埔，要在梅县住一晚，食宿又要花几元。父亲为了节省钱，只送我到湖寮，让我与郭俊驹一起去梅县。回想起来，12岁的我第一次去梅县，父亲在我完成复试回到百侯家里之前，心里肯定是忐忑不安的。记得在戏剧学校读书第三年的开学头一天，父亲照例踩单车载我去湖寮。当时百侯去湖寮是12千米的沙土公路，路窄、弯多和坡陡，踩单车要一个多小时。一路上，父亲像过去每次开学踩单车送我去湖寮时一样，对我说了很多话，叮嘱我一个人在远离家乡的学校读书要遵守学校纪律、尊敬老师、团结同学、认真学习、锻炼身体、注意安全，有空要常写信回家，可以说是千叮咛万嘱咐。我“伏于爸爸的肩膊”，颠簸着到了湖寮，觉得很温暖。父亲把我送到郭俊驹家里，让我在他家住了一个晚上，第二天我与郭俊驹一起到车站搭车去梅县。那次，父亲把我安顿在郭俊驹家后，本来已踩单车回百侯。后来，我在郭俊驹家里吃了晚饭，在洗澡时，听到父亲又从百侯赶来了。父亲对我说，明天坐车时要注意安全，千万不要把头伸出车窗外。当时的客车没那么先进，旅客可以随手推开车窗玻璃。父亲反复交代后，才又踩单车回百侯去了。

“千万不要把头伸出车窗外。”为了交代这句话，父亲又专门从百侯踩单车到湖寮来。虽然我那时年龄小，但搭车去梅县也算是简单的事，况且已是在戏校读书第三年了，还与郭俊驹一起。然而，父亲在家里、在去湖寮路上和在郭俊驹家是再三交代，又辛辛苦苦为一句话再来湖寮，可谓由“至简”变成“至繁”。这个“至繁”，就是唠唠叨叨，也体现了父亲对儿女的爱。

其实，“至简”与“至繁”是统一的。父亲事前已先与韶关煤矿的哥哥沟通，哥哥每月负责我5元的戏校生活费；后又与湖寮郭俊驹的父亲说好，让我住一晚，第二天我与郭俊驹一起去车站搭车；接下来送我到湖寮郭俊驹家并千交代万交代，可谓“至繁”矣。但正是这个“至繁”作了厚实的铺垫，才水到渠成地推出我与郭俊驹一起搭车去梅县的“至简”之行。“至简”是我的必然选择、必由之路。试想：即便父亲送我去梅县，把“至繁”延伸到梅县又如何？能陪我去戏校读书吗？能陪我一生吗？终究是要我自己一个人“至简”前行的。从我个人的人生历程来看，50年前我与郭俊驹一起坐车去梅县，是从父亲“至繁”的铺垫中迈出“至简”的第一步。往后50年的人生路，经历的事情纷繁复杂，不断“衍化至繁”。50年后，回归蛇形窠山麓让百侯山庄民宿这个招商引资项目落户家乡，又回归于“至简”。从朋友为山庄撰写两副对联的文字内容，就很能说明回归蛇形窠山麓之“至简”。

父亲的“至繁”之爱，还体现在其他细微之处。我哥哥说过，父亲在白罗蕉仔坑、枫朗大埔角西岩山等山村学校教书时，是靠步行走山路的。父亲每次要离家返校时，总会认真检查家里的安全，特别是屋旁茅坑及其盖板是否盖好，会用脚踩一踩那残旧的木板，看是否稳当，生怕孩子掉进去。有一次，父亲返校走到半路，突然想到忘记检查茅坑木板是否盖稳了，赶紧转身往回走，回家检查后才放心返校。后来，父亲在一个倒塌的废旧老屋瓦砾堆里找到了一根麻石柱子，叫人帮忙扛回家，凿开成两块麻石板，盖在茅坑上。在修缮祖祠时，我哥哥特别交代，要妥善保存这两块麻石板，因为这凝聚着父亲生前对儿女深深的爱。弟弟在虎山中学的同学说，经常看见我父亲来学校看弟弟，带给他焖好的猪肉咸菜干，还带了保温瓶装开水，令人羡慕。回想起来，父亲对儿女点滴的关心和爱护，如阳光雨露般滋润着儿女们的心。如今，那点滴的爱已化为儿女们对父亲的绵绵思念。

我的母亲，命运多舛

杨氏族谱简谱记载，十五世祖作孚公“生于康熙乙丑（1685年）年九月廿九日，卒于乾隆丙辰（1736年）年正月廿七日。葬于平原北坑黄坪田头窝（又名蚊门）辛山乙向”。我的母亲是平原北坑人，我的父亲是作孚公传下的素谦公祠裔孙，莫非父母亲冥冥之中定有姻缘？父母亲去世后，先后葬于西山下，而西山下与平原北坑是由旧时古驿道线路相连的。

我的母亲，可谓命运多舛矣。母亲出生于平原北坑，出生后因她的姑母没有生育，很小就过继给姑母做女儿。初时，姑母对她还好。后来，姑母自己生了孩子，渐渐地就对她歧视起来。母亲寄人篱下的日子越来越苦，整天有干不完的活，又苦又累，无人怜惜。有一次，我外公去她的姑母家，了解到母亲艰难度日的境况，就把母亲带回家里了。虽然母亲被外公带回自己家了，但也没过多少安稳日子。因为百侯侯南与平原北坑古驿道相连，行走、打担的人多，交流亦多，所以不久，母亲被卖到百侯侯南荷塘子的一户人家做童养媳。现在看来，这是开始慢慢走近与父亲相牵的姻缘了。侯南荷塘子（昭序堂）与素谦公祠（穀似堂）均为杨氏六世祖达尊公派、九世祖敦义公后裔。荷塘子与百侯幼儿园（原“百子墟”思成堂）隔墙相邻，若从百侯幼儿园墙外鹅卵石铺就的巷道，经过关西衍派门前，走出巷道，就到清白旧家（光裕堂）屋外的十字路口了。

虽然母亲做童养媳的日子依旧寄人篱下，但她希望挨到长大后与这户人家的儿子完婚，可继续留在侯南村，过上做人媳妇、耕田种菜、洗衣煮饭、生儿育女、侍奉公婆的寻常客家妇女生活。可是，就是做一个平常人安稳地过日子的想法，对母亲来说都是很奢侈的。由于这户人家的儿子对母亲越来越嫌弃，这意味着母亲在这户人家已待不下去了。母亲已经17岁，偶然听到那户人家准备把她卖到饶平去，这如雪上加霜的景况，让她恰似秋蝶之黯然神伤。有一天，母亲去清白旧家门口的水井挑水，想到自己将遭遇第三次被卖的处境，忍不住痛哭起来。水井斜对面大屋里的阿婆知道母亲的情况，就对母亲说：“你怕不怕苦？”母亲看到阿婆关心她，便回答：“我不怕苦！”原来，阿婆对我父亲很熟悉，知道我父亲十多岁就没有爹娘，生活贫困。于是，姻缘的线就在清白旧家门口的水井上牵上了。阿婆与母亲的对话，重点是一个“苦”字。就好像对暗号一样，19岁的父亲与17岁的母亲，一对苦命人终于喜相逢，结成恩爱夫妻。

成家后，为了生活，父亲跟随伯父去饶平找事做。饶平被解放后，父亲留在当地一所小学教书。1951年，我大姐出生；1954年，我哥哥出生。母亲与父亲结婚后，就开始了人生的苦旅。母亲的确不怕苦不怕累，父亲在饶平谋生，留下她一个人在家带孩子，真是够辛苦的。但是，母亲知道父亲是个忠厚诚实的人，生活再苦，心里也是甜的。饶平与大埔相隔千重山、万条水，但隔不断母亲对父亲的思念。父亲在饶平教书时，生活暂时安定了。母亲农闲时曾挑着一担箩筐，两个箩筐里分别装着我的大姐和哥哥，走了60多千米山路去饶平见父亲。在饶平住了几天，又把两个孩子挑回大埔来。看起来，虽然生活艰辛，但父母亲在贫困生活里也不缺浪漫。然而，恩爱归恩爱，浪漫归浪漫，随着孩子的增多，生活负担越来越重了。后来，父亲为了照顾家庭，调回大埔教书。随着二姐、三姐、我和弟弟的出生，父母亲带着六个孩子，生活的贫困像大山一样压得父母亲喘不过气来。

父亲一直在边远山村教书，母亲带着六个孩子有多苦呢？20世纪50至70年代，特别是60年代，是我家最艰难的时期。儿女多，粮食少，餐餐食粥糊弄肚子是常态，佐粥主要是用少许猪油炒的咸菜、青菜等，有时是用“酒的味”即酒瓮底的残糟浆煮盐水，或直接用“粥汤水”加盐稍煮浓稠后佐粥，偶尔买几块小豆腐乳。哥哥说过，他特别高兴当跑腿买豆腐乳。豆腐乳大概是一毛钱三块，哥哥接到“指令”后，就会拿着母亲给的一毛钱和一个小瓷碗，快步走到供销社小店买三块豆腐乳，并且叫售货员老伯加一小勺汤汁。回忆素谦公祠的时光，在那家庭经济极端困难的特殊年代，母亲长年累月不停地劳作，相夫教子、勤俭持家、耕田种菜、割柴养猪、烧火煮饭、针线缝补等等，没完没了地辛劳了40余年。母亲那勤劳、俭朴和坚韧的性格以及特强的生活能力，正如《清稗类钞·风俗类·大埔妇女之勤俭》所云：“日出而作，日入而息，自奉俭约，绝无怠惰骄奢之性，于勤俭二字，当之无愧。”

母亲的故乡虽然是平原北坑，日后去高陂渡口打担挑货到百侯街时，还经常沿西山下、高磜、吊梨坳、平原北坑一线来回走。也许应该感恩这条从西山下经平原北坑到高陂的古驿道线路，连起了母亲与父亲的姻缘。也许是命中注定吧，母亲与父亲都葬在旧时百侯古驿道起始的西山下。当年清白旧家门口的水井边的一个“苦”字，让父母亲命运相连。母亲在素谦公祠40多年的光阴，经济上是苦的，但心理上是甜的。母亲从此有了一个属于自己的家，虽然檐墙砖瓦残旧，但毕竟有了遮风挡雨的安身之地。更重要的是，有一个在她心中如擎天之柱的父亲终身托付。母亲能吃经济上的苦，这是水井边的誓言。八口家庭确实也温暖了她一生。父亲走后，失去“擎天之柱”的母亲，四年后也跟着父亲去了。我想，母亲接着就去世的一个重要原因是连续几年照顾病倒在家的父亲，已心力交瘁，无法承受父亲离去的打击。经济上的苦，压不垮坚强的母亲，但失去父亲的精神之苦，却把母亲压倒了。

我很明白，在过去的艰难岁月里，父母亲拉扯大六个儿女，长期饱受经济上的苦，所以我想通过自己的努力改变家庭经济贫困的状况，让父母亲过上幸福的日子。同时，我对家乡经济落后的状况亦感同身受，在自己条件较好时，总是尽力帮贫困山区的家乡人找工作，并积极支持家乡公益事业。可惜晚了，父母亲在世时没看到这一切。虽然儿女孝顺，但也弥补不了“擎天之柱”的倒塌。

对于村里的许多老屋，我并不是很熟悉。因母亲小时候曾在荷塘子（昭序堂）做童养媳至17岁，每当人们说到“荷塘子”三字时，我就会想起母亲的身世。假若没有母亲在“荷塘子”的那段辛酸日子，就没有父母亲的姻缘相牵，可以说，那段经历是父母亲爱情之花的“养料”。由“荷塘子”再想起“荷塘”。山庄门外的美丽荷塘勾起我许多联想，在我眼里，那映日别样红的荷花就像微笑着的慈爱的母亲。

我的兄长，其艰其勤

哥哥在我心目中是一个有理想、有勇气和有担当的青年，就像当年样板戏的主角一样，形象十分高大。我的哥哥出生于1954年，1972年被招工到韶关煤矿，加入了工人阶级队伍。哥哥是父母亲的长子，父母亲对哥哥寄予厚望。哥哥在路途遥远的韶关当工人，没有辜负父母亲的殷切期望，一参加工作就替父母亲分担了家庭经济压力，并无微不至地关心兄弟姐妹。

哥哥很尊敬父母亲，很理解父母亲对他的爱，也很怜惜父母亲的辛劳。从十几岁起，哥哥就承担起家里的体力活，经常上山砍柴，主要是“打树头”，即找到树木被砍伐后的树根头，挖掘回来，用斧头劈成细块，晒干作煮饭的燃料。“打树头”非常辛苦，要到很远的山上去，才能找到“树头”。哥哥早饭后从家里出发，走几千米山路。挖出来的树根头又湿又重，先在山上斩为一段段，然后装叠到畚箕或竹篾上，用绳索捆绑，挑回家里。差不多午饭时间，母亲或姐姐就会走到路上去“等柴”，即去接哥哥的柴担，挑回家。

后来，哥哥17岁时，韶关煤矿来招工了，侯南村分到30个招工名额。父亲希望哥哥去韶关煤矿当工人，于是去找大队书记，请大队书记让哥哥去煤矿。当时，我还是10岁的小孩，知道哥哥因此错过了当兵的机会。争取到去韶关煤矿的招工名额，还须等通知才出发。家里的活还需照常干，树头还得打。一天，哥哥打树头回来的路上，姐姐去接哥哥，见到哥哥时，对他说：“明天不用去打树头了，已接到通知，你明天早上就要出发去韶关。”回到家后，母亲看着一堆刚挑回来的树头，对哥哥说：“你明天要出发，这树头没人能劈。”母亲赶紧煎了两条薯粉粄给哥哥吃，哥哥趁这时间就把树头全劈好了。粤北山区韶关天气较冷，哥哥只有一张薄棉被，肯定难以御寒。于是，母亲把一条旧毯子缝到薄棉被上。韶关的确很寒冷，带去的“毯子缝棉被”与工友的棉被比起来还是显得特别单薄。工友说哥哥的被子太薄了，可用来做床垫，与哥哥共盖他的被子御寒。哥哥虽然答应了，但在心里还是心疼，他想，这“毯子缝棉被”是当时家里凑合着拿出的最好的东西了，凝聚着父母亲的爱，凝聚着一家人的情，这薄薄的“毯子缝棉被”，在哥哥心里甚至是宝物，远远超出其本身的价值了。所以，在素谦公祠修缮时，哥哥要求把父亲用来盖茅坑的两块麻石条妥善保存起来，就不难理解了。对这样重感情的哥哥，我是非常敬佩的。

哥哥重感情，对父母亲和兄弟姐妹的爱更体现在行动上。1971年，17岁的哥哥到韶关煤矿当了工人。初时，每月工资32元，即每月寄回家里20元。后来，每月工资43元，即每月寄回家里30元。1973年，我去梅县读书时，哥哥每月寄回家里25元，每月寄给我5元生活费。另外，煤矿工人每月发53斤粮票，哥哥即每月寄回家里20斤粮票。1斤粮票加1.42毛钱，可到粮所买1斤米。街上供销社饭店的馒头、包子、汤面、汤粉等，京果店的饼干等，都要用粮票才能购买。当时，村里农闲时做杂工，一天工资大约8毛钱；相比之下，山村学校的民办老师，每月工资大约是18元。在那个艰难时期，哥哥去韶关煤矿当工人，可以说是及时拯救了经济困难的家庭，大大缓解了父母亲的经济压力。

哥哥深知家里经济困难，所以每年发两双长筒靴，他节省着只穿一双，穿破了修补好再穿，省下一双给家里；每年发两套工服，他节省着只穿一套，闲时不穿工服，只穿旧衣服，省下一套给家里。二姐要医治眼病没有钱，跟哥哥说了，哥哥满口答应，节省下100元寄回家里。那时，伯父在汕头公安部门担任领导职务。父亲带二姐去汕头找伯父，联系好医院医生，准备好次日为二姐医治眼病。第二天医治眼病之事联系妥善后，父女俩在汕头街上行走，开开眼界。二姐突然在街上看见一个身影酷似哥哥。这时，刚好去汕头的哥哥也看到了父亲和二姐。大家都很高兴，父亲若有所思，交代哥哥明天由他带二姐去医院。哥哥心想，医院医生您已经联系好了，熟门熟路了，我全不知路径，怎么叫我带呢？哥哥突然明白，父亲可能担心钱不够。于是，赶紧拿20元钱给父亲，让父亲明天带二姐去医院。哥哥回百侯家时，又给了二姐20元去百侯医院检查眼睛治疗后的康复情况。哥哥当了工人后，努力工作，自奉俭约，一直为家里的事操心，其情其意、其艰其勤实在难能可贵。

哥哥在韶关煤矿干了10多年后调回梅县工作，后来调到深圳公路部门工作到退休。今已步入古稀之年的哥哥，经常说起小时候与父母亲和兄弟姐妹在一起的往事。如今说起母亲挑着一担箩筐，两个箩筐里分别装着他和大姐，走60多千米山路去饶平见父亲，哥哥依然像小孩子一样，脸上荡漾着温暖和甜蜜的笑容。

千年百侯　人文之乡

第三部分

音乐为媒　梅州乐章

第五章 汉剧浸染

那是1973年国庆节后的一天下午，父亲骑单车载着我，从坎头园到黄塘坝，沿着沙土公路，经过西山下、铁厂下、斜坪里、马屎吻背、茶亭下、曲滩、下坝的、鱼苗场、铸锅厂到湖寮老街口，把我送到郭俊驹家。

当时大埔到梅县约100千米路程，全是翻山越岭的狭小沙土公路。20世纪70年代初，我坐的小客车座位狭窄，乘客满座。一路颠簸搭车去梅县，12岁的我凭唱一首现代京剧《沙家浜》选段“朝霞歌”而考上戏校，能坐长途车去梅县读书，精神异常振奋，一路尽情地欣赏着映入车窗的青青毛竹、茂密松杉和缓伏山峦，有一种奔向“诗和远方”的意气风发之感。

似曾相识的古屋沧桑

经过约3小时的颠簸，小客车进入梅县车站了。我透过车窗看到梅县地盘很宽阔，路上踩单车的人流很热闹，有车水马龙的繁华景象，小客车兜兜转转了很久才到站。车站大厅，有戏剧学校老师迎接。当时刚刚复办的梅县地区戏剧学校，校址设在梅县江北西郊老城区的十甲尾，离梅县车站不远。

1973年复办的梅县地区戏剧学校第一次招生，为何叫作“复办”呢？顾名思义，梅县地区戏剧学校（即现在的梅州市艺术学校），前身是广东省汕头戏曲学校汉剧科。从今天梅州市艺术学校的角度看，其发展历经广东兴宁汉剧训练班、广东汕头戏曲学校揭阳汉剧分校、汕头戏曲学校汉剧科、梅县地区戏剧学校、梅州市艺术学校五个时期。1973年夏，广东汕头戏曲学校汉剧科迁至梅州，增设山歌剧专业，校名为梅县地区戏剧学校，1988年3月更名为梅州市艺术学校。1965年，原汕头专区分为汕头、梅县两个专区。1973年上半年，原广东省各戏剧（曲）学校复办。1973年3月21日，广东省编制委员会批复广东省文化局，同意把汕头戏曲学校内的汉剧科迁往梅县。原广东汕头戏曲学校汉剧科从汕头戏曲学校分出，扩展为梅县地区戏剧学校，内设汉剧科、山歌剧科，校址设在梅州市城区十甲尾。

1973年9月下旬，第一批汉剧、山歌剧表演专业14名学生入学，于同年国庆节正式开学。当时办学条件艰苦，校舍是租赁的五七楼、改革楼和新风楼等三座民房及民房前三个晒谷场。教职人员是从汉剧院等单位调进的张仲池（校长）、罗碧云、邱佳品、黄妙福、曹城珍、温焕光等6名教职工。设备是从汉剧院借来的两张旧地毯，床是向地委党校借用的长木凳和木床板搭成的。照明用的是煤油灯，坐的凳子是每人一张小竹椅。教职人员和学生20多人，因陋就简边上课、边招生、边建校。国家一级演员、著名的广东汉剧表演艺术家李仙花、杨秀微，也是梅县地区戏剧学校1973年的第一批学生。李仙花和杨秀微在梅县地区的戏剧学校学习期间，打下了汉剧表演的基础。他们之所以成为梅县地区戏剧学校飞出的金凤凰，是因为两人均具有先天禀赋，是戏剧的好苗子，而且他们离开学校后不断深造，凭着对艺术的执着追求和不断精进的技艺，赢得了广东汉剧表演艺术家的荣誉。我虽然在梅县地区戏剧学校也学了些基础技能，但第四年时因练功受伤，无法继续练功，转为音乐专业学习。那时，五位同学配合默契地练习高空跃下的“五人旋扑虎功”，就是前面一位同学从高空跃下，迅速翻滚离开，后面一位同学紧跟着从高空跃下，也迅速翻滚离开，第三、四、五位同学按次序紧跟着练习，五位同学如此循环往复。正练习着，我前面那位同学从高空跃下后，没有翻滚离开，竟趴在原地不动。这时，我正从高空跃下，眼看要踩踏到那位同学，立刻张开双臂，两个手掌撑在地上，保护了那位同学，而自己的左手却折断了。我左手骨折后，虽经骨科治疗和疗养三个多月后康复，但已不能进行龙腾虎跃式的高强度练功，日后的汉剧表演中许多功夫动作也无法开展。因此，校长考虑到我的实际情况，让我转入音乐专业学习，并在戏校多读了一年。可见，我之所以从汉剧表演转向音乐专业学习，是因为练功时为了保护同学而左手骨折了。

老子《道德经》云：“祸兮福之所倚，福兮祸之所伏。”我学习汉剧表演，正学得好好的，却突然练功受伤，这显然是“祸”。因“祸”而转向音乐专业学习后，我实现了四个“得福”，即行好运。一是具备条件进入梅州市民间艺术团从而实现留在梅州的愿望，二是遇上我的妻子，三是调入深圳市宝安县轻音乐团，四是转行调到深圳市宝安县公路局。

命运的安排使我去学了音乐，我凭借爵士鼓顺利调入了深圳。因为家贫，穷则思变，这也是我在梅州工作时期和深圳前五年的思路，搞调动是我那段时间压倒一切的追求。为了生活，我如爵士鼓跨界演出一样来了个根本性“转身”，完全从艺术工作转变到非艺术的公路部门工作。这一切已成为过去，只能用“命运”二字来解释了。

在梅县地区戏剧学校读书的美好时光，让我终生难忘。十甲尾是当年戏剧学校的校址所在地，位于梅县江北西郊老城区。当年穿街走巷来到十甲尾戏剧学校时，我感觉这一带与我家乡侯南村的骑楼古街和“三十六巷”巷巷相连的古屋民居有着相似的古朴沧桑味道。在戏校住下来的数月后，我发现十甲尾被众多古建筑包围着，如联科第、醉经居、仁风楼、贻谷楼、鹤和楼、节操楼、如意堂、都察院、秋官第、活泉书室、百福堂、敦睦堂、朝议第、六朝黄屋、大觉寺、曾井、曾公祠、山川亭等。像家乡侯南村一样，众多古建筑见证了科举时代的人文鼎盛。对我来说，这里的许多古建筑给我留下深刻的印象，也记录着我的青葱岁月。在戏校学习、生活几年后，我对梅县整个江北老城较为熟悉了，后来又在梅州工作了8年，进一步了解江北老城历史人文。江北老城曾是梅州最繁华的地方，见证了梅州城区的发展。老梅城朋友说起那里的梅江桥、虹桥头、状元桥、百花洲、十甲尾、卫校、戏剧学校等地方，我都感到这些地方历历在目。

对十甲尾所在的梅县江北西郊老城区一带，我有着深厚的感情。梅城东郊有攀桂坊，西郊有红杏坊，都是科举时代留下的美名。红杏坊指梅县江北西郊街道十甲尾、萝卜坪、黄泥墩、月影塘、禾好塘、更楼下一带。唐代科举考试在春天进行，新进士榜公布后，榜上有名的士子在喜庆之余，会相约举行盛大的宴饮游活动，即杏园探花宴。此时正值杏花怒放，红杏遂被称为“及第花”，新进士榜也叫“杏榜”“杏花榜”。“女郎折得殷勤看，道是春风及第花。”唐代诗人郑谷《曲江红杏》两句诗描写春日一位仕女漫游曲江，折得红杏一枝，拿在手中赏玩，心中默默祈祷其夫婿考试及第，如手中的杏花在春风里绽放，意境极美。“天上碧桃和露种，日边红杏倚云栽。”这是唐代高蟾《落第诗》的诗句，诗中将晚唐时期及第者平步青云的非凡气象喻为

"天上碧桃"和"日边红杏"。红杏坊原名"望杏坊"，清初，梅城有民谣曰："百花洲尾齐州前，诸生出状元。"康熙十二年（1673年），清顺治壬辰科进士、程乡知县王仕云在大觉寺前竖立坊表，题名"望杏坊"，寄望邑人读书，科考及第。可惜在同年数月后，附近民居大火，殃及坊表，以致坊表倒塌湮灭，而"望杏坊"地名沿用200余年，至民国前期改为"红杏坊"。在清朝科举时期，"红杏坊"出了八名文武进士和数十名举人、贡生。这里曾经有一个货运码头，因此带旺了周边的商业。货源充足，商业便在此地兴盛起来。20世纪30年代，中山街、中华街、辅庭路等是梅城的热闹街道，中华街又叫"米巷街"，油米豆等粮食在这里批发销售，还有很多进口商品店，逢年过节，街道上都是人。

红杏坊保留着几十座上百年古民居，以及十几处历史遗迹和书院宗祠，其中包括太平天国将领康王汪海洋的指挥部旧址，以及2012年"梁思成建筑奖"得主黄锡璆的祖居等。那里有各具特色的古民居，藏着说不完道不尽的传说故事。除了文化名人的故居，这里还有众多商业历史遗迹。由于梅州自古就有崇文重教的传统，读书人都向往在科举场上一举高中。《程乡县志》中有一篇文章出自王仕云《望杏坊记》："余令程五载，日见多士著书好古，发奋为雄，且户育家弦俨然海滨邹鲁。左则桂乎是攀，右则杏焉在望。"他将程乡与当时文化昌盛的广东潮州、福建泉州等地作比较，期盼红杏坊与攀桂坊在人文方面遥相呼应，同为程乡人文繁盛之地。旧时，程乡县是梅州的核心区，地域最广的时候包括今天梅州市的梅江区、梅县区、平远县、蕉岭县，以及丰顺县建桥镇等。红杏坊的厚重历史人文积淀，与我家乡百侯极为相似，总有似曾相识的感觉。

然而，回想12岁前，我对家乡百侯众多的古屋民居之文翰荟萃总是熟视无睹，可谓奢侈箕裘而无知，挥霍光阴而不晓。12岁那年，我来到梅县江北西郊的老城区。这里的人文景观与家乡百侯极为相似，但当时年幼的我未能真正领略它的魅力，也未曾对其倾心仰慕。如今回首那段在红杏坊的时光，仿佛回到了在家乡百侯度过的童年，漫步于深深的古巷之中。此时才恍然大悟，那里的一切是如此珍贵且令人难忘，当年我在不知不觉中被那浓厚的文化氛围熏陶。由此，我又想起素谦公祠留传下来的彩绘题诗："大梦谁先觉，平生我自知。"我想，由不"自知"到"我自知"，须经过漫长的过程，甚至"平生"即一辈子的历练。想到这里，我深刻感受到素谦公祠祖上当年精心选用此彩绘题诗是有着很高的人生智慧的。

永世难忘的汉剧浸染

2024年，大埔县迎新春文化演出活动的广东汉剧《十五贯》专场，在百侯镇举行。这让我想起小时候百侯乡村盛行的汉乐、汉剧。其时，汉乐演奏甚为风行，街头巷尾常闻丝竹之声。因为汉乐演奏形式比较简单，如丝弦乐（俗称"和弦索"），可一人独奏，或二三人同奏，或多人合奏，是汉乐中最普及、最大众化的演奏形式。演奏乐器以头弦（俗称"吊规子"）或提胡领奏，配以扬琴、三弦、笛子、椰胡等，演奏曲目有《迎春曲》《百家春》《春串》《南进宫》《北进宫》《琵琶词》《怀古》《翡翠登潭》《平湖》等。旧时有"无埔不成汉"的说法，这是因为广东汉乐是分布于广东省梅州、韶关、惠阳等地区的民间音乐形式，又以梅州市大埔县为代表。汉剧表演却没那么简单，场地要求高，要有舞台、灯光、服装、道具等，角色行当多样，伴奏乐器繁杂，大节日或大活动时才有演出。侯南村出了不少汉剧演员和编剧，如早期的广东汉剧院杨启祥（人称“侯宝公”）是《齐王求将》的编导之一，名声很大；又如后来的大埔汉剧团编剧杨培柳，也很有名气。小时候听说过《百里奚认妻》《齐王求将》等剧目及其故事，还从大人嘴里听说过《十五贯》中的“娄阿鼠”，觉得很有趣。1957年5月15日，广东汉剧团在北京中南海怀仁堂作汇报演出。毛泽东、刘少奇、周恩来等党和国家领导人观看了广东汉剧《百里奚认妻》，并接见了黄粦传、黄桂珠等演职人员。黄粦传、黄桂珠是大埔籍著名的广东汉剧表演艺术家。

1973年刚复办的梅县地区戏剧学校第一批招收的14个学生，几乎全是12岁左右的小孩子，因为汉剧表演要从小学学起。刚复办的戏校只有汉剧表演专业和山歌表演专业。我12岁考入戏校后，除了学习汉剧表演专业课，还要学习公共课。专业课程主要有毯子功、身段功、把子功、唱念功、戏剧表演、剧目教学、文艺欣赏、乐理视唱等，公共课程主要有语文、政治等。数年戏校时光，大部分时间用在学习、掌握汉剧表演的“四功五法”。“四功五法”，是戏曲界经常说的术语。“四功”，指唱、念、做、打四项基本功，是戏曲舞台上一刻也离不开的表演手段；“五法”，指手、眼、身、法、步。传统“四功”包含并体现“五法”。戏曲类学校和汉剧培训班的教材都有“四功五法”内容，其具体内容如下：

（1）唱功。唱功是戏曲表演中排在第一位的重要表演手段，演唱的最基本要求是字正腔圆，节奏准确，以字生腔，以情带腔。最高标准的唱法是达到说的意境，不是为唱而唱，甚至不要给人以唱的感觉，而是以唱来强化唱词的语气，抒发人物的情感。要把节奏、旋律、感情、语气很自然地融为一体，来表达生活中像说话一样的情景，切忌要腔、找味、卖嗓。

（2）念功。念功是与唱功同样重要的表演手段，甚至有“千斤话白四两唱”的说法。一要注意字音的准确，如京剧的尖团字、上口字、平仄音的念法。二要掌握吐字发音的正确方法，即用反切的发音方式来念出字头、字腹、字尾，使每个字完整地送到观众的耳朵里（发花辙的字没有字尾，即不能归音）。三要念出白口的抑扬顿挫，有音乐感和节奏感，与唱腔一样，要有轻重高低，疾徐长短。四要念出人物个性，情感意境。

（3）做功。即身段动作的表演，无论一举一动，开门关门，上下楼梯，都要有规范，有章法，都要有舞蹈的韵律，有深厚的基本功，要讲究以腰为中枢，从动作规律出发以达到自然和谐的效果。在这个基础上，还要把动作技巧与人物的身份、动作目的、情感意境结合起来，给人真实的感觉。当然，这种真实是艺术的真实、舞蹈化的真实、含蓄的真实，而不是生活的真实。

（4）打功。也就是武功，包括翻跟头、打荡子、各种舞蹈和高难技巧，如起霸、走边、对枪、下场等。必须有相当扎实的腰、腿、把子基本功，才能胜任武打表演的需要。要在规范、自如掌握武功技巧的同时，以武功来表现人物和剧情，做到技不离戏，就算枪来剑往，也要打出情感，打出语言，而不是单纯卖弄武功。

熟练掌握汉剧表演的“四功五法”，目的是上台表演，并在表演中不断提高演技。

广东汉剧文武兼容，唱腔优美，朴实淳厚，武功属南派，脸谱有百多种，以黑、红、白三色为主，黑色象征刚勇，红色象征忠贤，白色和青色象征阴险奸诈。其表演程式与京剧、湖北汉剧等剧种大同小异，但也有自己的特点和风格。广东汉剧有三个特色乐器，第一个是头弦，第二个是大锣，第三个是号头，也叫吊喇子（喇叭）。戏曲教材等资料中关于广东汉剧的基本常识如下：

（1）角色行当。广东汉剧的角色行当有生（小生）、旦、丑、公、婆、乌净、红净七大行，还有包单、杂（打杂），俗称小行。大行中的生、旦、丑、公还可细分为各“当”，如“生”行分文生、武生、文武生、娃娃生等；“旦”行分正旦、青衣、花彩旦等；“丑”行分官袍丑、方巾丑、短衣丑、武丑、童子丑、女丑等；“公”行分白须、掺白须、乌须老生、武老生等。

①生行。又称小生，主要扮演青壮年男子角色，用男声假嗓唱念，身段稳重大方，动作文雅潇洒。生行主要分文小生、武小生两种，文小生表演时“行如秋风，站似玉树”，注重翎子功、扇子功和水袖功，扮演的人物如《闹严府》的曾荣；武小生表演时干净利索，讲究力度节奏，注重把子功，所扮人物如《战徐州》的赵云。此外，还有《贩马记》扮赵宠的官袍小生、《三娘教子》扮薛倚哥的娃娃生、《三官堂》扮韩琪的箭衣小生。

②旦行。扮演青年、中年妇女的各种角色，用女声假嗓唱念，表演以身段和水袖功夫见长。旦行又分正旦、青衣、花彩旦三种。正旦，也称乌衣，表演端庄娴淑，要求“行不动裙，笑不露齿”，所扮人物如《秦香莲》的秦香莲；青衣，又称闺门旦，表演要求与正旦相同，所扮人物如《林昭德》的王金爱；花彩旦，要求身段动作“动如燕，行如风”，所扮人物如《花灯案》的陈彩凤。此外，还有花旦，如《凤仪亭》的貂蝉。

③丑行。扮演各种滑稽诙谐的人物，用男声原嗓唱念，动作夸张，常走矮步或单腿移步，出手小，表演时要求眉、眼、鼻、口、舌能同肩、手、指、腰、腿紧密配合。行内有“二偷活洛练五冬，偷油活捉最见功”的戏谚，意思是丑行演员必须学会《偷油》《偷鸡》《活捉三郎》和《洛阳失印》四出主要丑戏。丑行

有官袍丑，如《昭君出塞》的王龙；项衫丑，如《打花鼓》的公子；袈裟丑，如《僧尼会》的小和尚；短衣丑，如《偷油》的黄巢；童子丑，如《蓝继子》的蓝继子；武丑，如《时迁偷鸡》的时迁；女丑，如《铁弓缘》的萧氏。

④公行。又称老生、须生，扮演各种中年、老年的角色，用男声原嗓唱念，仪态庄重大方，步法以稳健的“八字步”为基础。公行有白须老生，动作较为迟缓，重须功和发功，如《百里奚认妻》的百里奚；乌须老生，如《孔明请东风》的孔明；黪白须老生，如《状元媒》的宋王；武老生，如《群英会》的黄忠。

⑤婆行。又称老旦、老妈，扮演老年妇女角色。有贫婆，如《清风亭》的张元秀妻；贵婆，如《白虎堂》的佘太君；丑婆，如《金莲裁衣》的王婆。

⑥乌净行。又称乌面、大花脸，既扮演英雄豪杰，也扮演权奸神怪，用炸音发声，嗓音威猛粗放，表演重功架，多用大动作，要求“举手投足千斤重，开膀过头显英雄”。乌净有黑花脸，如《太行山》的姚刚；白花脸，如《击鼓骂曹》的曹操；青花脸，如《齐王求将》的公孙衍；金花脸，如神话戏中的天王神将；二花脸，如《三气周瑜》的张飞。

⑦红净行。又称红面，扮演英雄好汉，以原嗓与假嗓结合发声，唱腔有独特的风格和韵味，表演要求龙行虎步、气宇轩昂。红净中的头手红净重唱功，所扮人物如《打洞结拜》的赵匡胤；二手红净重做功、武功，所扮人物如《崔子弑齐君》的崔杼。此外，还有旗手、宫女、丫鬟等杂角，由各行的二、三路演员应工，即串行演出。

（2）声腔唱法。广东汉剧的角色行当如前所述。其中，乌净发炸音，红净则发以鼻腔共鸣为主的真假嗓结合的声音，高音用假嗓，低音用本嗓，唱腔悠扬清脆，颇有特色。声腔基本是皮黄腔，另有四平调（大板）、吹腔（安春调），还有少量昆曲、小调和佛曲等。红净不但在唱腔曲调上更接近徽戏，而且在伴奏乐器方面，如头弦、号头、大苏锣，都与老徽戏的徽胡、先锋号、苏锣相同。基本唱腔属板腔体，分为二黄、西皮、大板和曲牌杂调四大类。皮黄板式包括倒导板、头板、二板、三板、二六板、马龙头、叠板、哭板（滚板）、叫头（或称“哭科”）等，又分“正指”与“反指”两种调门。二黄曲调平稳，宽广大方，优雅持重，善于抒发真切、哀怨的感情。西皮曲调灵活，高亢激昂，流畅悠扬，婉转多腔，易于抒发喜乐感情。大板旧称“二黄平板”，轻松活泼，悠扬潇洒，宜喜不宜悲，常作为二黄板式情调不足的补充。曲牌杂调包括一些曲牌、民间小调和少量梆子、昆曲。

（3）伴奏乐器。伴奏音乐有整套锣鼓经、唢呐曲牌100多首，民间小调100多支，汉乐丝弦乐曲500多首，除了皮黄，还有昆曲、流水大板、安春调、七句半、曲牌、小调、佛曲等。可用于烘托剧情气氛，配合人物表演。伴奏乐器有文场、武场之分。文场乐器有头弦、二胡、三弦、横箫、大唢呐、小唢呐、扬琴、提胡、秦琴、月琴、椰胡、琵琶、古筝、芦笙、大提琴；武场乐器有战鼓、大鼓、边鼓、大苏锣（又称“铜锣”）、小锣、碗锣、铜金、檀板、号头、大钹、小钹等。头弦、大苏锣及号头是广东汉剧特有的伴奏乐器。头弦领奏弦乐，适合伴奏成人假嗓。大苏锣音色柔和，深沉肃穆，伴奏较为缓慢、平稳的腔调。号头音色高尖，雄壮猛烈，常用于开场与结束，其音又有凄厉恐怖之感，故在两军鏖战、法场命斩的场面中，能烘托紧张激烈、悲戚恐怖的气氛。

（4）表演技法。广东汉剧在表演上也富有特色。小生开膀拉山平肩，举手投足稳重大方、端庄、文雅；文生和武生均重潇洒、飘逸，讲究扇子、水袖、翎子功夫，文生要行似秋风落叶，站如玉树亭亭。武生举手投足讲究暗劲力度、造型亮相和枪刀把子。且行开膀拉山对脐上，婆（老旦）开膀拉山不过肩不下脐。旦行的科步动作、程式有慢步、中步、快步、细步（碎步）、直步、斜步、弯步、大跳、小跳、出水、入水等五十多种。闺门旦要求行不露足，踱不过寸，笑不露齿，手不上胸，唱、做要掌握“气沉丹田头顶空，全凭腰转两肩松”；唱时音质要有厚度，唱法柔婉，表演轻松庄重。丑行表演动作夸张，胸正膝曲，常走矮步或单腿移动，肩、眼、鼻、口、舌与肩、手、指、腰、腿紧密配合，要求“功底过硬一身轻，蹲步动作稳如钉；走步技巧似无边，翻腾飞跃无响声”。公（老生）开膀拉山齐胸出手，双手平肩拉开，水袖、台步、扇子的各种程式都要求大方、端庄、稳重。

（5）代表剧目。广东汉剧剧目题材广泛，有各朝代的历史故事、民间传说、演义、传奇、神话和元明杂剧、现代剧等剧目800多个。截至2024年，在广东汉剧的传统剧目中，有剧本的共328个，有目无本的共872个。代表性剧目包括《百里奚认妻》《齐王求将》《红书宝剑》《打洞结拜》《三打王英》《林昭德》《游武庙》《昭君出塞》《击鼓骂曹》《孟姜女哭倒长城》《孟丽君》《珍珠塔》《四进士》《山海关》《五台山》《一袋麦种》《人民勤务员》《秦香莲》《闹严府》《春娘曲》《花灯案》《包公与妞妞》《蝴蝶梦》《深宫假凤》《白门柳》《黄遵宪》《李坚真》等；根据地方掌故编写的有《广东案》《揭阳案》《花灯案》《武平案》等。广东汉剧院自成立以来，在剧目创作、挖掘、继承和创新方面取得了一定的成就，整理、移植、排演了《百里奚认妻》《蓝继子》《林昭德》《闹严府》《秦香莲》等100多个几近失传的传统剧目，创作生产了《半边天》

《人民勤务员》《家内有家》《一袋麦种》等大批现代戏剧目，接着又陆续推出了《蝴蝶梦》《深宫假凤》《白门柳》《尘埃落定》《黄遵宪》《金莲》《诗娘》《李坚真》等多出优秀剧目，其中《齐王求将》《一袋麦种》《白门柳》《蝴蝶梦》等拍摄成戏曲艺术影片发行，《蝴蝶梦》《白门柳》《花灯案》《闹严府》等10多个剧目被中央电视台、广东电视台摄制成舞台剧和电视剧。

在梅县江北西郊十甲尾戏校的时光，我都在练习汉剧表演的“四功五法”基本功，在学习角色行当、声腔唱法、伴奏乐器、表演技法和传统剧目，就像一块素色的布料浸泡在汉剧染缸里好几年。即便如此，从戏校毕业也只是学到一些基础知识，若要成为优秀演员，还须不断学习，在演出中努力成长。若要成为著名广东汉剧表演艺术家，除了具有先天禀赋，是肯用功、悟性高、入戏快的好苗子，还须不断精进技艺，或进入中国戏曲学院提升演技，或经汉剧前辈名师真传，历经凤凰涅槃而炉火纯青、功成名就。如前文所述，我在戏校经过了几年汉剧浸染而转向音乐专业学习，没有走向汉剧表演之路，不是对汉剧表演没信心，更不是对汉剧艺术没感情，而是练功时左手骨折，无法继续练功，对日后的汉剧表演也会带来一定的影响，因此当时转向音乐专业也是无奈之举。当时，我肩负着改变家庭贫困的使命，回想当时的状况，面临着十有八九被分配回大埔工作的局面，而迅速转向音乐专业学习，就像在暗夜中看到萤火，希望音乐专业能给我带来好运，让我有机会留在梅州工作。后来，我真的是凭借音乐专业留在梅州，并以音乐为媒遇上了我的妻子，进而又因此被调到深圳，最终实现了改变家庭贫困的愿望。

古诗云：“人生会有相逢处。”我能考上戏校，既是因为我偶然跟着公社有线广播大喇叭学唱歌，唱熟了京剧《沙家浜》

选段“朝霞歌”，更是因为当年来蛇形窠黉舍招生的三位戏校老师以善良之心对我怜惜和垂爱有加。随着年龄的增长和阅历的增加，我越来越明白自己当年能被戏校录取，关键在于三位戏校老师对我的肯定和爱惜。罗兴荣老师后来住在深圳，我时常去拜访他，感谢老师的恩义。蓝培业老师和陈碧华老师住在梅州，我也好几次去两位老师家里拜访。我曾经真诚邀请旧时的戏校老师和同学来百侯山庄聚会，共话师生情，可惜当时三位老师都年老在家养病，无法前来。如今，三位老师都魂归天国了。斯人已逝，难忘恩重如山岳。

蛇形窠山岭上，葳蕤草树灿云锦；朝霞亭前，旖旎风光映衣襟。我非常怀念当年十甲尾戏校的学习时光，非常想念旧时戏校的老师和同学。

自力更生的命运交响

从梅县地区戏剧学校音乐专业毕业后，我顺利地进入了梅州市民间艺术团，但现实并非想象中那么顺利和美好。在民间艺术团工作，我每月工资42.5元，须负担弟弟在校读书的部分生活费，几乎每月下旬就要向朋友借钱度日。为了增加收入，我承担起民间艺术团出外演出的乐器和道具等上、下车的装卸搬运工作。此外，我还想买台“做衫车”（缝纫机）来学“做衫”（生产服装），于是，我提出集资并得到了9个同事的支持，由此第一个拥有了一台“做衫车”。

刚买回来的“飞人牌”缝纫机是产自上海的优质产品。有了“做衫车”后，我赶紧拜师学艺，从此嗒嗒声贯穿了6年时光。

我在民间艺术团上班排练和演出之余，在夜晚的灯光下，穿针、走线和踩踏，细密而整齐的针脚在嗒嗒声响里有节奏地延伸，量体、裁剪和熨烫，我靠自力更生点亮了那一段漫长而艰苦的旧时光。

从大埔平原到湖寮30多千米的沙土公路，特别是大埔角石圳到平原5千米多，弯多坡陡，那时踩单车不是现在骑着正规运动单车、穿戴运动装备的时髦“骑行”，而是踩踏捆绑着几大袋沉重布料的双杠单车艰难赶路的力气活，即便在寒冷的冬天，也会“汗水湿透衣背”，若逢半路下雨，则会“泥巴裹满裤腿”，甚至淋成个落汤鸡样相。我常踩踏人力三轮车去车站载回从大埔托运上来的布料，或送服装成品去托运到大埔。

在大埔平原弯多路陡的山路上没出过事，没想到在梅城平坦的道路上踩踏人力三轮车，却发生了一次至今仍后怕的翻车事故。人力三轮车由自行车改造而成，车把比较难控制。那次因为踩踏过猛，车速过快，一不留神飞出路坎，我本能地跳跃出三轮车，跌倒在路坎下一个建筑施工的石灰池里，好在石灰池没有水，而且厚厚的残留石灰浆像铺了一层保护垫，所幸我仅擦破了衣裤，手脚也仅擦破点皮，没有伤筋动骨，有惊无险的是飞出路坎的三轮车翻倒在石灰池前面。假若翻倒在石灰池里，砸在我身上，后果就不堪设想了。那次事故后，我还照样用人力三轮车载货，但从此不敢有丝毫分心，总是紧握车把，小心翼翼地行驶。我曾读过这样的名言：“一个人经过不同程度的锻炼，就获得不同程度的修养，不同程度的效益。好比香料，捣得愈碎，磨得越细，香得愈浓烈。”戏校练功时左手骨折的伤痛也好，脚踏三轮车的惊险也罢，都让我在生命中磨炼出乐观豁达的人生态度，让我在人生道路的跌宕起伏中，始终活得淡定从容。

在“做衫车”嗒嗒声中，我继续兼做民间艺术团出外演出的装卸搬运工，即便调到深圳市宝安县轻音乐团后，我也兼做轻音乐团出外演出的装卸搬运工，还曾保职停薪一段时间，发挥自己的专业优势与人合作经营歌舞厅，也筹划过开办服装厂。直到调入宝安县公路局后，工作才开始稳定下来。我深刻地体会到，人处于逆境中时，要通过勤奋努力积极去改变窘迫的人生际遇。

回顾梅州“做衫”的日子，有民间艺术团排练和外出演出的音乐声，有单车和人力三轮车的咔咔声，有“做衫车”的嗒嗒声，有爵士鼓的击鼓声、敲镲声，一声声汇合成那段旧时光的画面清晰的命运交响曲。

第六章 音乐为媒

从梅县地区戏剧学校音乐专业毕业后，我被分配到梅县地区民间艺术团工作，这让我感到非常惊喜。回想起来，我之所以能留在梅州工作，是因为我在戏校时转向了音乐专业学习。

在戏校读书的最后一年，我期待音乐专业毕业后留在梅州工作，这希望像暗夜里的萤火，虽微弱却让我找到方向，后来继续循着这点光努力，我被选拔调到了深圳，之后真的改变了家庭经济贫困的处境。

转轴拨弦三两声

“转轴拨弦三两声”，这是唐代诗人白居易《琵琶行》长篇叙事诗中的一句。我偶然联想到这句诗，觉得很美，姑且用它来形容自己“转”向音乐专业学习的情况。很巧妙，这句诗的下一句是“未成曲调先有情”。这两句诗连起来读，竟读出了我在梅州以音乐为媒的美好姻缘。

汉剧表演也好，音乐专业也罢，皆可比作艺海泛舟。对于我个人来说，虽学了点基本功，但出社会后，专业表演还远未能够掌握，人生命运更无法把握，犹如逆水行舟，因练功受伤而选了音乐这条水路，却避开了暗礁和险滩，好比“轻舟已过万重山”之后，突见江宽水阔，风光旖旎，仿佛玉箫在云中吹奏，并在爵士鼓的击鼓、敲镲中演绎出人生变奏曲，从而进入“春江潮水连海平”的人生大视野。

我从白居易《琵琶行》诗句中，既感受到琵琶弹奏技艺之高超已达到了绝妙的境界，也感受到描写音乐演奏的“真正出神入化之笔”。在后来的爵士鼓伴奏中，特别是加花乐段里，也就是节奏感强烈的那一瞬间，我头脑里就会蹦出《琵琶行》中间的两句诗：“银瓶乍破水浆迸，铁骑突出刀枪鸣。”

爵士鼓的加花演奏真好，那瞬间的酣畅淋漓之感让我无比激动，并振奋着我往后的人生。爵士鼓之节奏，正是我转向音乐专业后所带来的一段段激越乐章和迈向美好人生的快乐节奏。

在我印象中，汉乐与大埔有密切联系，有“大埔汉乐”的说法。汉乐即广东汉乐，旧称客家音乐。这是古代客家先民由中原南迁时带来的，有“中州古乐”之称，在大埔流传至少有五百年。广东汉乐保留了原有中原音乐的特点，并与大埔当地的民间音乐（如打八音、中军班音乐）相融合，又吸纳了潮乐（如大锣鼓）的一些成分，已成为广东三大乐种之一。而今，广东汉乐主要分布于广东省梅州、韶关、惠阳等地区，并以梅州市大埔县为代表，旧有“无埔不成汉”的说法，大埔文化底蕴之深厚由此可见一斑。汉乐以前有很多称谓，如“国乐”“中州古韵”“客家音乐”“外江弦”“汉调音乐”“锣鼓吹”“打八音”等，1962年第一届羊城音乐会上，正式被定名为“广东汉乐”。广东汉乐和广东音乐、潮州音乐被称为广东三大乐种。大埔县是广东汉乐特别兴盛的县，《大埔县志》记载，明嘉靖年间，大埔已有中军班音乐、八音和丝弦乐的活动，并有“钟、吕”文字古乐谱出现，有“埔之在潮弦诵媲邹鲁”“埔之风俗、家诵户弦”“比屋弦书”等说法，其中，“埔之在潮”之说是因明清时期大埔县属潮州府管辖。

转向音乐专业学习后，我对汉乐基本常识有了更全面的认识。现把我所了解的“大埔汉乐”基本常识整理如下：

（1）“大埔汉乐”大体包括丝弦乐、清乐、汉乐大锣鼓、中军班音乐和庙堂音乐五大类：①丝弦乐，俗称“和弦索”。它是汉乐中最普及、最大众化的演奏形式。演奏时以头弦（俗称“吊规子”）或提胡领奏，配以扬琴、三弦、笛子、椰胡等乐器。主要曲目有《迎春曲》《百家春》《春串》《南进宫》《北进宫》《琵琶词》《怀古》《翡翠登潭》《平湖》等。②清乐，又称儒乐。它追求比较高雅的演奏形式，为文人雅士所偏好。演奏时乐器较少，主要有古筝、琵琶、椰胡、洞箫等，人称筝、琶、胡“三件套”。主要曲目有《出水莲》《西厢词》《将军令》《蕉窗夜雨》《平山乐》《挑帘》《高山流水》等。③汉乐大锣鼓，又称八音。它主要应用于民间迎神赛会或闹元宵等客家传统节日。演奏时以唢呐主奏，另辅以大鼓、苏锣、大小钹、碗锣、铜金、小锣、马锣（八音用）等打击乐器。主要曲目有《闹元宵》《小开门》《锦上添花》《迎宾客》《得胜令》《贺太平》等。④中军班音乐，由民间音乐班社演奏，作为仪仗性质的音乐，主要用于民间的婚丧喜庆活动。演奏时以唢呐为主奏乐器，配以打击乐和若干丝弦乐。主要曲目有《拜花堂》《嫁好郎》《玉美人》《赏花》《卖杂货》《花鼓调》《饭后茶》《双扶船》等。⑤庙堂音乐，是举行宗教法事时演奏的吹打音乐，演奏时以唢呐为主，配以打击乐和若干丝弦乐。主要曲目有《朝天子》《哭皇天》《五更佛》《佛曲》《菩庵咒》《哀哀泪》《哭相思》《大江》等。

（2）“大埔汉乐”的基本特点：①各个时期的代表人物众多。如明清时期有明代的罗淑予、清乾隆三年（1738年）明通进士杨缵烈、乾隆十三年（1748年）进士杨天培、咸丰二年（1852年）举人张振南、茶阳秀才饶君谷、清代秀才钱热储等；民国时期有何育斋、饶托生、饶淑枢、饶从举、饶碧初、李蓝田、李芝田、罗九香、罗娘德等；中华人民共和国成立以后有李德礼、罗琏、余敦昌、饶宁新、罗德栽、张高徊、罗曾良、罗曾优、罗邦龙、杨培柳、范胜华、庄长江等；时下有饶宝优、温梓琴、廖东雄、刘川与等。②曲目繁多。根据已整理、出版的汉乐曲目集，共有汉乐曲目612首，其中丝弦乐（包括小调）430首、清乐56首、汉乐大锣鼓23首、中军班音乐62首、庙堂音乐31首。③演奏技巧丰富。汉乐演奏有一人独奏、二三人同奏，但更多为合奏，因此它的演奏技巧很丰富。以合奏为例，就有择器、审音、试线、初奏、合奏等程序。同时，还要讲究精神集中，环境适宜。此外，汉乐的演奏技巧还有变调演奏、“加花”与“减字”等。

（3）“大埔汉乐”的民间演奏常用曲目：①季节：《春串》《夏串》《秋串》《冬串》《到春来》《到夏来》《到秋来》《到冬来》等。②民间传统节日：《闹元宵》《迎春曲》等。③民间小卖：《卖杂货》《卖酒》《卖豆腐》等。④民间婚丧喜庆：如结婚的《拜花堂》《嫁好郎》《玉美人》。⑤其他喜事：《庆团圆》《贺太平》《沽美酒》。⑥热闹喜庆场面：《大开门》《仙吹鼓》《迎仙客》《北进宫》。⑦丧事演奏：《朝天子》《哭皇天》《哀哀泪》。⑧祭祀音乐：《大乐》《送歌》。⑨宴乐：《摆酒》《醉太平》《节节高》。

从汉剧表演转向音乐专业学习，是否能让我留在梅州工作，这仍有很大的不确定性。从小就生活在汉乐氛围浓郁的村居环境中的我，一直认为学好汉乐非常重要。于是，我把不少时间花费在汉乐的学习中。回想起来，当初的想法和做法是对的，而且对我往后的人生产生了良好影响。

金风玉露一相逢

回想起来，转向音乐专业学习，的确给我带来了好运。戏校音乐专业毕业后，我恰好进入了梅州市民间艺术团，实现了留在梅州的愿望。当时随团演出，我负责伴奏工作，主要使用大鼓、苏锣、大小钹、碗锣、铜金、小锣、马锣等打击乐器。在打击乐器的节奏中，我总会联想到白居易《琵琶行》的诗句。

正如《琵琶行》诗句所云，“转轴拨弦三两声，未成曲调先有情”，这个“情”字，是所有文艺作品的魅力之源。在梅州市民间艺术团工作中，我遇上了我的妻子，可谓以音乐为媒，柔情似水，佳期如梦。当年妻子的演唱声情并茂，如春风吹入我心中的湖水，荡起了一圈圈涟漪。我熟能生巧的鼓点把握，一声声鼓点精准地落到歌曲演唱的肯綮处，也落到了她的情感中，并在她心中迸出火花来。我的伴奏既能充分表现出歌曲的整体情感，又能突出节奏的轻重缓急，特别是恰到好处的鼓点强音，产生巨大的震撼力，提升了演唱的感染力。这恰似北宋秦观《鹊桥仙》词句所云：“纤云弄巧，飞星传恨，银汉迢迢暗度。金风玉露一相逢，便胜却人间无数。”一个鼓点，一个“恨”字，碰撞出埋藏在内心深处的爱情火星，正所谓“飞星传恨”。此“恨”绵绵，乃相思之愁怨所积，仿佛隔着天空的遥远，云彩的变幻，情感压抑的无奈，倾心释放的渴求，只靠“银汉迢迢暗度”而酝酿日久。终于，待到了花好月圆，而“金风玉露一相逢”。

“高山之巍巍，流水之洋洋。”高山流水遇知音，彩云追月得知己。双飞蝶舞，婉转歌声。旋律典雅，韵味隽永。命运之手扳转了我艺海泛舟之舵，让我留在梅州，并在梅州市民间艺术团以音乐为媒遇到了我的妻子。兴宁老人曾说我将来会生活在距海比较近的地方，这有意无意地指引着我的行动。那“距海比较近的地方”就是深圳。机会终于来了，妻子得到消息，宝安县文化局张波良副局长将莅临梅州观看一年一度的全市文艺汇演，并物色文艺人才。不久，张波良副局长来到梅州并热心帮助我们，还让我们坐他的车到深圳宝安，准备参加招收艺术类专业人才的考试。于是，我天天晚上跑到歌舞厅去学习爵士鼓演奏，与爵士鼓手交朋友，并得以进行强化训练。俗话说，“功夫不负有心人”。我终于顺利通过了爵士鼓演奏考试，妻子亦凭借《春江花月夜》古典舞蹈通过了考试，我们终于调到了“距海比较近”的深圳市宝安县轻音乐团。

艺术来源于生活，又高于生活。我庆幸自己以音乐为媒，庆幸遇上了有音乐艺术细胞的妻子，让夫妻俩的婚姻始终具有“高于生活”的艺术感，这是妻子为什么能做到在那收入不多的年月里一直支持我把工资的大部分寄回老家的最佳答案，正所谓生活“不只有眼前的苟且，还有诗与远方”。

千年百侯　人文之乡

第四部分

奔赴山海　深圳时光

第七章 考入鹏城

我与妻子的姻缘是以音乐为媒，正是有了这段姻缘，我顺利通过了爵士鼓演奏考试，妻子跳《春江花月夜》古典舞蹈也通过了考试，我们一起被调入深圳市宝安县轻音乐团。

奔赴山海春光美

这是1987年的春天，我调入深圳市宝安县轻音乐团。踏上了深圳的土地，我明显地感受到这是海风吹拂的地方，这是我人生路上的春天之旅。从此，在我的生命里，也有了一个“春天的故事”。这个“春天的故事”，开始于一个兴宁老人对我说“你将来会生活在距海比较近的地方”。老人的话，让我觉得自己命运里有一个模模糊糊的“海”字。

深圳市，是中国南部海滨城市，也是全球海洋中心城市。深圳市毗邻香港，位于珠江口东岸。珠江水系的几条干流——西江、北江和东江，以及增江、流溪河和潭江，到了下游相互沟通，呈8条放射状排列的分流水道流入南海。深圳市海域辽阔，通向南海及太平洋。

一、不负东风顾，演绎山海经

1987年的春天，我从梅县调到了深圳。顺利调入深圳，既是对我命运里“海”字的最好诠释，也是我多年来为之努力的愿望。然而，自1973年12岁考上梅县地区戏剧学校至1978年毕业，毕业后进入梅州市民间艺术团工作至1987年，已在梅州山城学习、工作了14年，虽说如愿调到深圳，内心的兴奋禁不住溢于言表，但真的要离开生活十几年的梅江河畔，心里还是依恋不舍。

我感恩梅州这块土地，作为学习、工作、恋爱结婚、女儿出生的福地，记录着我14年的光阴。自然，当几十年后想买个房退休养老时，首先想到的是崇尚慢生活的梅州。对于此事，我妻子与我的想法一样。于是，我在梅州买了套房子，为日后退休生活作了初步安排。当时的心情，可用一首古风歌的歌词来表达：“宫商角徵羽，琴棋书画唱。孔雀东南飞，织女会牛郎。深爱这土地……”

梅州的交通和居住环境确实都很好，但我心里隐约感觉到还有更适合我养老的地方。回到家乡百侯，南阳岽下蛇形窠山麓这块芳草地让我想起了半个世纪前那段青涩时光。当踏上蛇形窠山麓这块芳草地时，我感到心情从未有过的舒畅，五脏六腑无比轻松，想起半个世纪前发生在蛇形窠上的许多往事。

12岁时在蛇形窠黉舍唱的“朝霞歌”让我被梅县地区戏剧学校录取了。这支“朝霞歌”的熟悉旋律藏在我心底太久了，如今南阳岽下蛇形窠山麓这块芳草地牵起我梦开始的青涩韶华，怎么不让我激动万分呢！

50年前，我作为出生在“山中山”大埔县的穷孩子，可能因祖祠素谦公祠的外大门朝东南方而一直是顺风顺水。1973年12岁时，幸运地考上梅县地区戏剧学校；1979年春天，幸运地进入梅州市民间艺术团；1987年春天，幸运地调入深圳市宝安县轻音乐团，应验并诠释了兴宁老人对我说“你将来会生活在距海比较近的地方”的吉言。

回想当年兴宁老人说的话，乡人朋友看了我祖祠素谦公祠重光纪念画册里的族谱“简谱”，发现我的名字五行属水，似乎注定与海有关联。我心里暗想：这或许是巧合吧。1987年深圳的春天，当我真正地来到这个“距海比较近的地方”时，我感觉到自己虽然距海近了，但离山并不远，作为“欠发达地区”来的年轻人，我肩负着为自己、为家庭、为父母亲脱贫的重要使命，这“山”和“海”的浪漫远没有“粮”和“油”来得紧要，我深知自己想要的并非“山”变成“海”，而是“穷”变成“富”。

国家经济大环境极端困难时期，在贫困山区的我家经济情况有多困难呢？我家父母亲带着三男三女共六个孩子，严重缺衣少食，饥饿是常态，几乎看不到希望。我婴儿时期的营养肯定是严重不良的，更可怜的是父母亲不知怎样熬过那漫长的艰难困苦。我想，父母亲的早逝，主要因为是那漫长艰难日子的劳瘁而透支了身心健康，以致掏空了身体能量。我考上戏校，无疑是改变家庭贫困和个人命运的一缕希望曙光。1987年调入深圳市宝安县轻音乐团后，我总算真正开始报答父母亲和改变家庭经济状况了。那时，我个人的经济情况还需精打细算，远未能让父母亲过上富裕的生活。待我慢慢地收入多起来时，父亲却已撒手而去。父亲去世后，我赶紧把母亲接到深圳“享福”，可是太迟了，被生活艰难困苦压垮身体的母亲，也离开了我们。

未能让父母亲享福的遗憾终究难以弥补，但回想起来，在深圳生活那么久，我还是非常幸运的，所以当我有能力帮人时，总觉得要尽力帮助家乡人解决问题。我努力促成百侯山庄民宿这个招商引资项目落户百侯家乡，以解决古镇旅游住宿的短板问题，助推家乡文旅事业发展。在我看来，蛇形窠山麓的百侯山庄民宿是一座位于古村落之南的山海城。山，是蛇形窠山岭；海，是朝霞映照下的云海。而且，酝酿了半个世纪的生命能量已催生出无边的海洋，这海洋就在我心中。若站在蛇形窠山岭的朝霞亭前瞻眺侯山全景，环列的群山在无边的云海里翻涌着绿色的波涛，南北两岸的炊烟缭绕，众多古老民居组成古老的客家之城，完完全全的客家“山海连城”就呈现在眼前。

不负东风顾，演绎山海经。“东风”即春风，它是春天的象征。回想1987年春天开始的山海城“春天的故事”，回想2013年素谦公祠修缮后的重光焕彩，感觉诸事顺利。观夫“素心园”木屋、“谦德楼”筱筑，心灵如沐春风矣。而且，山庄风光里的“山海连城”，既是浪漫的想象，又是时髦的现实。

二、我从山中来，牵起客家史

踏上深圳宝安这块热土后，我感到在这里除了能呼吸到淡淡的海水味道，更能呼吸到浓浓的客家味。起初，我还以为这是自己对梅州客家山区的怀念，后来发现这里的一些乡村与梅州客家乡村极为相似，原来这里也保存着许多完整的客家古村落。经进一步了解，才知道宝安县历史上曾是客家人聚居地，本身兼有本地文化、广府文化、客家文化、闽南潮汕文化、西洋文化等传统区域性文化。宝安县虽地处边陲，在传统的耕渔方式之外，也兼具着客家人的崇文重教传统。县城除了有书院，书塾、祠堂也几乎遍布全县的每个乡村。历史上，深圳前身宝安县（新安县）原有广府、客家、福佬与疍家四个民系，其中以客家居多。据1985年统计资料，有“近六成宝安人使用客家方言”。

根据当地一些历史资料可知，深圳拥有丰富的历史人文积淀，集海防文化、客家文化、广府文化、红色文化等传统文化以及改革开放精神、开拓创新精神等现当代文化于一体。300多年来，深圳客家人筚路蓝缕，艰苦奋斗，辛勤垦殖，开枝散叶。每当民族危难之际或重要的历史关头，深圳客家人都能挺身而出，敢为人先。从“复界垦殖、九龙海战、李朗开放、庚子首义、东纵抗日、蛇口试管”等重要历史事件与时间节点，可以梳理出一部深圳客家简史，从中演绎出波澜壮阔、可歌可泣的历史故事，折射出深圳客家人在这片神奇土地上的独特贡献。作为梅州来的客家人，我对深圳昔日客家人的艰难历程感同身受。

深圳这座奇迹般崛起的新城，难得有几处钟灵毓秀的客家山水，比如龙华区观澜村，那里仍保存着水塘、古井、宗祠、碉楼等客家村落的遗迹，呈现了一幅幅田园式的原生态美妙图画，这与梅州的客家村落极为相似。梅州山区是客家腹地，有“世界客都”之称；大埔乃是“山中山”，被称为“客家世界的香格里拉”。客家俗语说“逢山必有客”“逢客必住山”，可见客家人与“山”字相依相存，密不可分。学习了解客家历史后，我脑海里总是浮现出客家小山村的美丽图景。那碧绿的山水田园，那粉墙黛瓦的民居古屋，让我无比感慨客家人开基创业的艰辛和成就。我常为自己是一个客家人而自豪，仿佛心里不停地奔腾着赣江、汀江和梅江三条大江的滚滚波涛，仿佛脑海里不停地展现出赣闽粤地带春风骀荡的迤逦青山。

身在梅州时，我对客家风物熟视无睹，对客家历史知之甚少；调到深圳远离梅州后，反而自觉学习、研究起客家历史来了。正如北宋苏轼《题西林壁》诗云：“不识庐山真面目，只缘身在此山中。”

工作之余，我翻阅了罗香林、谭元亨等名家的客家历史论著和报纸杂志的一些相关资料；退休后，每当回到家乡，我也与朋友聊起客家历史。

客家人乃炎黄裔胄、中原旧族，远祖多仕宦之家、书香门第。洛阳是客家先民首次大规模南迁的出发地。自西晋末永嘉之乱，客家先民被迫弃官南逃，史称衣冠南下。始迁颍水，辗转江淮，为客家先民首次大迁徙，后数百年寄籍江淮之间，客居他乡。至唐末王仙芝、黄巢起义，客民因战乱再南迁于闽、赣；南宋末，元兵南侵，朝廷崩毁，客民多随文天祥起兵勤王，始而进入粤东、粤北。

客家民俗研究专家黄火兴先生的一副著名对联，既生动地描述了客家千年迁徙的悲壮史，又清晰地勾勒出客家辗转南迁的线路图："客系何来？本黄裔汉胄，三代遗民，世居河洛，自晋初，战乱兵凶，衣冠南下，经唐灾，历宋劫，籍寄遐荒，筚路蓝缕创四业，溯渊源，千年称客实非客；家乡哪处？数远祖先贤，中原旧族，转徙粤闽，从宋末，居安业定，驻足梅州，复明播，继清迁，群分边郡，瓜瓞绵延遍五洲，同根底，四海为家就是家。"

客家人作为"客"，是"后来人"，来到陌生的地方，条件比较优越的地方早已被其他民系占据，他们只能向尚未开发的山区进军，才能找到落脚地。赣闽粤三角地带是客家人的大本营。当客家先民辗转奔波，最后找到闽粤赣交界地带落下脚时，被周边的其他民系视为"客人"，即"外来人"。在客家人来到之前，赣闽粤三角地带是人烟稀少、野兽出没的原始森林。这里是东南丘陵的集中地，满目丘陵、山脉，交通阻塞。在荒野的山岭中，居住着百越、畲族、瑶族等当地土著。这些少数民族文化落后，处于刀耕火种的蛮荒时代，生产力水平极其低下。然而，武夷山脉和南岭山脉在这里交界，形成中原大地与东南沿海相隔离的天然屏障。正是在这天然屏障的心脏里，孕育出养育东南大地人民的赣江、汀江和梅江三条大江。在这三条江及其众多支流的两岸，小盆地星罗棋布。客家先民由北而南迁移，终于找到了较为理想的落脚地。这里的一个个小盆地，经过客家人世世代代的辛勤开发、建设，形成了一连串车水马龙的集镇和炊烟袅袅的村庄。

客家人的大量南迁，给赣闽粤三角地带这片荒僻而神奇的土地带来了蓬勃的生机。客家人从中原地区带来农作物的种子、先进的农耕技术和建筑技术。他们伐木垦荒，筑坝造田，把一个个小盆地或低缓的坡地开垦成片片井田或层层梯田，并修渠筑坡，引水灌田，使寂静的群山阡陌纵横，如诗如画。昔日荒凉闭塞的山野，变得人声喧闹，鸡犬相闻，生产力水平得到了很大的提高。客家人逢山开路，遇水搭桥，一个个村寨有盘山小径或通衢大道相通。一些人口集中的较大村寨形成了集贸市场。就这样，客家人把热闹带进了千沟万壑，把繁荣带进了穷乡僻壤，把文明带进了荒凉山野。在开发山区的过程中，面临险恶的自然环境，层峦叠嶂，毒蛇猛兽出没，险象环生，需要坚强的意志、吃苦耐劳的精神和团结互助的力量，才能生存立足。这样的磨难，既是精神上的重负和压迫，又是一种宝贵的财富。客家人坚强的意志、吃苦耐劳的精神，正是在移民开发山区的磨难中逐渐形成的。客家先民对赣南、闽西、粤东三角地带的开辟，表现了他们勤劳勇敢、刻苦耐劳的精神，表现了他们敢于战天斗地、敢于跟险恶环境作斗争的勇气。纵观客家千年迁徙史，可见客家先民数千里跋涉，血泪浇成惊心动魄的移民史诗。数百年开拓，苦难铸就坚忍不拔的客家精神。正是靠这种精神，靠这种勇气，才锤炼出一个刚强弘毅的优秀民系——客家人。

客家先民在闽粤赣交界的广袤山区中扎根以后，又向南方各省及海外迁徙。明末清初，特别是鸦片战争后，大批客家人自赣闽粤三角地带的客家大本营出发，漂洋过海，背井离乡，向世界各地迁移。经过300多年的发展，客家人目前遍布世界五大洲的100多个国家和地区。“一条裤带过番邦，两手空空敢飞天。

不怕吃尽苦中苦，自有无穷甜上甜。”这是海外客家人到南洋开基创业的真实写照。客家儿女分布在世界五大洲，足迹遍天下。他们对侨居地经济和文化的发展，对促进中外文化交流和贸易往来，对增进中国人民与侨居国家或地区人民之间的友谊，有着积极的贡献。由于离开了祖居的中原大地，离乡背井，浪迹南方以至海外，他们更深刻体会到故园的可爱、乡土的馨香。因此，热爱乡土的思想意识，又培养了他们历经苦痛、痴心不改的强烈的爱国主义感情。

客家先民由北向南迁徙的千百年中，把客家姓氏、堂号写在红灯笼上，是怀念先祖之情和强烈族缘的一种体现。堂联记录着这些姓氏人家的迁移、繁衍和发展的历程。客家方言是从魏晋一直到唐宋流行的古代普通话，是以洛阳方言为基础的“洛阳读书音”。《孟子·离娄上》说“天下之本在国，国之本在家”。客家先辈们总是“嘱后裔继志述事，毋忘忠孝初心”而“忠于国，孝于家”，这正是五千年中华文化“家国情怀”的深厚积淀。对于客家人来说，“亲善仁厚”“相让有礼”的传统是深入骨髓的。客家人一直遵循着先辈们的遗训，以睦宗族、和乡邻、明礼让而著称于世。

人间真情最宝贵

有一次，在百侯山庄民宿木屋饮茶时，乡人朋友说黄启键主任散文集里的《真爱从来不缺席》这篇散文写得很好。这是一个曾发生在我身上的戏剧性的真实故事。

20世纪90年代初的一天深夜，我妻子突然伤心地啜泣。原来，妻子刚刚做了一个梦。在梦里，她已去世多年的姐姐一再叮嘱，要把她生前送给别人抚养的女儿找回来养育。听了妻子的诉说，我明白妻子哭泣的原因是早逝的姐姐“托梦”给她，使她想起因病不幸辞世的姐姐而无比心痛。姐姐是带着对幼小女儿的牵挂去世的，阴阳相隔，如此不幸，我赶紧安慰妻子说，应该尽快找到可怜的外甥女，才能告慰姐姐在天之灵。

“托梦”之夜后，我们开始寻找外甥女的行动。当年，姐姐的女儿出生不久就被姐姐姐夫送给别人抚养了。后来，才20来岁的姐姐不幸患白血病逝世，姐夫随后又续弦另娶。要找回从未见过的外甥女，只能求助于前姐夫。若如“青枫浦上不胜愁”，为不负亡姐的梦中嘱托，夫妻俩牵挂起在那遥远的小山村不知被谁家抚养的未见过面的外甥女来，寻找行动变得迫不及待了。

我深知，姐姐病逝乃妻子一家人心头的剧痛。而且，此痛只可用“生死有命，修短素定”的说法来宽慰。我作为丈夫应该多理解和关心妻子及岳母，尽可能地温暖他们内心的苦痛。

联系到妻子的前姐夫后，前姐夫答应帮忙找回自己的女儿并给我夫妻俩抚养，但其女儿的养父母提出给予2万元作养育补偿费用的条件。当时，2万元相当于我夫妻俩在深圳工作一年的工资，是一笔不小的数目。但是，为了迅速接回外甥女，我立刻同意给予2万元。然后，妻子与妻兄一起，驱车数百千米回到梅州的一个小山村，在前姐夫的引领下，到一农户家中接人。终于，把外甥女带回深圳家中，当作自己的亲生女来养育了。外甥女在深圳生活、后来考到广州读书、毕业后安排工作和婚恋成家等，我都像对待亲生女一样养育、关心和爱护。

个中的戏剧性出现在10多年后。辛苦找回并抚养了10多年的外甥女，竟然是被“调包”的。原来，前姐夫最初是把女儿送给自己同父异母的哥哥养的，不知何故，其哥又把孩子送给了山村里另一户人家养。这户人家原来没有生育，但自从收养孩子后，接连生儿育女，因此认定是这个养女带来的好运，对她也特别疼爱。当前姐夫的哥哥找上门来要人时，这家人怎么也不肯把养女交出。无奈之下，前姐夫的哥哥便决定由其亲生女儿代替，一来女儿可到深圳生活，改善成长环境，二来也得到一笔经济补偿。

假外甥女已经长大了，我是一直把她当作亲生女儿看待的。发现是假的时，我一时愕然。但是，了解假外甥女前前后后的情况后，我对她一点也责怪不起来。我反而怜惜起她来，一个幼小的女孩，无法把握自己的命运，也不懂得如何面对与她相关联的人和事，实在是难为她了。既然已经弄假成真，算是我在人生过程中不知不觉地多做一件好事。我庆幸自己10多年来对她的真心付出，无意中帮助了一个贫困山区的小女孩，给她带来良好的成长环境，改变了她的命运。回想起来，我虽然被这突如其来的"真相"震动了，一时茫然若失，不知所措，但心中有一个念头：真外甥女在哪？她生活过得怎么样？当务之急应该第一时间找到真外甥女！在我的执着和坚持之下，不久就找到了真外甥女。真外甥女在养父母家被爱包围着，见面时刚好新婚燕尔。我为真外甥女在深圳找到了工作，10多年后，终于还是帮到了她。故事的结局非常好，所有相关人物皆大欢喜。

故事的戏剧性体现在"调包"插曲上，"调包"的真正根源是"贫困"二字。故事的底色是浓浓的亲情，并牵起各种情感。从"托梦"引出的戏剧性故事，尽管情感看似复杂，但归结起来就是"真情"二字，即人间真情最宝贵。

第八章 角色转变

在宝安县公路局古焕坤局长的帮助下，我到宝安县公路局下属的公路服务公司上班了。从梅州市民间艺术团调入深圳市宝安县轻音乐团，再调入宝安县公路服务公司，这两次调动都获得了成功。

两次调动，我经历了许多人和事，使我学会了若有条件、有能力，要尽力帮助有需要的人。其间遇到的许多不同事让我更清楚地认识自己、认识生活，更好地理解和应对所处环境，确保在人生道路上谨言慎行、行稳致远。

蒙恩步入新旅程

我应该感谢小时候的公社广播大喇叭，音乐专业毕业后，特别是能顺利调入深圳宝安县轻音乐团，就还得感谢爵士鼓。正是爵士鼓的一路加花，才演绎出珠江口的南海浪花，才伴奏出我命运里“会生活在距海比较近的地方”的“春天的故事”。

一、爵士鼓手的跨界演奏

我1979年1月进入梅州市民间艺术团后，主要担任打击乐器伴奏工作，但一般使用广东汉乐的传统打击乐器，如大鼓、苏锣、大小钹、碗锣、铜金、小锣、马锣等打击乐器，或手鼓、电子鼓、三角铁、钢片琴、钟琴、电颤琴等轻音乐打击乐器，只在1987年1月调入深圳之前的一段时间，才专门突击性强化练习爵士鼓。

爵士鼓原是专为爵士乐队伴奏的，作为流行音乐中的一套以鼓为主的组合性打击乐器，由大鼓、踏镲、嗵嗵鼓、军鼓和吊镲五部分组成，在中国也被称为架子鼓。以爵士鼓伴奏的流行音乐只有100多年的历史，小时候在电影里看过民国时期上海等大城市歌舞厅的娱乐场所，就有爵士鼓这种打击乐器。爵士鼓、电贝斯、电吉他等轻音乐乐器在深圳甚为流行，我强化练习爵士鼓后，顺利通过了调入深圳的专业演奏考试。

改革开放后，轻音乐团队异军突起，流行音乐异常火爆，音乐茶座、歌舞厅如雨后春笋般在广东涌现。但是，在市场经济大潮的击鼓、敲镲声中，梅州市民间艺术团的发展前景逐渐令人担忧。音乐专业毕业后，我顺利进入了梅州市民间艺术团，算是留在梅州独立生活了，但梅州市民间艺术团的收入对我改善生活远远不够。若继续在梅州市民间艺术团待下去，可能会面临下岗失业的窘境。“你将来会生活在距海比较近的地方”，兴宁老人说的这句话仿佛灯塔照亮着我前行的路。后来，遇贵人相助，即在宝安县文化局张波良副局长的引领支持下，我通过了爵士鼓的击鼓、敲镲考试，我妻子跳《春江花月夜》古典舞蹈也通过了考试。凭着音乐专业的基础，以及强化练习和歌舞厅观摩实操的爵士鼓演奏功底，我逐渐成为熟练的爵士鼓手。幸运调入宝安县文化局下属的宝安县轻音乐团后，我非常珍惜这份来之不易的工作，尽心尽力地做好爵士鼓手和相关事务，两年后就升职为深圳市宝安县轻音乐团副团长。俗话说：“树挪死，人挪活。”后面，我联系了几次调动，在联系第三个单位宝安县公路局时，在古焕坤局长的帮助下，顺利调入宝安县公路局下属的宝安县公路服务公司。从调入公路局之日计算，正好是我在宝安县轻音乐团服务了5年加3天。

如果说12岁从蛇形窠簧舍考上梅县地区戏剧学校是我人生的第一次转折，从梅州市民间艺术团调入深圳市宝安县轻音乐团是第二次转折，那从宝安县轻音乐团调入宝安县公路局则是第三次转折了。这三次较大的人生转折，都遇贵人相助，特别是第三次人生转折，完全重塑了我的人生。我特别感谢古焕坤局长对我的帮助、培养、鼓励和鞭策，他是我在深圳特区工作、学习不断进步的引路人，是我在人生道路上不断成长的榜样，是我终生难忘的人生导师。

我在宝安县轻音乐团演奏了五年爵士鼓，调到宝安县公路服务公司后，虽然远离了爵士鼓，但我耳边仿佛经常响起击鼓、敲镲的伴奏声。爵士鼓作为极具流行元素的一种乐器，可以在流行音乐与其他各类音乐跨界时发挥特有的作用，就是在内容的跨界、手段的跨界、媒介的跨界和理念的跨界等方面，具有调节音效、打破界限和改变音乐原貌的作用。从人生大舞台和我个人调动转行的角色转变来说，若用一个不太恰切的比喻，或许可称为一个爵士鼓手的跨界演奏。

二、而立之年的角色转变

调入深圳，我命运里的“春天的故事”开始了。春天，不只是花团锦簇，还要小心春寒料峭。步入而立之年的我，在新的环境里上班，总是小心翼翼地做人做事。我一方面严格遵守劳动纪律，另一方面积极做事。

不久，公司经理突然推荐我去参加社教工作队。据说他看到我原来是宝安县轻音乐团副团长，而到公路服务公司虽然没有职务，但做事勤奋卖力，便极力推荐我去参加社教工作队。组织部的意见是参加社教工作队的人选必须是领导干部，经理马上推荐我当宝安县公路服务公司办公室主任，在古焕坤局长的支持下，公路局根据我的工作表现，同意提拔我为办公室主任。于是，我被抽调去参加社教工作队了，还被任命为“宝安县农村社会主义教育工作队福永镇福永村工作队队长”。自参加社教工作队起，我走上了阳光普照、春暖花开的人生道路。

在宝安县轻音乐团的五年时间里，我经常随乐团下乡演出，走遍了镇镇村村。如今有机会下乡开展社教工作，我特别高兴。同时，有了办公室主任和工作队队长的身份，我可以更加自信地开展工作，而且新的身份也更方便我开展工作。因此，我暗暗下决心，务必深入调查研究，多动脑，勤跑腿，一定要做出成绩来。

三、社教工作的优秀成绩

1992年3月，社教工作队进驻了福永镇福永村。这是我调动转行后，如爵士鼓加花演奏一样，在角色转变中的节奏感开始强劲起来。

作为宝安县福永镇福永村农村社教工作队的队长，我觉得肩上担子沉甸甸的。农村社教，是政策性很强的工作。因此，我非常重视农村社教政策的学习把握。通过学习，我知道在全国农村开展的大规模的“社会主义教育”共有三次，分别是1957年至1959年的农村社会主义教育运动（也叫农村整风、社会主义大辩论）、1963年至1966年的农村社会主义教育运动（也叫“四清运动”）、1991年至1992年的农村社会主义教育。1990年12月1日，中共中央、国务院在《关于1991年农业和农村工作的通知》中，决定从1990年冬开始，用两三年时间，分期分批在农村普遍开展社会主义思想教育。1991年2月5日，中共中央办公厅转发中央宣传部、中央组织部《关于在农村普遍开展社会主义思想教育的意见》。在教育内容上要突出四个重点，即社会主义优越性教育、党的基本路线和现阶段在农村的方针政策的社会主义性质的教育、爱国主义和集体主义的思想教育和社会主义民主法制教育。同时，1992年1月14日司法部发出《关于在农村社会主义思想教育中开展民主与法制教育的通知》后，民主法制教育成为社教的又一项重要内容；邓小平南方谈话发表后，教育活动又加入了学习南方谈话精神的内容。并且，还结合当时的新形势，开展坚持四项基本原则、科学技术是第一生产力的宣传教育活动，组织学习、贯彻、宣传党的十四大精神，加快农业产业化和社会主义新农村建设步伐的宣传教育活动。正是因为我有学习并能领会把握政策，所以我工作开展起来得心应手，受到群众的赞扬、上级的好评。

为普及禁毒知识、传播禁毒理念、宣传禁毒政策，我们将禁毒宣传阵地前移，直接搬到了老百姓的家门口。我们用通俗易懂的语言向村民们详细讲解毒品的概念、毒品的危害和识毒防毒技巧，引导群众识别毒品的危害，自觉抵制毒品，养成健康和积极向上的生活习惯，努力创造出一个良好的社会禁毒环境。

1992年社教工作结束后，由于我在社教工作中的突出表现，又适逢当年12月宝安县改为宝安区，工作岗位有了新的变化。此后两年，我先是做了宝安区公路局人秘科负责人，后又做了宝安区公路局路政所所长。回想起来，当时对撤消宝安县、建立深圳市下辖的宝安新区，我是感慨万千的。各种媒体和人们的话语中的“来了就是深圳人”7字口号，不知不觉植入我的心田，让我慢慢地跟随深圳的发展变化律动起来，与这座城市产生共鸣。

从1992年担任福永镇福永村社教工作队队长起，我就养成了结合时事的政治理论学习习惯。1996年担任农村基层组织建设观澜镇樟坑径村工作队队长，1997年被中共深圳市委组织部、市人事局授予“1996年度农村基层组织建设工作三等功”。两次担任“村工作队长”，我都很努力地工作，做出了成绩，这次能获得“三等功”荣誉称号，甚为高兴。1994年起的省委党校公共行政管理专业三年学习和1997年起的省委党校哲学专业三年学习期间，我用于政治理论学习的时间越来越多。

我的近40年光阴已刻在深圳发展的乐章里，仿佛每一个乐段都奏响爵士鼓的律动加花。而今，福永街道及其下辖的福永社区，拥有国内鲜见的海、陆、空立体交通网络，境内有国际机场、港口、高速公路、国道和地铁，区位优势越来越明显。

四、松白公路的漂亮答卷

1994年，我被任命为深圳市宝安区松白公路股份公司经理。深圳市宝安区松白公路股份公司成立于1993年底，是宝安区公路局的下属单位。

抓公路建设，对我来说是个新课题，而且，最棘手的是建设资金问题。当时启动资金只有3000万元，而松白公路建设工程预算资金需4亿多元。我明白，松白一级公路的建设是市、区政府大手笔描绘西部发展宏伟蓝图的重大项目，只要用足、用活政策，敢想、敢干和能干，这一重大项目必将顺利完成。当时，松白公路股份公司在区政府、公路局的大力支持下，充分发挥股份制优势，让各路段的施工队先垫资40%，按合同开工，并首先铺筑12千米样板路，建立收费站，经过验收合格后实行收费。其时，设计施工、征地拆迁、银行贷款、产业开发等同步进行，并通过各种渠道筹集资金。可以说，建设资金全部为公司自筹，是当时国内较早的股份制公路之一。松白一级公路的建成通车，是公路建设发挥股份制优势的典型范例。

据当时媒体报道，松白公路股份公司在时间短、任务重的情况下，加强和完善了公司的各项规章制度，最大限度地调动了职工的工作积极性，较快地完成了松白公路31.8千米的征地及拆迁工作任务，以及第一期12.3千米建设工程和第二期12千米路基工程，并提前完成了应人石到宝安城区创业路口7.5千米路基工程，使松白公路全线于1995年9月28日顺利通车，产生了很大的社会效益。

建成通车的新路，按双向6车道一级公路标准建设，北起宝安松岗，南到南山西丽白芒检查站，是宝安区松岗街道、公明街道、石岩街道，通往原特区内的交通“大动脉”。按照最初的设计，松白一级公路承载的最大车流量大约为5000辆/小时，但实际承载量远超于此。该路于1995年投入使用，当时的车流量仅有1.6万辆，7年后车流量增长了6倍多，成为深圳最繁忙的主干道之一，在宝安区公路的车流量排名中仅次于107国道，居第二位。

我对深圳特区公路有着深厚的感情，后来也持续关注其发展动态。比如，随着经济的飞速发展，1995年建成通车的松白公路，硬件设施已经不能满足特区发展的交通需求。2008年8月，宝安区对松白公路实施了改造工程。松白公路改造工程全长24.3千米，共分三段建设，其中松岗段2.1千米由松岗街道办负责，公明段12千米由光明新区负责，石岩至西丽10.2千米路段则由深圳市交通公用设施建设中心负责建设。改造工程主要以交通功能为主，并全面提升道路品质。虽然我在2006年后已在水务、环保部门工作，但对深圳特区公路日新月异的发展变化依然激动不已。

从1987年1月调到深圳，我不知不觉已在这个“距海比较近的地方”生活了38年。1995年松白一级公路的建成通车也过去30年了。当年有幸为松白公路的建成通车作出自己的贡献，是我一生的荣耀。松白公路的建成通车，是我当年向深圳特区公路建设交出的一份漂亮答卷，是我作为一个爵士鼓手在角色转变后融入深圳特区发展乐章中的一段美丽旋律。

幸运之时不忘本

1993年宝安撤县建区后，城市发展进入了一个新的历史时期，宝安区委、区政府启动了宝安新中心区的规划。1991年，我已调入宝安县公路部门，并进行了宛如爵士鼓跨界演奏般的角色转换，伴随着宝安区启动描绘城市发展新蓝图的步伐，我很快就为宝安区公路建设的乐章“律动加花”了。

一、凯乐助南薰，若飞羽之旋

乡人朋友曾在山庄木屋茶叙时说：我12岁时在蛇形窠簧舍唱《沙家浜》郭建光演唱的“朝霞歌”考上戏校，是我人生的第一个幸运之时；1998年我37岁时开始担任公路局局长职务，是第二个幸运之时；2018年我为助推家乡文旅发展而引进百侯山庄民宿这个招商引资项目，是第三个幸运之时。

这里说的第二个幸运之时，就是1998年我37岁时开始担任深圳市宝安区公路局局长职务，直至2006年，共8年。其实，我在深圳特区公路部门的工作还得从1991年调到深圳市宝安县公路服务公司及紧接着任办公室主任算起，包括1993年任深圳市宝安区公路局人秘科负责人及紧接着任公路局路政所所长，1994年任宝安区松白公路股份公司经理和1996年任公路局副局长，1998年任公路局局长至2006年，那就总计在公路部门工作了15年。

2006年起的近8年时间，任深圳市宝安区水务局局长（2008年兼任宝安区水环境综合整治办公室主任）及接着任环境保护和水务局局长职务，加上15年公路部门的工作经历，使我对深圳市宝安区的公路、河流情况非常熟悉，熟悉到107国道（宝安段）、宝安大道、松白公路等宽敞路面就好像在我脑海里延伸着，熟悉到双界河、新圳河、西乡河、茅洲河等66条河流就好像在我心中奔流着。即便2013年起任宝安区残疾人联合会理事长长达7年，从事关爱弱势群体工作，2020年至退休任宝安区城市管理和综合执法局一级调研员，其间我依然关注和牵挂深圳市宝安区的公路建设和河流治理。

由于在环境保护和水务部门工作了近8年，我对宝安区的河流亦非常熟悉。说到宝安区的水污染治理，在我担任深圳市宝安区水务局局长（2008年兼任宝安区水环境综合整治办公室主任）并接着任环境保护和水务局局长职务的近8年里，我一直坚持把水污染治理作为头等大事，通过建立河长制，明确目标责任，采取切实可行的措施，强化水污染治理效果，不断加大对新安城区段双界河、新圳河等河道及沿岸环境的综合治理力度。由于工作到位，措施有力，水污染治理收到了良好效果。河水变清了，两岸变绿了，环境变美了，群众的生产生活环境得到明显改善。2006年我刚担任深圳市宝安区水务局局长时，看到发源于南山、流经宝安区新安街道、注入前海的双界河和新圳河，由于当地工业发展、人口密集，两条河水体脏黑，河道泥沙淤积严重，恶臭弥散，行人掩鼻而过，周边居民不敢开窗，水污染非常严重，感到水污染治理工作压力重，因而寝食不安。那时，针对双界河、新圳河和西乡河的水污染情况，采取了生态补水的治污措施。一方面，清理河底淤泥，疏通河道，恢复河岸植被、河床水草；另一方面，建污水处理厂，将处理后的污水再作深度处理后，用于河流景观用水，逐渐恢复河流自然净化的生态功能，强力促成从黑臭河到生态河的蜕变。同时，通过建大型泵站抽水、水闸挡水、河堤加固加高等措施，有效地解决洪水内涝问题。经过几年综合治理，终于看到新城堤岸拂绿，花红临水，水草丰茂，而且恢复生态水循环自然净化的河流，让城区灵动、漂亮了起来。

乡人朋友之所以把我担任公路局局长职务的8年时光称为“幸运之时”，是指我适逢宝安区公路建设大投入、大发展时期而积极做事，更是指我帮助许多家乡人找工作而得到家乡领导和群众的肯定和鼓励。之后，乡人朋友还笑说我帮助人的善举有三个意义：一是遵古训而古道热肠。《三国志·蜀志传》蜀汉刘备去世前给其子刘禅的遗诏中有这样的话：“勿以恶小而为之，勿以善小而不为。”我勤勤恳恳，谨言慎行，对贫困山区的家乡人，总是热心地帮助，可谓遵循古训而古道热肠。二是帮老区而义薄云天。大埔是革命老区，大埔人民在为革命胜利作出巨大贡献的同时，也付出了巨大的牺牲。在革命战争年代，大埔人民为民族独立和人民解放事业作出了巨大的贡献，4万多名大埔儿女献出了宝贵生命，尤其是中央红军长征时，大埔有数百名编入闽西红军第十二军三十四师的优秀儿女在担任后卫的“湘江战役”中英勇牺牲。在参加长征这一史无前例的壮举中，有姓名可考的大埔人便有29人。努力帮助大埔家乡群众解决困难，帮助家乡群众脱贫致富，可谓帮老区而义薄云天。三是乐助人而难能可贵。毛主席说：“一个人做点好事并不难，难的是一辈子做好事，不做坏事……这才是最难最难的。”乡人朋友总结的三个意义，说我的善行大有《孟子·尽心上》所说的“穷则独善其身，达则兼济天下”之范，诚可谓“幸运之时不忘本”。

二、命运何所道，若飘风之还

我自12岁如飘蓬离乡，在命运的风向中浮沉近半个世纪，最终竟如回旋的山风般，重归蛇形窠。当我促成百侯山庄民宿在南阳宗下建成时，那些曾随命运飓风飘散四方的记忆碎片，仿佛都在蛇形窠山岭上的烟霞里重新聚合成完整的生命年轮。这座凝结着传统文化肌理的建筑群，恰似命运飓风过后留在原地的风眼，既见证着村落南隅的蜕变，更成为丈量漂泊者精神归程的界碑。

1．烹茗话古今，通透而达观

在百侯山庄民宿这个招商引资项目落户蛇形窠山麓的几年来，文人墨客多会于此。有一次乡人朋友提到《三国演义》有个童谣很好：“一凤并一龙，相将到蜀中。才到半路里，凤死落坡东。风送雨，雨随风，隆汉兴时蜀道通，蜀道通时只有龙。”

说到《三国演义》的“一凤并一龙”，我知道是指卧龙诸葛亮和凤雏庞统，也知道“凤雏落凤坡”的故事。回忆小时候比屋炊烟的“三十六巷”光阴，常在浓重夜色包围着的屋檐下的煤油灯如豆的光影里，听大人讲《三国演义》《西游记》《水浒传》《聊斋志异》《东周列国志》《今古奇观》《隋唐演义》《说岳全传》《三侠五义》《儒林外史》等古典名著里的故事，听得最多的是《三国演义》《西游记》《水浒传》《聊斋志异》里的故事，还看过不少“三国”连环画，后来又观看过《三国演义》《西游记》《水浒传》《聊斋志异》等历史题材的电影，对乡人朋友说的“一凤并一龙”童谣里所含的“凤雏落凤坡”故事，是较为熟悉的。

乡人朋友不再赘述“凤雏落凤坡”的故事，只是说细读《三国演义》第六十三回上半部分“诸葛亮痛哭庞统”的第五、六、七自然段，可看出庞统死于落凤坡是命中注定的。《三国志·蜀书·庞统传》及南朝宋裴松之注：“刘备军进围雒县，统率众攻城，为流矢所中，卒，时年三十六。”庞统，字士元，号凤雏，地名“落凤坡”正是凤雏魂断处。小说中所言“玄德再与庞统约会，忽坐下马眼生前失，把庞统掀将下来”，玄德“遂与庞统更换所骑之马”，即玄德所骑白马换给庞统，这是出征不吉利的预兆。接下来，落凤坡遇埋伏，以致“张任军士遥指军中大将：‘骑白马者必是刘备。’”于是，“箭如飞蝗，只望骑白马者射来。可怜庞统竟死于乱箭之下。时年三十六岁。”

乡人朋友借“凤雏落凤坡”故事来说命运，让我有所思，有所悟。然后，他念起南宋诗人陆游的《鹿头山过庞士元墓》诗：“士元死千载，凄恻过遗祠。海内常难合，天心岂易知。英雄千古恨，父老岁时思。苍藓无情极，秋来满断碑。”我感觉到，陆游这首吟咏庞统墓的诗，与《三国演义》开卷《临江仙：滚滚长江东逝水》词及书中的许多怀古诗之格调甚为相似。

接着，乡人朋友说了春秋时期颜回和盗跖的故事，并说《论语·颜渊》云：“死生有命，富贵在天。”他说，颜回是孔子最贤能的弟子，几乎达到圣人的境界，可是很早就因为贫困而病死了。盗跖是春秋时期的一个山大王，横行几国，屠城劫掠，凶残暴虐，最后竟善终了。两个人，一个恶却得到善终，一个善却早亡，这就是命运。鲁哀公十四年（前481年）夏历八月二十三日，一代儒学宗师颜子（颜回）不幸病逝，给世人留下了永久的遗憾。《论语·雍也》记载了孔子对颜回的评价：“贤哉，回也！一箪食，一瓢饮，在陋巷，人不堪其忧，回也不改其乐。贤哉，回也！”北宋时期宰相吕蒙正《寒窑赋》叹曰：“颜渊命短，原非凶恶之徒；盗跖延年，岂是善良之辈？”

清朝方履篯《谒紫虚元君文》曰：“抒九元之逸度，蹑五辰之秘光。”听着乡人朋友的话语，不觉茶味愈发清香。心想，乡人朋友兜了一个圈，才说出“死生有命，富贵在天”，并无缝衔接到吕蒙正的《寒窑赋》来，的确是“善言玄妙”。至于“时也、运也、命也”，已经水到渠成地迸发出来。给听者留足空间慢慢饮茶思考，让听者舒服地说出来，这样的说话艺术甚为高超，真见高才逸度也。是的，一听到“吕蒙正《寒窑赋》”，我就说出了“时也、运也、命也”的话。

《寒窑赋》是北宋时期宰相吕蒙正所创作的一篇警世之作，原名为《破窑赋》，也被称作《劝世章》。吕蒙正曾任太子太傅，为劝诫太子而作此文。吕蒙正一生淡泊名利，辞官归隐洛阳，建宅于伊水上流，后世称其为“吕文穆园”。吕蒙正出身贫寒，对人世间贵贱宠辱之冷暖感受颇深，因此敬天爱民，豁达大度。《寒窑赋》里，“时也、运也、命也”文字整齐、句式相同和互为对比的两句话，正是对“命运”二字的最佳解读：贫贱时，“上人憎，下人厌，人道吾贱也。非吾贱也，此乃时也，运也，命也”；富贵时，“上人趋，下人羡，人道吾贵也。非吾贵也，此乃时也，运也，命也”。

2. 拊掌菊花秋，性静而情逸

南阳岽的层云终年表演着命运的无常戏法：方才还晴光潋滟，转瞬已墨云摧城。山麓的楠竹总在暴雨后挺得更直，正如木屋茶席间永远不缺从容。

在木屋茶香里，听了乡人朋友的一席话，我对“命运”二字的理解不但有所加深，而且有所扩宽。在社会大潮中，个人是渺小的。个人的命运不只是个人行为的结果，而是受到多种因素的影响。所以，面对各种人生际遇，应保持乐观、宽容和理解的心态。退休以后，我虽无在职时的人事之波涛，却有闲暇里的世俗之涟漪，每当回到家乡百侯，在木屋茶香里与朋友海阔天空地叙聊，总感觉受益匪浅，这对自己保持快乐的心境大有裨益。每个人的人生际遇不同，对事物的理解自然有差别，但像乡人朋友那样，喜欢用《三国演义》《西游记》《东周列国志》《周易》等经典名著里的故事、文句或用古诗词句谈论人生景况，虽说得玄乎其玄，但听者往往兴趣甚浓，唯见文化氛围因此浓厚起来。首先，在我看来，茶香里浓浓的传统文化味道总是让人喜欢，足见传统文化魅力之大无穷矣。再者，我心中装着“谦”字祖训，对人对事皆以理解、包容和乐观的心态而非常愉悦于传统文化的话题，正如南宋诗人范成大诗句云：“蝼蚁乌鸢何厚薄，临风拊掌菊花秋。”我对乡人朋友谈论古典名著的话题很感兴趣，尽管有时听得云里雾里，甚至摸不着头脑，但这对弘扬包括古镇历史人文在内的中华传统文化是有益的。

《黄帝内经·素问》上经曰：“夫道者，上知天文，下知地理，中知人事，可以长久，此之谓也。”我的理解是，要努力修炼，才能成为一个通达事理的明白人，才能想得通透而达观，活得性静而情逸。我想，百侯杨氏祖上遵从《朱子家训》就是要求裔孙做明白人。《朱子家训》《增广贤文》《寒窑赋》这三部经典之作对做一个明白人是很有帮助的，务必时时阅读。《增广贤文》云：“听君一席话，胜读十年书。”

《庄子·内篇·养生主》篇首有云：“吾生也有涯，而知也无涯。以有涯随无涯，殆已！”我明白了，对事物的理解是无止境的。这让我更加敬畏素谦公祠的“谦”字祖训了，要“谦”，而且要“素谦”。这祖训，还务必“毂似”即“毂式似之”，才合“桑子树下”裔孙之根本，就是乡人朋友说的“不忘本”。“不忘本”三字，我早已入心入脑，因为我身上流淌着素谦公祠宗族的血脉。那么，在深圳工作时曾获得“农村基层组织建设工作三等功”“十大杰出青年”称号也好，曾获得“全国防汛抗旱先进个人”荣誉也罢，凯乐助南薰“闪亮”也好，若飞羽之旋“幸运”也罢，“不忘本”才能不迷失自我。近半个世纪远离故土，特别是在鹏城工作、生活了38年，面对诸多诱惑而没有迷失，主要原因是人生观没有改变，所以能行稳致远。

如今，南阳岽下蛇形窠山麓的百侯山庄民宿与深圳山海连城对接的路径渐渐清晰，在“闪亮”的日子里登160余级石阶上朝霞亭，可一览侯山胜景，亭柱里的“霞光还识放歌人”联句总让我感到心里暖暖的。

第九章 似水流年

百侯山庄民宿的“后靠”是南阳岽下的蛇形窠山岭。民宿“谦德楼”筱筑后面有160多级石阶，可缓缓拾级而上，登临山岭上朝霞亭等三座观景亭，歇憩并一览侯山的宽广风光。山岭东侧原有百侯中心小学附设的初级中学，那里的学校小农场曾经办得红红火火。

1973年，我12岁时就在那里读初中一年级。岁月匆匆，时光荏苒。似乎转瞬间，蛇形窠山岭东侧的黉舍已非昨日模样。那里的学校和小农场早已没有痕迹，目光瞻眺草树葳蕤，感慨“遗迹不可问，但见荒榛丛”。昔日“朝霞歌”的声音仿佛还在耳边回响，三位戏校招生老师的音容笑貌仿佛浮现在眼前，可50年前热闹的黉舍已化为寂静的苍岭，成为亲切的怀恋。青涩早已褪去，曾经的一切犹如一场梦。

归去来兮山海连

12岁之前，我与父母亲兄弟姐妹一家八口，居住在大埔县百侯镇侯南村素谦公祠。我哥哥因煤矿招工，1972年17岁离开家乡去韶关当了工人，我是因戏校招生开始离开家乡去梅县读书的。我和我哥哥一样，都是因偶然的机会而远走他乡。学唱歌纯属偶然，考上戏校更是偶然中的偶然。而今回头看，这完全是因为有唱歌的天赋，加上特别勤奋努力，并得到机遇的偏爱，才凭一首歌唱出山村少年的精彩的人生新旅途。

一、恰如莲花山脉走向

说到12岁，我联想到12岁的杨应彬同志。杨应彬同志12岁时跟随潘一尘校长到上海见到陶行知先生，写出《小先生的游记》后走上漫长的革命道路，成为共和国的功臣。相比之下，我12岁考上戏校，开始改变自己的命运，也算是有一点小作为。

在百侯家乡的梅潭河边，我常想起在大埔、梅州的26年韶华，这是记录在阴那山下韩江流域的26载光阴。韩江流域是中国东南沿海的重要流域之一，是广东省除珠江流域以外的第二大流域。大埔百侯的梅潭河和梅州的梅江，都是流入韩江、流入南海的。我的26年时光，早已化作韩江水流入南海。由韩江流域，进而联想到珠江流域浩浩荡荡的西江、北江和东江，以及增江、流溪河和潭江，到了下游相互沟通，呈8条放射状支流而流入南海的壮观景象。在深圳的38年时光，我也带着爵士鼓律动、公路延伸的现代节奏，伴随宝安一条条河流，汇入南海，消逝在海鸥的咕咕声中。

站在百侯山庄民宿的园林里，仰望蛇形窠、南阳岽，总会联想到梅州、大埔间的阴那山，联想到走向南海的莲花山脉，联想到宝安的凤凰山……

凤凰山，有“宝安第一山”之称。“凤凰”二字，首先让我联想到屈原《远游》的诗句，“顺凯风以从游兮，至南巢而壹息”。这两句诗让人想起绝美的南方景致，而凤凰更是美丽风景中的主角。凤凰在和畅的南风中翱翔，看到南方山水如画，便停下来歇憩。“壹息”，指专一而无杂念的歇憩。我想，能吸引凤凰下来休憩的山岭，可称为凤凰山；同样，能吸引凤凰下来休憩的村庄，可称为凤凰村。把凤凰之美写得淋漓尽致的唯有屈夫子，《楚辞·离骚》云“凤皇翼其承旗兮，高翱翔之翼翼”，意思是凤凰展翅承托着旌旗，有节奏地上下翱翔于长空。“翼翼”，按我学音乐并做了五年爵士鼓手的角度来理解，就是律动加花的节奏。那么，宝安既有如同爵士鼓演奏的时代强劲节奏，又有南海边“白鸥在上下翱翔”的律动加花，无怪乎这是深圳的“母城”。

我曾好几次登上凤凰山。凤凰山是珠江口东岸一座低矮的山岭，属粤东沿海莲花山系。如果说宝安是深圳的“母城”，莲花山系便是凤凰山的“母山”了。莲花山脉，是粤东南有名的三大山脉之一，呈东北至西南走向。东北起于梅县区、大埔县间的阴那山，经铜鼓嶂、九龙嶂、八乡山等，向西南方延伸300余千米，经深圳而尽于大亚湾头，余脉入海为珠江口外的岛屿，继续延伸至香港入南海。阴那山为粤东第一名山，人称粤东群山之祖。明代《增广贤文》云：“世间好语书说尽，天下名山僧占多。”阴那山东面有大埔万福寺，西面有梅州灵光寺，皆是唐代高僧潘了拳结茅修真所在。登临阴那山五指峰，可俯瞰梅州、大埔一带风物。若回顾我的人生轨迹，是从大埔走到梅州，再走到深圳宝安。这恰如莲花山脉走向，即从大埔、梅州间的阴那山走向深圳宝安的凤凰山，朝着南海的方向走去。

二、对接山海连城构想

近几年来，媒体大力推介的深圳市山海连城计划已初见成效。其具体操作是连通海湾、山体、河流、生态绿廊和大型公园绿地，实现山、海、城、园相连相融，绿道网覆盖深圳全域。

我头脑里装满深圳市山海连城计划的美丽图景，回到家乡百侯来，目光沿着蛇形窠直上南阳岽的山脊翠脉而浮想联翩。百侯山庄民宿的园林借鉴深圳山海连城计划的打造模式，植入现代元素，是一种对接；百侯山庄民宿的高品质设施，配合不断提升的服务品质，迎接跨山越海而来的深圳等地的远方游客，是一种对接；梅州、大埔倡导的融入粤港澳大湾区，是一种对接……

崇山峻岭中的百侯古镇对接深圳山海连城不是遥不可及的梦，而是现实的构想。除了自然山水相牵相连，更有丰富的文旅资源彰显古镇的神韵和魅力。如今，梅龙高铁已经拉近深圳与梅州的距离，从深圳到百侯已是一路坦途。若在百侯山庄民宿住几天，尽可沉浸式地游览星罗棋布的客家特色古建筑，并可游览大埔各镇景点，还可从梅大高速、大潮高速直达梅州、潮州或江西、福建旅游。

大埔各镇旅游资源丰富，景点很多，现整理部分景点简介，谨供参考：

1．三河中山纪念堂与中山公园

三河中山纪念堂与中山公园位于大埔县三河镇汇城村。该纪念堂建于1929年春，是全国重点文物保护单位。

三河中山纪念堂、中山公园位于梅江、汀江、梅潭河汇合处之西岸古城内，城外翔凤岭上有明代兵部尚书翁万达墓。1911年辛亥革命后，国内仍然军阀割据，内战频繁，列强入侵。孙中山先生为挽救国家危亡，决定把粤、桂、滇三省军队联合起来，然后挥师北上，铲除军阀，统一中国。1918年初，粤军总司令陈炯明部队驻扎在大埔茶阳、三河等地，司令部设在三河汇城天主教堂。同年5月，孙中山先生专程从潮州乘“协和”号火轮逆江而上，亲临三河汇城与陈炯明商议援闽事宜并敦促其北伐。1928年，孙中山的挚友、大埔县三河坝汇城村人徐统雄倡议并筹集巨资，在翁万达墓石坊内，兴建中山纪念堂和中山公园，以作纪念。中华人民共和国成立后，中山纪念堂被当作学校礼堂使用，堂内文物及公园设施遭损毁。2003年冬，在广东省、梅州市文物部门的指导下，本着尊重历史、恢复原貌、修旧如旧的原则，增设孙中山铜像、石雕平台、四周铁栏、古鼎、人物造型、亭阁、石刻、花廊，以及“孙中山生平事迹”“孙中山与徐统雄”字画展等。修复工程于2004年7月动工，10月底竣工，成为爱国主义教育基地和旅游公园。

中山公园占地11 000多平方米，公园中间为中山纪念堂，右侧有荷池和碑亭，碑高约3.5米，由中山大学文学院原院长范琦撰写碑记，书法采用陈力堂先生隶书镌石，翔实记载中山纪念堂、中山公园兴建的始末。公园内摆放的巨型石刻上有历代诗人赞美三河风景的诗词。中山纪念堂面前有两根石华表及孙中山全身铜像。一楼中堂有“景仰国父”“作君作师”等当时名人题匾。一楼摆放的蜡像，再现了当年孙中山先生与陈炯明在天主教堂内商议粤、桂、滇三地联军的情景。一楼还有当时两位重要人物联合签发的纪念堂保护布告，二楼陈列“国父”孙中山以及徐统雄的一些图文资料。

三河坝山清水秀，观韩江浪涛，旧日风帆入梦来。绿堤步履留深浅，白鹭风姿总挂牵。莅坝君师存纪念，挥戈故事化诗篇。有诗为证，诗曰：“韩江宽阔绿堤长，坝外街楼牵断肠。地脉堪舆翔凤岭，君师戊午步春阳。”

2. 八一起义军三河坝战役烈士纪念园

八一起义军三河坝战役烈士纪念园位于三河镇汇东村笔枝

尾山。纪念园内兴建有八一起义军三河坝战役烈士纪念碑、三河坝战役纪念馆、朱德雕塑、浮雕墙等。其中纪念馆内设“举义南昌城”“浴血三河坝”“会师井冈山”三个展厅和三河坝战役沙盘。八一起义军三河坝战役烈士纪念碑建于1963年12月。碑身正面镌刻着朱德同志亲自题写的碑名“八一起义军三河坝战役烈士纪念碑”正楷鎏金字，碑座上刻有起义军第二十五师师长周士第撰写的碑文。

站在纪念碑前，可俯望汀江、梅江、梅潭河在此汇成韩江。纪念碑所在的笔枝山，居高临江，地势险要，易守难攻。可以说，占据了笔架山就等于控制了韩江的交通。此处溯汀江北上，可到福建长汀、上杭；沿梅江而上，可到江西赣南一带；沿梅潭河岸，可到福建闽南的九峰等地；顺韩江而下，可到潮州、汕头。这是全国重点烈士纪念建筑物保护单位、广东省文物保护单位、梅州市和大埔县爱国主义教育基地、广东省红色旅游示范基地、全国民政系统行风建设示范单位，也是全国红色旅游经典景区。

真勇士，长眠此。铸丰碑，怀先烈。誓死杀敌血气存，舍生取义立功勋。笔枝山上埋忠骨，百丈丰碑颂烈魂。有诗为证，诗曰：“烈士长眠近百年，牺牲高义薄云天。建军伟业功勋在，永念英魂三水边。”

3. 李光耀祖居——中翰第

李光耀祖居——中翰第，位于大埔高陂党溪村。中翰第，属“下山虎”式客家民居建筑，平房砖瓦结构，由李光耀的曾祖父李沐文建于清光绪十年（1884年），至今已有140年左右的历史，现由李光耀的堂弟李奋森一家看管。李光耀是新加坡首任总理，其长子李显龙也曾任新加坡总理。李光耀的曾祖父李沐文于

1864年到新加坡谋生，成为富商后，回乡建造了中翰第。李光耀的父亲李进坤在新加坡壳牌石油公司任职，后来自己开钟表行。李光耀于1923年9月16日出生于新加坡，1959年6月5日担任新加坡总理，在担任总理30余年间把新加坡建设成为“亚洲四小龙”之一的繁荣富强国家。

高陂党溪村风景秀丽，地灵人杰。有诗为证，诗曰：“二代星洲出一门，名扬海外党溪村。平湖映翠叠檐瓦，地脉堪舆说本源。”

4．西岩山度假村

西岩山位于大埔县东南部，与潮州市饶平县接壤。西岩山是粤东名山，主峰海拔1256米，山上奇石嶙峋，形态各异，有鸡公髻石、天狗望月、七星石、仙人桥、撑腰石、仙人打鼓、飞来石、仙人茶壶、清泉石上流等景点。西岩茶乡度假村坐落于西岩山北麓，现为集茶叶种植、加工、旅游、观光于一体的国家AAA级旅游景区。度假村分为餐饮娱乐区、茶园观赏区、制茶工艺区、登山观景区四个区域。

西岩山度假村得天独厚的优势是“自然生态”，区内有万亩有机茶园，更有幽泉、山涧、飞瀑，风光秀丽、景色宜人，是亲水、亲山、避暑的好去处。有诗为证，诗曰：“磅礴雄浑萦翠色，茶香禅味埔饶浓。霄峰带岫风盈碧，韧竹堆岑意满胸。”

5．张弼士故居

张弼士故居旅游区位于西河镇车龙村，是以“中国民族工业之父”、张裕酿酒公司创始人、清朝红顶商人、著名爱国侨领、客家八贤之一张弼士的故居光禄第为中心建设的，富有地方特色、客家民俗风情浓郁，集名人故居观光、葡萄酒文化体验、客家乡村休闲等功能于一体的国家AAA级旅游景区。张弼士故居光禄第建于清光绪三十四年（1908年），整座建筑坐东向西、土木结构、布局严谨、堂皇大观，建筑面积4698平方米，是典型的“三堂四横一围”的客家围龙屋，也是一座美轮美奂的典型中国园林式豪宅。整栋建筑雕梁画栋，不论寝室、书房、正厅、厚重木门、庭院或花园，皆气派非凡。屋内珍藏着许多稀奇的瓷器、雕像、雕刻、挂毯、刺绣及古董。对面五栋蓝屋，原是与主宅相连的佣人住所。张弼士是清朝著名实业家、外交官，清廷授其光禄大夫，他曾出任清政府驻新加坡总领事。其生平深受中外政要重视，先后受光绪皇帝、慈禧太后接见；民国时期与孙中山、袁世凯有交集，1915年访美期间还曾获美国总统威尔逊接见。

张弼士既是商界大亨，又是著名的爱国侨领，为客家八贤之一。他艰苦创业、实业兴邦的民族精神和“生为中华民族、当效力于中华民众”的爱国思想一直受到人们称赞。屋内设有张弼士馆、官文化馆、酒文化馆等展览馆，展示清代的龙袍、凤袍、凤冠、官轿、兵器，以及百年前贮藏在地窖的大酒桶、酒缸、酒坛、酒壶、酒杯等。有诗为证，诗曰：“金奖百年光禄第，品牌可雅味深长。故居弼士青云远，沃土车龙碧玉镶。”

6．西河北塘村

北塘村位于大埔县西河镇。到了北塘村，一定要去辅德堂看看，才不虚此行。辅德堂始建于清宣统二年（1910年），系侨商张韶光，又名张舜卿（为红顶商人张弼士的管家）所建，其结构、大小、布局与张弼士故居光禄第基本相同。该屋坐东向西，前低后高，屋顶盖阴阳瓦面，三进院落、四横屋、一围楼，前为平房，后为两层楼房，门坪前有左、右厢房，屋前有口半月形池塘。大屋宽61.2米，总进深58.3米，占地约4500平方米。大门采用石门框，门额上书“辅德堂”三字。屋内有九厅十八井，可见抬梁式构架，墙体承檩，斗拱、额枋等均有雕花，雕刻工艺精致。

去了辅德堂，还得去红军小学。如今的北塘红军小学，是由原北塘深造小学扩建而成的，是红军小学建设工程在全国建设的100所红军小学之一，也是广东省首批建设的红军小学之一。中山大学北塘计划称，北塘村是“飘扬在红军军旗上的小山村”。可见，红军小学已成为北塘文旅的重要名片，使这个遥远的客家小村的知名度得到大大提高。

除了赫赫有名的辅德堂和红军小学，北塘村还有20余座明清时期的古建筑，如玉堂公小筑、宜斋公祠、青云世第、兰轩小筑等，是北塘村客家历史文化的主要载体，是北塘建设乡村旅游区的重要依托。和煦阳光铺满村道，让人联想到田园农耕布衣暖，菜根香。古屋檐瓦纳祥瑞，照墙内外清风绕，空气清新甜润，村色古朴醉人，若如稻粱、肴馔、醯醢滋味悠长。

北塘村从宋末元初建村至今，已有800多年历史。2014年，北塘被列入“中国传统村落”名录。千年岁月的痕迹，在北塘村随处可寻。北塘村，既有700多年的受祜堂、400多年的绍知堂、360多年的志事堂、200多年的谦受堂、建于清光绪末年的辅德堂，又有700多年的古树、数百年的古井、古庙宇等。北塘村的田园风光，美丽如画。有诗为证，诗曰：“花开陌上动心魂，梦里客乡惟此村。古屋比邻风物美，陶翁诗粹满田园。”

7．双髻山省级森林公园

双髻山省级森林公园位于大埔县城西郊12千米，海拔668米，因山顶双峰耸立，形似古代妇女发髻而得名，为省级森林公园。双髻山峰高林密，竹海幽深，幽泉清澈，怪石遍布，蕉林松风，天然生成许多石岩石洞，其中一处石室，可容纳百人；另一处石窿长千米，从入口到出口，游人可直立行走；还有一处响鼓石，脚踩“鼓面”，巨石摇动，名曰“高山打鼓”。山顶有摩崖石刻。

双髻山右侧的盘湖庵始建于唐朝，于1666年重建，为大埔县古老寺庙之一，素有“头盘湖，二赤厥”之称。西华寺位于山腰，坐北向南，始建于清顺治十七年（1660年），为土木结构的硬山顶殿堂，寺内有一明代古钟。寺旁青松翠竹，幽泉清澈，寺前的巨石上有文人墨客题刻，如入口巨石上刻有“大峨泉”三个大字。森林公园的歇憩区位于青山下，古树耸翠，溪流淙淙，奇石遍布其内，暑天清凉无比，空气清新，花香鸟语，堪称人间仙境。临溪有块近30平方米的巨石卧于水面，宛若一只石龟守护着一山奇景。

登上山顶，可近瞻县城全景，远眺西岩山、阴那山、帽山三峰。群山起伏，韩江如练，尽收眼底。有诗为证，诗曰：“朱亭树影摇青径，乌石泉声响碧空。绿荫一桥连水口，白云千朵上天宫。”

8. 联丰花萼楼

花萼楼位于大埔县大东镇联丰村，建于明万历三十六年（1608年），距今已有400多年历史。花萼楼属土木结构的圆形建筑，共有三环，内环为一层30个房间，二环为二层60个房间，外环为三层120个房间，共有210个房间。楼高11.9米，楼的墙体用生土夯筑而成，底层宽2米。顶层宽1.3米，楼顶为木梁灰瓦。楼的第一层不设窗，第二、三层墙上设有内小外大呈三角形的窗（也是枪眼），整座楼只有一个大门出入，大门框用厚而宽的花岗岩石板组成，大门板钉上坚厚的铁皮。楼内有面积为283.4平方米的圆形天井，用大小不等的鹅卵石铺成，中心装饰着一个直径3米的古钱币图案。2019年10月，联丰花萼楼入选第八批全国重点文物保护单位名单。

花萼楼外是梅潭河闽粤分界处，山光水色，风光旖旎。花萼楼不远处的白土村，村头眺望远山如屏，蓝深浅里耸云鬟。联丰花萼圆楼梦，清远溪流洗玉颜。日映岚光存崿嶂，暮收月色积乡关。千秋润泽不知倦，最爱界河春水潺。清新竹影入襟袖，寂静园丘滋涧泉。白鸭一群游彼岸，青风数缕绕身边。有诗为证，诗曰："楼外青山连闽粤，界河绿水润心田。梯丘草埂神魂眷，寄梦圆楼牵九天。"

9．大埔泰安楼

泰安楼位于大埔县城龙岗村，建于乾隆二十八年（1764年），距今已有260多年，是国内极为少见的石方楼。泰安楼及附属建筑占地6684平方米，其中主楼占地2577平方米，两侧书斋占地2764平方米，门坪及花台占地1325平方米，共有200个房间。泰安楼属砖石木结构建筑，坐东北向西南，呈四方形，长49米，宽52.6米，门口有宽阔的门坪和水塘。楼高11米，分三层，一层墙宽0.92米，三层墙宽0.44米，一、二层外墙为石墙，三层外墙壁及内墙为砖墙。因楼外墙为石墙，故该楼俗称石楼。该楼一至三层四周向内设有走廊，一层走廊的柱子为上木下石，二、三层为木柱，三楼前排中厅设有祭坛。为防外患，三层除前廊外还设有后走廊。一、二层不设窗，三层才开窗，并设有枪眼，整座大楼只有一个大门出入，门板镶上厚厚的铁皮，大门顶有蓄水池，供灭火之用。2019年10月，大埔泰安楼入选第八批全国重点文物保护单位名单。

游泰安楼，观瞻叠叠檐瓦，怀想客家千年迁徙，车轱辘里转动着中原音韵，筚路蓝缕，扶老携幼，男耕女织，烟火犹香。客家迁徙路漫漫，踏遍大山播海外，开基创业客为乡。有诗为证，诗曰："瓦垄行行筚路长，马车辘辘挂心肠。参差屋顶势宏大，再现涅槃繁衍强。"

10. 何如璋故居——人境庐建筑群

人境庐建筑群位于大埔县湖寮镇双坑村，是清代维新思想家、外交家何如璋的故居，始建于清嘉庆十年（1805年）。何如璋故居为世人了解和研究大埔文化史、客家人物史乃至中国近代史提供了一个不可多得的史料标本。2005年4月，何如璋故居被列为大埔县文物保护单位，并被梅州市文化广电旅游局推选为市主线旅游点，2007年被广东和浙江两省数家大型旅游公司评定为广东省四十大旅游点之一。

人境庐建筑群依山傍水，坐西向东，旧为私塾书斋的"日新书屋"和"耕经别墅"，与祖居"太史第"（茂塘公祠）和故居"人境庐""通奉第""宫詹第"呈"器"字形有序排列。其中"人境庐"为土木结构，建筑面积280多平方米。这几栋建筑各代表了何如璋在不同历史时期走过的漫漫长路。何如璋出生于祖居"茂塘公祠"，该祠内堂匾额上书"世德堂"三字，黑底金字，笔意飘逸豪迈，乃清道州大书法家何绍基所书，彰显了其族人孜孜追求"修身、齐家、治国、平天下"的崇高理念。

步入书斋，残旧的内厅虽经百年风雨，书香本色依旧。该书斋名扬乡里外，藏书颇多，有"双坑村藏书馆"之称。中山大学前校长邹鲁，年轻时常来这里借书。抗日名将吴奇伟更是该书斋的座上宾，回乡时必来双坑，来双坑必去书斋。何如璋幼年时正是在书斋"日新书屋"和"耕经别墅"中学习儒家经典，后来中举人、取进士、入翰林。他潜心西学，通晓洋务，为李鸿章所赏识，任清政府出使日本国的第一任驻日公使，从此踏上了仕途。

在“耕经别墅”南侧，可见何如璋房屋“通奉第”一座。公祠前为门坪，门坪左侧曾经立一排旗杆，是当年何如璋上京殿试二甲第27名、钦点第25名所旌表。他是双坑村开基数百年来中进士的第一人。光绪二年（1876年），清廷诰授何如璋为“通奉大夫”，故建此第。

向东穿过一条小巷，前行百步，就是何如璋驻日任满归国之后所建的“人境庐”和“宫詹第”。出任日本公使的何如璋不辱使命，特别是向日本收回了领事裁判权，力阻日本吞并琉球。何如璋任满归国，带着些许归隐之意回到故乡，修建了“人境庐”。该屋室内分上、下堂，中间一天井。然而，何如璋还没来得及享用这“人间仙境”，又匆匆走马上任福建船务大臣，同年补授詹事府少詹事，人称“宫詹公”。之后，始建“宫詹第”。

双坑村是一路坑水潺潺流淌的长条形山村田野人家，坑水两边的低矮青山，像一个个浑圆的馒头，显露出岭南丘陵的神韵。双坑村的村道平坦宽敞，花果飘香，沁人心脾，山光云影沾衣襟，更有清风拂拂，树鸟啾啾，景色宜人。有诗为证，诗曰：“雍容明绚风光阔，葱蒨煦蒸灵秀篇。传言风物笠嫲地，雕色云霞崧里天。”

11．万福寺景区

万福寺位于大麻镇坑尾村阴那山东麓山坡，原名“万福禅室”，始建于唐宪宗元和十四年（819年）。它是开山祖师潘了拳来到阴那山后，垒石为室而成，至今已经有1200多年。至明英宗天顺八年（1464年），由历德法师将万福禅室改建成砖瓦房，并在万福禅室旁增建了祖师殿，遂将万福禅室改名为“万福寺”。在沧桑岁月中，万福寺几经重建、修葺，早已改变了当初的面貌。20世纪40年代末，福来大和尚主持扩建了建筑面积

111平方米的“福余精舍”及“普同塔院”等。祖师殿于1981年扩建，1992年重修。祖师殿宽9米，深15.8米，占地面积142.2平方米。殿前设一小院，栽花种草；左侧开一扇门通往客堂；右侧是祖师殿大门。殿虽小，却同样装饰琉璃瓦甍，飞脊两端各置鸱吻，中央顶端立一法轮，显得庄严肃穆。殿门楹联为“万家生佛；福地长春”。祖师殿中主要供奉三世佛、初祖达摩、六祖惠能、本寺开山祖师惭愧，以及十八罗汉、四大金刚等佛像。1980年以来，住持释惟添法师致力于恢复和扩建万福寺，经过30多年不断扩建，现在寺院规模已是原有寺庙的十多倍，包括新建了山门、弥勒殿、观音殿、普贤殿、文殊殿、天王殿、万福殿、玉佛殿、藏经阁、钟楼、鼓楼、大雄宝殿等十多座殿堂楼阁，并重雕重塑了100多尊菩萨圣像。近年又兴建了藏经楼和禅修中心大楼，气势雄伟。

阴那山属于粤东莲花山系，人称“粤东群山之祖”。阴那山是梅州首屈一指的胜景名山，从梅县雁洋镇到大埔县西北角的英雅镇坑尾村同属一脉山体。五指峰在阴那山之巅，形如人手，挺拔向上，直插云霄。前山有万福寺，后山有灵光寺，都是唐代高僧潘了拳和尚结茅修真的地方。民国《大埔县志》载，“阴那山高四千五百尺，位于县境三河甲之西，为埔梅界。五峰连峙，状如火焰，崔嵬高耸，名五指峰。陟巅四望无际，山中时有云气笼罩。”《方舆纪要》云，“阴那山形如仙掌”。其主峰高达1298米，其余山峰均在千米以上。依峰可远览梅州、汀州、潮州，可俯瞰梅州、大埔一带风物。有诗为证，诗曰：“云蒸千仞黄金色，苍紫五峰拔地雄。读史修真闻杖响，浮生魂梦古今同。”

12. 瑞山生态旅游度假村

瑞山生态旅游度假村位于大埔县洲瑞镇，以“原生态、慢休闲、享养生、乐体验”为旅游开发理念，形成集养身、养心、养神于一体的养生体系，是集饮食、居住、文化、生态、医疗、运动于一体的生态旅游度假园区。瑞山生态旅游度假村距梅州城区、大埔县城均约50千米（40分钟车程），占地3.1万亩，建设有琴湖景区、云谷景区、琼林景区、天池景区、桃源景区、南山景区等。山涧流水潺潺，瀑布叠飞，山塘月色，清澈透明，景区水资源丰富。瑞山的水是少有的天然弱碱性水质，对人体消化具有良好的辅助作用。2022年2月，该度假村内的瑞山森林康养基地入选广东省林业局公布的第一批广东省森林康养基地名单。

我脑海里浮现出瑞山的宽广风光。仰望横屏青青，大瑞山尽岭势之雄，壮阔崔巍，宛如虎踞龙盘。山青水广，云疏旷达。天朗云闲，林荫蔽日。遍林涌动，嫩竹泻翠。林籁结响，泉石激韵。涓涓涧碧，叮咚萦洄。至清溪涧，秋毫必明。百座山峰凝翠烟，千层植被酿天泉。千般景色万种梦，渴饮天泉感慨多。惠风广被，泽洎幽荒，天赐沃汁也。瑞山天泉饮用水，乃青青大瑞山涵养之甘泉，幸而饮此水，有洗尽铅华、滋润心田的感觉。瑞山瑞福开仙境，天赐天泉铸品牌。有诗为证，诗曰：“瑞山泉涧天河水，水质堪称第一流。植被千层存雨露，山峰万仞储春秋。”

人生难得有情怀

2018年国庆节百侯山庄民宿开业以来，我常在山庄“素心园”木屋与前来拜访的朋友饮茶闲聊。回想起来，与朋友在木屋茶叙是非常愉悦的时光。人们常说的“诗和远方”，大概就在木屋的茶香里。

有一首流行歌这样唱道：“生活不止眼前的苟且，还有诗和远方的田野。你赤手空拳来到人世间，为找到那片海不顾一切。”我曾经在情感上有些倾向于“为找到那片海不顾一切”，所以能与这首歌产生共鸣。这首歌也唱出了情怀，乡人朋友在一次木屋饮茶时说我“是一个有情怀的人”，并列出了在他看来在我人生历程中“有情怀”的六件事：

一是我12岁时跟着公社有线广播的大喇叭学唱歌，是有情怀的表现。我在懵懵懂懂的年龄自发地勤奋学唱歌，没有任何功利性的目标，完全是纯粹的兴趣使然，表现出唱歌的情怀。后来，因唱歌情怀考上了戏校，进入体制内工作，这个功利性是意外添加的偶然结果，是命运的青睐。

二是真、假两个外甥女，都得到我真心的呵护、温暖和扶助，是有情怀的表现。黄启键散文《真爱从来不缺席》提到，我妻姐早逝，妻子梦中受到妻姐“一再叮嘱，要把她生前送给别人抚养的女儿找回来养育”。于是，我夫妇俩找到了外甥女，并“带回了深圳的家中”，“把外甥女当作自己的亲生女来养育”了十多年。后来，发现是“调包”的假外甥女，并找到真外甥女。真、假两个外甥女均得到我的善待，表现出与人为善的情怀。这个曲折、感人的真实故事，散发着正能量，光彩照人。

三是我帮助不计其数的家乡人来深圳找工作，是有情怀的表现。20世纪80年代中期从梅州调到深圳工作后，我成为家乡人竞相投靠的对象。除了亲属，我帮助过不计其数的人介绍工作，也曾因帮别人找工作而被曲解。我说，家乡地处贫困山区，乡亲们请求介绍工作是为解决生计问题，更何况我不为名更不会求利，一切都是付出。我曾连续多年每年资助5名贫困学生，帮人求医问药、解决生活困难，只要我能帮的，都会尽其所能。

四是我主导并联合族人修缮的素谦公祠于2013年重光，是有情怀的表现。修缮旧祠堂，传承祠堂文化、保护古建筑，表现出宗族情怀。

五是让高品质的百侯山庄民宿这个招商引资项目落户家乡，助推家乡文旅事业发展，表现出家乡情怀。

六是关心和支持百侯山庄民宿企业文化建设，赓续古镇传统文化，黼黻、藻饰川岳。山庄的“素心园”木屋和“谦德楼”筱筑，彰显传统文化之精华。如“谦德楼”木屋门联“谦厚居南绳祖武；德隆望北见天心”的内容，表现出传承薪火的情怀。

乡人朋友一口气罗列了六个“有情怀”的表现后，接着提到还有一个“谦”字，笑言我似乎从素谦公祠的“谦”字里得了几分真意，有所践行。我心里正暗自佩服乡人朋友惊人的归纳概括、提炼总结能力。正想着，突然他欣然打趣道：“‘非常6+1’！”我又一次感慨乡人朋友才思敏捷，善言玄妙。

情怀也好，高情也罢，皆指“高于生活”的带有理想色彩的“诗和远方”，而现实生活中的柴米油盐酱醋茶总是消耗着我们的浪漫情怀，平日生活甚至被不少人过得一地鸡毛而无法脱身，而“诗和远方”就成为奢侈的梦幻。

人生在世，最向往的就是“高情”的境界。谁能达到这种境界呢？司马迁《史记·孔子世家》云：“太史公曰：诗有之：‘高山仰止，景行行止。’虽不能至，然心乡往之。”陶渊明的千载高情，有谁能及？

“虽不能至，然心乡往之。”我回归家乡百侯南阳岽下蛇形窠山麓，让百侯山庄民宿落户“意气少年曾放歌”这个梦开始的地方，在“居南望北”的田园风光里，常常联想到陶渊明的田园生活意境，觉得性静神逸而有几分洒脱之感。然而，形似与神似是有天渊之别的，得几分形似已觉轻松舒畅，神似却如水中月和镜中花，只能在山庄木屋茶香里用心去欣赏了。

千年百侯　人文之乡

第五部分

清辉载朗　照耀山庄

第十章 百侯山庄

百侯山庄民宿这个招商引资项目落户家乡百侯，是为了助推乡村文旅事业发展，为美丽乡村建设、乡村振兴增光添彩。经过几年的精心打造，百侯山庄民宿越来越漂亮了，像一块碧玉镶嵌于侯南村南部的南阳崇下蛇形窠山麓，既黼黻藻饰村之一隅，又对百侯镇增添文旅景点、加大文旅体量和提高文旅服务品质等方面起到积极的作用。百侯镇乡村文旅的区域主要是古村落，文旅的内容主要是古建筑，所以百侯山庄民宿对包括素谦公祠在内的星罗棋布的古建筑及其所承载的深厚历史文化特别重视，并在百侯山庄民宿的文化氛围营造中逐步体现出来，以期给前来百侯乡村的游客带来更优质服务。

山庄文化

为更好地助力百侯古镇乡村文旅，百侯山庄民宿高度重视文化氛围的打造，尽可能为前来百侯乡村的游客提供高品质的食宿、休闲服务和文化体验。现就百侯山庄民宿自2018年国庆节正式开业以来的一些文化建设内容整理如下，以传承和弘扬百侯深厚的历史文化。

木屋茶香聊对联

素谦公祠经族人合力修缮后，于2013年7月25日焕彩重光。当时，蒙深圳书法家何柏俊先生撰写并手书赐赠大门对联“素心铭志；谦德流芳”，甚为感动。而今，山庄新楼宇耸立于南阳岽襟连的蛇形窠山麓福地，可一览侯山风光，梅潭河两岸古屋民居人文景观更是尽收眼底。对面肇庆堂连接的全村客家建筑群历史文化底蕴深厚，古香古色的气息扑面而来。

在山庄春日瑞象呈祥的日子里，喜逢一位对古诗词较有研究的朋友来访，为山庄撰写了对联两副：

（1）素谦宗功：素心铭志居行简；谦德流芳俎豆香。

（2）彀似祖德：彀旦梓乡光裔胄；似星矜式曜山庄。

细看这两副对联，我感觉心里倏地一亮，大为感慨！不单祖祠“彀似堂”的“彀似”二字被合理“嫁接”到山庄来了，而且两副对联“巧合”成一首七言绝句（七绝），诗曰：“素心铭志居行简，谦德流芳俎豆香。彀旦梓乡光裔胄，似星矜式曜山庄。”这两副对联乃“素心园”木屋饮茶后所写，不妨加诗的标题为“‘素心园’木屋茶香有咏”。

木屋茶香中，畅聊朋友新作的对联两副，感觉此联字词太羹、折俎、醯醢味渐浓，且愈发馨香。对联作者对此的解释如下：

（1）素谦宗功：素心铭志居行简；谦德流芳俎豆香。

作者解释：“素谦公祠”的大门对联“素心铭志；谦德流芳”，一个“铭”字很有力度，把“素谦”之德铭刻于心。这四字对适合祠堂，字词通俗而有内涵。为传承古村落文化，在忠实于四字对的基础上，今作三字对“居行简；俎豆香”，并无缝衔接成七字对。三字对“居行简；俎豆香”何解？

“居行简”，指“居简而行简”，出自《论语·雍也》：“居简而行简，无乃大简乎？”邢昺疏云：“言居身宽略而行又宽略，乃大简也。”《后汉书·刘陶传》云：“陶为人居简，不修小节。”《旧唐书·文苑传下·刘蕡》云：“玄默无为，端拱思道，陶民心以居简，凝日用而不宰。”通俗地说，居也好，行也罢，皆崇尚“简”，即“宽略”，宽大不苛细也，就是说宽舒、圆满，进退裕如，游刃有余，相当于国画留足空间，这是为人处世之精粹和智慧。

“俎豆香”中，“俎”和“豆”都是古代祭祀用的礼器，引申为祭祀和崇奉，表达尊宗敬祖之意。“俎豆”，如“俎豆千秋”，典出《论语·卫灵公》和《史记卷四十七〈孔子世家〉》。“俎豆香”，即“俎豆馨香”，如曾国藩《圣哲画像记》云：“三十二人，俎豆馨香；临之在上，质之在旁。”

（2）縠似祖德：縠旦梓乡光裔胄；似星矜式曜山庄。

对联作者解释：上联“縠旦梓乡光裔胄”中，“縠旦”“梓乡”“裔胄”三个词何解？

且看“縠旦”一词。縠，福禄之意。朱熹释“縠”，说成“善也”。縠旦指善旦，意思是良辰，如方文（明末清初诗人）《禊日与蔡芹溪同舟作》诗：“縠旦属元巳，春云澹天宇。”

且看“梓乡”一词。梓乡，指故乡。古人常在屋旁栽种桑树和梓树，因而桑梓成为故乡的代称。如清代魏秀仁所著长篇小说《花月痕》第四十四回云：“梓乡极目黯飞云。”

且看“裔胄”一词。裔胄，指子孙后代。如《左传·襄公十四年》云：“谓我诸戎，是四岳之裔胄也。”

上联意为“素谦公祠”祖功宗德清辉载朗，照耀故乡良辰美景，“穀似堂”（“桑子树下”）的子孙后代沐浴在祖上惠泽里，素心铭志，谦德流芳。

下联“似星矜式曜山庄”中，“似星”“矜式”两个词何解？

且看“似星”一词。“似星”，出自“素谦公祠”重光画册里的“素谦公祠修复铭”一文解“穀似”的话语：“承穀禄以荣庭，恒似星以启后。”其“似”字，乃“穀似堂”之“似”，含传承、继嗣之意，源于先秦佚名《诗·小雅·小宛》：“教诲尔子，式穀似之。”穀似，意为以善道教导子孙。“星”，清辉载朗也。

且看“矜式”一词。矜式，指敬重、取法、示范、楷模、榜样、风格。如《孟子·公孙丑下》云：“我欲中国而授孟子室，养弟子以万钟，使诸大夫、国人皆有所矜式。”赵岐注：“矜，敬也；式，法也。欲使诸大夫、国人皆敬法其道。”又如宋·司马光《与吕公著同举程颐札子》云：“伏望圣慈，特加召命，擢以不次，足以矜式士类，裨益风化。”

下联指“素谦公祠”“穀似堂”，其祠名、堂名之义，当矜式也，可谓：“承穀禄以荣庭，恒似星以启后。”这正如“素谦公祠”重光画册封面图：“一图封面称经典，黛瓦宽舒日照存。”“素谦”“穀似”之矜式，似星光、如日照，永“曜山庄”矣。

综合两副对联看，“简”字画龙点睛，乃古村落家族精神文化的内核。若进一步打造山庄精神文化，可从中得到有益的启示：要“简”，即以少而精、恰到好处为准。“简”，简牍也，是中华文化的符号。简牍是中国古代书写用的竹简、木简、竹牍和木牍，在纸发明以前，简牍是书籍的最主要载体。此外，“简”为高贵，为精粹，为智慧，此所谓“大道从简”也。

这两副对联，深入浅出，耐人寻味，不同的读者能解读出不同的内涵或意象。比如“梓”字，意为故乡，还指“杞梓之才”，即优秀人才。如《隋书·潘徽传》云：“戎衣而笼关塞，朝服而扫江湖，收杞梓之才，辟康庄之馆。”再如“庄”字，还指“庄庄其士”，意思是行为端庄正直的人。如春秋·齐·管仲《管子·小问》云：“至其壮也，庄庄乎何其士也。”“穀似堂”，堂名源自《诗经·小雅·小宛》：“教诲尔子，式穀似之。”这“式穀”“穀似”就是以善教导子孙。由此，联想到清代刘洞九“式穀”对联。刘洞九，晚年挂袍归隐后，为教育好子孙后代，特成立“筠叟学堂”，亲自任课，并题联：“式穀式穀，殚我心精，唯愿一德绳祖武；勉旃勉旃，勤尔征迈，须念万苦贻孙谋。”现代汉语的意思是：善念啊，善行啊，我殚精竭虑地去做，就是希望积攒起一点德行来继承和发扬我们祖上的功德；努力啊，努力啊，辛勤地去履行你的职责吧，一定要记住，你的千辛万苦都在为子孙谋福利啊。而今传承老祠堂“素谦公祠”的“式穀”“穀似”，正合刘洞九“式穀”对联之意。“式穀”的“式”字，与“矜式”同，意为法则、模范、效法等。

如此透彻的解释，不但符合我心里之所想，而且让我对祖上更为崇敬。我想，祖上“清识难尚”，但“至德可师”，我辈虽愚，亦当学透“式穀”“穀似”要义，赓续“教诲尔子，式穀似之”。

最后，我问“素谦公祠”大门对联为四字对，为何山庄这两副对联是七字对。对此，朋友不厌其烦地解释，古代宗族祠堂或九厅十八井大屋的门联多用四字对，素谦公祠门联用四字对以颂宗功扬祖德，而山庄是风格较为新颖的建筑，为了传承“素谦”之淡泊明志的风格，用七字对更为适合。

我想，根据新作对联崇尚的“大道至简”之要义，山庄文化装饰固然重要，但既要做到不简单，又要做到少而精。像木屋的“素心园”三字，只有对宗族源流、家族历史和个人修养有着特别意义的经典字词、诗词或对联，才可用来装饰。就是说，要有根有魂即与家族历史和个人经历有密切联系的或其他有特别意义的文化元素，才可考虑用来装饰。由此看来，目前山庄不是非使用对联不可，以后建设亭台阁榭等需要用对联时，才考虑使用。

写到这里，意犹未尽，姑且以朋友新作两副对联合成的《七绝·“素心园”木屋茶香有咏》诗作结尾：

素心铭志居行简，谦德流芳俎豆香。
縠旦梓乡光裔胄，似星矜式曜山庄。

霞光还识放歌人

农历三月初七上午，上次撰写“素谦”“縠似”两副对联的朋友来访。我告诉他，山庄新筑的小楼已被命名为“谦德楼”。上次撰写的“素谦”“縠似”两副对联，写得很到位，分别适用于先后所建的“素心园”木屋和“谦德楼”筱筑。今天，想再请朋友为朝霞亭撰写一副对联。

朋友说构思了几天，才写出综合各种元素的，特别是体现百侯山庄民宿景点语境的，而且是最合适且比较通俗的对联。以下是朋友撰写的对联及其简要解释：

亭名：朝霞亭。
对联：朝日又迎观景客；霞光还识放歌人。

简释：

（1）亭名中“朝霞”一词的含义：初升太阳照映的云彩。朝霞是一种自然现象。早上太阳从东方升起，如果大气中水汽过多，则阳光中一些频率较高的绿光、蓝光、紫光被大气散射掉，只有频率较低的红光、橙光、黄光穿透大气，天空染上红橙色，形成朝霞。“朝霞”一词的出处：①《楚辞·远游》：“餐六气而饮沆瀣兮，漱正阳而含朝霞。”王逸注：“朝霞者，日始欲出赤黄气也。”②南朝·梁·王枢《徐尚书座赋得阿怜》诗：“红莲披早露，玉貌映朝霞。”③宋·苏舜钦《哭曼卿》诗：“唯君颜色不复见，精魂飘忽随朝霞。”④清·刘大櫆《祭左和中文》：“痛朝霞之已失矣，苦夕照之无多。”⑤冰心《寄小读者》十一：“朝霞的颜色是自浓而淡，自青紫而深红，然后一轮朝日，从松岭捧将上来，大地上一切都从梦中醒觉。”⑥现代京剧《沙家浜》选段《祖国的好山河寸土不让》（郭建光唱）：“朝霞映在阳澄湖上，芦花放稻谷香岸柳成行……”

（2）上联中“朝日”一词的含义：早晨初升的太阳。“朝日”一词的出处：①《艺文类聚》卷十八引东汉·蔡邕《协初赋》：“面若明月，辉似朝日。”②南朝·齐·谢朓《始出尚书省》诗：“纷虹乱朝日，浊河秽清济。”③北宋·王安石《酴醿金沙二花合发》诗：“碧合晚云霞上起，红争朝日雪边流。”④瞿秋白《饿乡纪程》六：“远望一角海岸，白沙青浪映着朝日，云烟缭绕，好似拥出一片亚洲大陆的朝气。”⑤南朝·宋·颜延之《秋胡》诗：“峻节贯秋霜，明艳侔朝日。”

（3）下联中“霞光”一词的含义：太阳升起时的光芒。这光芒是从云罅或云层中透射出来的，并因折射、散射而产生色彩缤纷的景象。“霞光”一词的出处：①唐·刘禹锡《阙下待传点呈诸同舍》诗：“山色葱笼丹槛外，霞光泛滟翠松梢。”②唐·刘商《金井歌》：“文明化洽天地清，和气氤氲孕至灵。瑞雪不散抱层岭，阳谷霞光射山顶。”③元·尚仲贤《柳毅传书》第二折：“满目霞光笼宇宙，泼天波浪渗人魂。”④明·施耐庵《水浒传》第四十三回：“当夜直吃到四更时分，安排些饭食，李逵吃了，趁五更晓星残月，霞光明朗，便投村里去。”⑤清·文康《儿女英雄传》第三十一回：“但见个东西映着日光，霞光万道，瑞气千条，从门里就冲着他怀里飞来。”

“朝日又迎观景客；霞光还识放歌人。”我初读此对联时，感觉字词通俗，符合百侯山庄民宿景点的语境。反复诵读时，我感觉这通俗字词组合成的联句既朗朗上口，又耐人寻味。虽然亭名的“朝霞”、上联的“朝日”和下联的“霞光”皆为美丽的词汇，但单靠这三个词不足以让对联产生那么强的感染力。就算把“观景客”放在上联，仅仅体现了朝霞亭的功能和百侯山庄民宿“游客至上”的服务礼节，也不足以让对联产生扣人心弦的效果。此外，下联最后的“放歌人”，只是指50年前在蛇形窠山岭黉堂唱“朝霞歌”的少年，虽体现了亭名的由来，但还是不足以让对联产生应有的魅力。可见，如果是一般凑合的七字对联，即便格律、语法合乎传统规则，假若味同嚼蜡，就会白白浪费朝霞亭特有的自然景观和人文资源，也就浪费了“朝霞”二字。其实，包括对联在内的任何文学作品，最为关键的是对“情”字的刻画之功。此对联作者深谙古诗对的奥妙，不经意地在上、下联用了“又迎”和“还识”，均为“副词+动词”，却从时间的连续、空间的再现、频率的加强等方面表现出情感的浓烈，让联句顿然鲜活起来，使外在的景与内在的情交融在一起，达到因情设景、景中含情、触景生情、融情于景的理想效果。

此时此刻，我想象着朝霞映在素谦公祠外大门上，大门对联“素心铭志；谦德流芳”八个字在朝日里熠熠生辉；想象着朝霞映在蛇形窠山岭上，亭名“朝霞亭”三个字和对联“朝日又迎观景客；霞光还识放歌人”十四个字在霞光中闪烁着炫目的光芒。在朝霞映照的想象里，整个山庄园林色彩缤纷，犹如东汉诗人繁钦《杨赋》所云：“浸朝露之清泫，晖华采之猗猗。”在似梦非梦的美景中，我想起了乡人写的诗《百侯山庄春日瑞象》，姑且以此诗作为本节的结尾。诗曰：

往昔黉堂无觅处，葳蕤春色满山坡。
园林高屋已成景，意气少年曾放歌。
旧瓦叠金桑树下，新居屏翠蛇形窠。
村烟辐辏何其瑞，瑞象楼台光郁峨。

谦德楼对联札记

“素心园”木屋后面的两层小楼已完工，并命名为“谦德楼”。“素心”“谦德”之名，源于素谦公祠外大门“素心铭志；谦德流芳”对联，旨在传承祖功宗德。就“素心铭志；谦德流芳”对联而言，其主题侧重于下联“谦德”二字，而“谦德楼”筱筑所在地基高一些，正好突出了这一主题。我想，“谦德楼”筱筑应配上一副适合主题、彰显并弘扬祖功宗德的对联。为此，我又请朋友专门为“谦德楼”筱筑撰写了一副对联。

朋友撰写的对联如下：

楼名：谦德楼
门联：谦厚居南绳祖武；德隆望北见天心。

刚一读，就感觉这副对联与朝霞亭对联及“素谦宗功（横批）”“穀似祖德（横批）”两副对联的语言风格和表现手法不同。后来，朋友说谦德楼的功能，与朝霞亭是完全不同的，与2024年正月写的那两副对联的侧重点亦不完全相同。“谦德楼”对联所承担的使命特别厚重，既要发挥传承和弘扬祖功宗德的核心地位作用，又要成为汇集、升华百侯山庄民宿文化的令人炫目的高光聚焦点，所以这副对联必须具有鲜明的特色，而且必须触根及魂，含弘光大。

这副对联是天赐之对。农历三月十三是“玄天上帝诞”。在民间，玄天上帝深受人们的崇敬和信仰，这是一个特别吉利的好日子。这天上午9：47，我发微信给朋友，请他为谦德楼也写副对联。9：57，朋友答复“好的”，正合巳时。朋友于巳时10：08开始构思写对联，午餐后继续构思，未时13：36完成对联。

且看朋友对这副对联的解释：上、下联组词五行相生。上联“谦厚居南绳祖武”，“谦厚”金水组合、“居南”木火组合、“绳祖武”金金水组合，五行相生；下联“德隆望北见天心”，“德隆”火火组合，“望北”水水组合，“见天心”木火火组合。主题侧重于下联，下联组词特色是平和、和顺、顺畅，为“谦德”者安居之福地，合离卦纷显于南，即山庄谦德楼方位。

没想到朋友作对联还依据《周易》五行学说来遣词用字，难怪读起来朗朗上口，字、词、句中既蕴含着委婉之情和洒落之韵，又彰显出凤翥龙骧之形和抑扬顿挫之气。朋友说，北宋高才张载《正蒙·大易篇》第十四有言：“易为君子谋，不为小人谋，故撰德于卦，虽爻有小大，及系辞其爻，必谕之以君子之义。”通常他作对联并不都用八卦五行，这样很费心劳神，而且往往吃力不讨好。他还着重地说，“谦德楼”的建设和命名，体现了传承和弘扬祠堂文化之要义，更体现了我为家乡作贡献之厚德。因此，应当践行“易为君子谋”而尽力而为。

八卦五行虽然很重要，但只是使对联字词句符合乾坤阴阳即大自然的规律，确保天地人合一，以求平安和顺，而对联的优劣主要看对联作者遣词用字的水平。

且看谦德楼专用门联“谦厚居南绳祖武；德隆望北见天心”的遣词用字水平。

先来看上联，有“谦厚”“居南”“绳祖武”三组词。

（1）“谦厚”，意为谦逊厚道。此词源于：①《南齐书·陈显达传》：“显达谦厚有智计，自以人微位重，每迁官，常有愧惧之色。”②《醒世恒言·张孝基陈留认舅》：“又且为人谦厚，待人接物，一团和气，上下之人，无不悦服。”③《平山冷燕》第六回：“出去相见时须要小心谦厚些。”

“谦厚”一词，为“名词+形容词”的组合，主要是“谦”，“厚”是形容“谦”的程度。“谦”是“素谦公祠”的“谦”，“嫁接”到百侯山庄民宿来了。谦，是为人处世的大智慧，更是一个人最好的修养。《周易》的谦卦，上卦坤为地，下卦艮为山，可简单理解为高大的山隐藏于地下，就好像一个人虽然内心积累得满如山，很厚实，但是外表和常人一样，别人看不出来。就是说，一个谦虚有修养的人，是受人尊敬的。即便地位低下，物质财富不多，别人也难以超越其做人的水平。谦卦的智慧，在于水低为海、人低为王。在《周易》六十四卦中，几乎所有的卦都有好有坏、有吉有凶，唯有谦卦里六爻皆吉。“谦厚”，金水组合，金生水，五行相生，吉祥。

（2）“居南”组词，为“动词+名词（方位词）”的组合，主要是“南”，居是居住的意思。这个“南”，指山庄谦德楼位于侯南村南部的南阳岽下蛇形窠山麓。“南”，又指原居住在侯南村素谦公祠、后居住在距祖祠五十米远坎头园的杨氏裔孙，百侯山庄民宿这一招商引资项目位于蛇形窠山麓，属村之南部。同时，可让人联想到客家人南迁，落脚开基、子孙繁衍于南方的漫长历史。当然，五十年前，我曾在村南的蛇形窠黉舍因唱现代京剧选段“朝霞歌”而考上戏校，后到南部沿海深圳数十年，亦与“南”字有缘。“南”，属《周易》的离卦，可谓纷显于南即山庄谦德楼方位。“居南”，木火组合，木生火，五行相生，吉祥。

（3）“绳祖武”组词，为“动词+名词+名词”的动宾式组合，源于《诗经·大雅·下武》的“昭兹来许，绳其祖武”，意为踏着祖先的足迹继续前进，继承祖业，传承祖德。绳，意为继承、继续、发扬；武，意为足迹、脚步、功德。“绳祖武”，金金水组合，金生水，五行相生，吉祥。

再来看下联，有“德隆”“望北”“见天心”三组词。

（1）“德隆”，意为德高望重。此词源于：①清朝皇帝玄烨的《驻跸兴安八首（其一）》：“祖德隆三后，天心廓九围。”②西汉辞赋家司马相如的《上林赋》：“德隆于三王，而功羡于五帝。”③明代诗人陈履的《肇祀重光卷为陈冠儒题》：“上念先德隆，水木兴遐思。”④清代诗人李蟠的《送德基》：“德隆荀氏操，学慕孟轲醇。”⑤五代张昭的《郊庙歌辞·汉宗庙乐舞辞·显仁舞》：“运极金行谢，天资水德隆。”

从构词上看，“德隆”是“名词+形容词”组合，主要是“德”，“隆”是形容“德”的程度。对于山庄谦德楼而言，“德”是指传承素谦公祠的祖功宗德。中国古代儒家经典之一《中庸》有云：“大德者，必得其位，必得其禄，必得其名，必得其寿。”这是孔子称赞华夏文明的重要奠基人舜的话，意思是，像舜这样真正有德行的人一定会得到一个很好的位置，得到很好的俸禄，得到很好的名声，还会健康长寿。舜是一个真正有德行的人，他的德行表现在他对父母的孝上。他被列为“二十四孝”之首。在《周易》六十四卦中，虽没有“德卦”之名，但其中的“履、谦、复、恒、损、益、困、井、巽”九卦，被称为九大“修德”之卦。这九卦，阐述了人之安身立命的根本，乃成就大德之卦。《周易》九大“修德”之卦，是九大智慧或者说是九大天机，其最核心的道理就是“易为君子谋，不为小人谋”。另外，孔子在《周易·系辞下》有云：“德薄而位尊，智小而谋大，力小而任重，鲜不及矣。”这句话，可以概括为“德不配位，必有灾殃”。

（2）“望北”，为“动词+名词（方位词）”组合，主要是“北”，“望”是向远处看的意思。山庄谦德楼，向北望就是侯南村，村里有我的祖祠素谦公祠和我与兄弟合建在坎头园的新楼房。“望北”，就是不忘素谦公祠之祖功宗德，不忘昔日父母亲的辛劳和慈爱，不忘人生之根本。“望北”，及目风光宽广，感慨故园摛锦布绣。曾眺四围云树，两岸人家呈祥和；还记千峰雾锁，一村烟雨似蓬瀛。“望北”，牵起从蛇形窠到蛇形窠的半世光阴，可勾勒出蒙上天庇佑、祖上荫泽的人生轨迹，能描画出祖祠“素谦”“毂似”祖功宗德光辉照耀的心路历程。从“望北”，联想到南宋陆游《书愤》里的“早岁那知世事艰，中原北望气如山”诗句，联想到唐代诗人张籍《南归》里的“骨肉待我欢，乡里望我荣”诗句，联想到客家人由北向南迁徙的筚路蓝缕和开基南方的辉煌业绩，联想到被称为北辰的北极星……

（3）“见天心”，为“动词+名词+名词”的动宾式组合，可解释为“见证天意”或“见证本心”。刚撰写出的山庄谦德楼对联，主题侧重于下联，“见天心”是下联的最后三个字。这最后三个字，是上联“谦厚居南绳祖武”七个字和下联前四个字“德隆望北”共十一个字的交融升华的结果。“见证天意”，就是传承和弘扬“素谦”“穀似”祖功宗德之“谦厚”“德隆”，使人生之路铺满阳光，因德厚流光而合《周易》“易为君子谋”之荣；“见证本心”，就是“望北”而尊宗敬祖、不忘根本、感恩上天和祖上，心路历程始终以德善为本，见证其本心可谓仁善矣。

对联之所以用方位词“南、北”，是因为百侯山庄民宿园林最大的优势就是现在的方位，现在的位置望北可一览全村。若是仅一座别墅，对联是不用方位词的。而且，“南”合易经“离”卦，火旺纷显。单有“南”不够，还需“北望”宽广风光，并上应天心。

对联中的“厚”字，前形容“谦”，后形容“居南”（得天独“厚”），进而形容“绳祖武”（因德“厚”而传承祖德，也因传承祖德而德“厚”）。“隆”字也一样，“隆”前“隆”后，并得地基之“隆”，上应天心。其实，此对联中每个字，都前后联系，都有其意义。随意一个字，都与全联有密切联系，都不多余。

“素心园”木屋后面的两层小楼，地基略高，可谓之“崇基”。新筑的山庄谦德楼，地基如高台而上应“天心”。古诗云：“天心仁佑，坤德世昭。”正如易学，可为“君子谋划”，不可给“小人谋划”，“见天心”三个字也是唯有“君子”能用。农历三月十三，玄天上帝即北极大帝的生日，如北极星光辉照耀之吉利，完成“见天心”之对联，此乃天心仁佑矣。

“天心”即北斗七星，居于天穹正中心，为中华文明认知宇宙的核心坐标。冬至时，北斗斗柄指向子位（复卦方位），《周易参同契》故称复卦为“天心”，言其“升降据斗枢”，揭示阴阳二气随北斗运转而消息变化的规律。北斗以北极星为轴旋转，勺端天枢构成宇宙核心，既是先天一炁生化的玄关，亦统摄四季轮转、万物生息，张衡《灵宪》谓其“一居中央，动变挺占”，以二十八宿分野四方，昭示天道秩序。《周易》乾卦本字“建”即源于斗建体系，北斗作为“道立于一”的化身，投射于人文则形成“中”的哲学：天文层面体现为冬至北斗指向的时空基准，伦理层面凝为“执中守诚”的修身准则，《孟子》以“诚”贯通天道人道，谦卦六爻皆吉的奥义亦在契合“天心”中正。此“天人合一”的智慧，既蕴含“观象授时”的科技精髓，更承载“阴阳合德”的宇宙观，构成中华文明“以天验人”的独特思维范式。

“谦德楼”之“谦”，合谦谦君子“见天心”，且谦卦六爻皆吉，山庄可谓传承“素谦”“瞉似”之传统文化，应大德之卦，大吉。说到“天心”北斗，自然会联想到北斗导航。若导航到百侯山庄民宿，可欣赏到山庄谦德楼的“见天心”对联。

治家当读朱子训

一粥一饭，当思来之不易；半丝半缕，恒念物力维艰。

祖宗虽远，祭祀不可不诚；子孙虽愚，经书不可不读。

这是“四六”式的骈体文，文句整齐，声音和谐，朗朗上口，很是让人喜欢。小时候，我就常从长辈们口中听到这样的对偶句。我很喜欢这种语言凝练、句式整齐、音韵和谐、富有节奏感和音乐美的句子，年轻时曾从报章杂志上摘抄到笔记本里。后来，我了解到这字词工整、言简意赅、通俗易懂的句子出自《朱子家训》。于是，我经常读《朱子家训》，觉得通俗易懂，很有现实意义。

《朱子家训》以“修身”“齐家”为宗旨，集儒家做人处世方法之大成，思想植根深厚，含义博大精深。

一、杨氏家训，处世宝典

杨氏家训是中华家训文化的瑰宝，凝聚着千年智慧。从东汉杨震“四知”廉洁典范，到北宋杨时“程门立雪”尊师重道，再到明清“勤耕务读”治家箴言，杨氏家训以高远境界和切实指导，树立了为人处世的典范。这份精神遗产既是家族纽带，更为当代社会提供宝贵精神养料，彰显中华文明精髓。

一是传承“关西孔子”杨震“四知”家训。天下杨氏出弘农，弘农是天下杨氏的发源地。杨震被公认为是杨氏家族的发脉始祖。东汉名臣杨震的大儒高风千古颂扬，“四知”家训的思想高度让世人无不为之震撼。《后汉书·卷五四·杨震传》原文版曰：“当之郡，道经昌邑，故所举荆州茂才王密为昌邑令，谒见，至夜怀金十斤以遗震。震曰：‘故人知君，君不知故人，何也？’密曰：‘暮夜无知者。’震曰：‘天知，神知，我知，子知。何谓无知？’密愧而出。”又《传赞》：“震畏四知。”后将其作为廉洁自持、不受非义馈赠的典故。可见，“四知”家训依托四知典故，站在思想品德的高地而占尽历史风光，让历代杨氏后裔大为荣耀。

二是传承福建延平将乐杨氏家训。康熙、乾隆年间编修的杨氏族谱记载，百侯杨氏始祖（亦是大埔杨氏始祖）四十一郎公，据“传系延平龟山先生后裔”。这“延平龟山先生”指北宋著名理学家、教育家、诗人杨时。成文的杨氏家训最早出现于杨时所编撰的宋版《弘农杨氏族谱》，其中明文记载的杨时家训有十条：一训父慈，二训子孝，三训臣忠，四训夫义，五训妇从，六训友恭，七训敬长，八训择友，九训睦族，十训和邻。简单的二字训言，不仅可以课训童蒙，也可以用来惕厉自省。此后各朝代杨时后裔谨遵祖训、恪守家规，以传承祖德为核心的家风愈加浓厚，家训文化的内涵亦愈加丰富。明代杨氏家训为：勤耕务读，敦伦孝亲，卑无犯上，富莫骄贫，居仁由义，睦族和宗，布衣菲食，气忍家宁。清代杨氏家训主要内容有：顺父母，睦兄弟，和宗族，完国赋，务勤俭，勤耕读，谨丧祭，慎嫁娶，安本分，禁非为，守公法，记铭言。现代杨氏族谱家训三十二句，“十八个不准”，对忤逆不孝、兄弟阋墙、虐待子女、伤风败俗、好逸恶劳等有悖伦理的行为坚决反对，并谆谆告诫家人谨守勿忘，遵规执行。这些家规家训内容详尽，都围绕杨时祖训这个根本来制定。

杨时被尊为“程氏正宗”“闽学鼻祖”。北宋理学家程颢、程颐《二程全书·遗书十二》云：“游、杨初见伊川，伊川瞑目而坐，二人侍立，既觉，顾谓曰：‘贤辈尚在此乎？日既晚，且休矣。’及出门，门外之雪深一尺。”程颐，字正叔，又称伊川先生，是北宋理学家和教育学家，为宋明理学的奠基者。杨时精通史学，能文善诗，他年轻时就考中了进士，为了继续求学，奔赴河南拜程颢、程颐为师。有一天，杨时和游酢前来拜见程颐，在窗外看到老师在屋里打坐。他俩不忍心惊扰老师，又不放弃求教的机会，就静静地站在门外等他醒来。可天上下起了鹅毛大雪，并且越下越大，杨时和游酢仍一直站在雪中。等程颐醒来后，杨时和游酢才踏着一尺深的积雪走进去。后来杨时成为天下闻名的大学者，这件事也被作为尊师重道的范例，由此演变为成语“程门立雪”。

三是祖上既重视杨氏家训，又遵从朱子家训，正是突显了素谦公祠的一个“谦”字。成文的杨氏家训最早出现于宋代理学大师、闽学鼻祖杨时所编撰的宋版《弘农杨氏族谱》，杨时后裔以杨时祖训为根本，不断丰富杨氏家训。可见，杨氏家训起点高、源流远且内容全面，堪称为人处世宝典。以杨时家训为根本的明清杨氏家训言简意赅，涵盖了修身、慈孝、处世、治家、为政等方方面面，杨氏后裔不仅能沿袭、传承杨氏家训，而且能容纳、遵从朱子家训，体现了谦逊的品德。例如，百侯侯南“一腹三翰院”中的兄长、杨氏十四世祖杨缵绪，既非常重视以“顺父母，睦兄弟，和宗族，完国赋，务勤俭，勤耕读，谨丧祭，慎嫁娶，安本分，禁非为，守公法，记铭言”为主要内容的清代杨氏家训，又特别遵从朱子家训。

二、关西衍派，四知传芳

在百侯古镇，至今仍较为完整地保存着120多座明清时期的客家古建筑，有“客家民居大观园”之誉。众多的客家古民居（特别是姓氏宗族祠堂）和族谱是客家姓氏家训文化的重要载体，比如百侯古镇核心区侯南村的“关西衍派”“关西世胄”“四知传芳”等屋名，就让人联想到杨氏后裔千百年来代代传承的“四知”家训。自古杨氏出弘农，许多杨氏族谱都把远祖追溯到弘农杨氏，尊杨震为开基始祖。

杨氏家喻户晓的“四知堂”和“四知”家训，出自东汉杨震的故事。杨震，字伯起，东汉弘农郡华阴县（今陕西南部）人。他是东汉著名贤臣，为官清正廉明，不受私谒，深夜拒金，实属难能可贵，也得到后人很高的评价，并把清白正直的品德传给子孙后代。东汉人杨震做过荆州刺史，后调任为东莱太守。他去东莱上任时路过昌邑，昌邑县令王密是杨震任职荆州刺史时举荐过的官员。王密听说杨震路过，为报答当年提携之情，白天空手去见了杨震，晚上则准备了十斤金子想送给杨震。王密说：“现在是深夜没有人知道。”杨震却说：“天知、地知、我知、你知，怎么能说没有人知道呢？”王密听后很惭愧。杨震为官清廉，有老朋友、长辈劝他为子孙购置产业，杨震说：“让以后的世人称他们是清官的子孙，我用这个留给他们，不也是很丰厚的财富吗？”杨震“四知拒金”的故事，是杨震“四知”家训的“故事版”。

我虽然是出生在百侯镇侯南村的杨氏后裔，但对传统杨氏家训知之不多。因为我出生后正好遭遇“破四旧”（破除旧思想、旧文化、旧风俗、旧习惯）的灾难性破坏运动，就连“家训”这个名堂都没有听过。改革开放后，特别是调到深圳市宝安县后，我才慢慢关注起杨氏家训来。我今天对客家历史和杨氏家训有了一些了解，不是在我出生所在的梅州大埔这个客家腹地了解的，而是在深圳的一些客家聚居村落开始了解的。

龙岗是深圳最大的客家聚居区。据统计，龙岗客家人占户籍人口的比重超过80%，且在非户籍人口中，来自全国各地的客家人也占了相当大的比重。可以说，客家文化是“龙岗的根”。近几年来，龙岗提出了弘扬客家文化，打造深圳的“客家之都”理念。目前，客家民俗博物馆是省级重点文物保护单位，是深圳“客家之都”的标志性建筑。从龙岗区杨屋牌坊穿过，约300米处，可看到杨氏宗祠。杨氏宗祠占地约200平方米，大门匾额上是“四知堂”三字，两边的楹联为“四知垂训；三相流芳”。“三相”是指杨氏家族出过的三个辅佐明朝皇帝的宰相杨士奇、杨荣和杨溥。1996年12月30日，龙岗区政府将鹤湖新居辟为客家民俗博物馆，并于1998年2月4日正式对外开放。在龙岗客家民俗博物馆中，杨震与龙岗“四知堂”的故事被陈列在廉政文化展厅的重要位置，供游客参观学习。杨氏家族从明代至清代不断南迁，杨震后人中的一支由福建一路向南经梅州、陆丰、东莞清溪，于清中晚期到龙岗松元角立足，筑屋立祠形成杨屋村，在这里扎根繁衍。盛平杨氏宗祠以“四知堂”为堂号，世代传颂祖先的廉洁美德，告诫子孙以廉为节。龙岗盛平杨氏至今已经有七代人，家族里代代相传“四知”典故，族人受其影响很大。2011年，龙岗区鹤湖新居完成修缮，以“山的女儿、海的胸怀”为主题的客家民俗文化系列常设展览对外开放。该展以大客家为背景，突出从山区走向滨海的龙岗客家人的历史及民俗文化特色，通过客家生产、客家民俗、客家建筑、客家非遗等各类主题多角度展示滨海客家的文化特色。2017年，增设龙岗家风文化展览馆，成为深圳市廉政教育基地。龙岗客家民俗博物馆以清代的客家围屋鹤湖新居为馆址，是深圳市首家以家风文化为主题的廉政教育基地。基地将“忠、孝、诚、信、礼、义、廉、耻”作为廉政教育展览的主要内容，将家风文化中天下为公、为政以德、德教为先、修身为本、正直处世、诚实守信等人文内涵，与现阶段反腐倡廉新要求结合起来，通过展现龙岗先贤修身齐家的家国情怀、革命志士言传身教的崇高风范、普通百姓代代相传的做人操守，宣传社会主义核心价值观，教育广大党员干部廉洁修身、廉洁齐家，引导党员干部培育良好家风、筑牢拒腐防变家庭防线，树立正确的人生观、价值观、利益观。

关西衍派，四知传芳。每次回到梅州山城或大埔时，我都有意识地关注众多客家传统古村落。我倡导并与族人修缮了祖祠素谦公祠（2013年完工），以此来表达我对家乡客家历史文化的敬仰和挚爱。对素谦公祠的修缮过程，也是我对祖祠的重新认识的过程。以前，我常为素谦公祠主祭的杨氏十五世祖作孚公（素谦公）没有留传下（或失传）家训文字而觉得可惜，而祖祠重光后，我才意识到，像“四知堂”传承的正是“四知”家训，素谦公祠留传下来的正是“素谦”家训。举头凝视大门门额上“素谦公祠”饱墨四字，我顿觉豁然开朗。一个“谦”字足矣，而且“素谦”，即纯粹的无杂质的“谦”，可谓有“大道至简”之妙。

梅州杨氏始祖（亦是广东杨氏始祖）云岫公，946年游历梅州时，见梅州山清水秀，于是在江南白马六巷筑室开基。千百年来，杨氏后人秉承崇文重教、卫国保疆的家风，历朝人才辈出、联翩登科。百侯杨氏开基祖四十一郎公传六世达尊公，传八世淮公。八世淮公建大书斋，开百侯文脉之先。八世淮公后裔，包括素谦公祠十五世作孚公，皆遵从《朱子家训》，把“子孙虽愚，经书不可不读”作为家训要义，并沿袭历代杨氏家训，形成明代和清代简明扼要的杨氏家训。可见，素谦公祠祖上流传下来的家训并非只有一个“谦”字，而是特别突出“谦”字。

三、正心修身，返璞归真

在我的认知里，田家炳先生（1919—2018）是重视姓氏家训、恪守先尊庭训和遵从朱子家训的典范。田家炳先生是香港实业家、慈善家，被誉为“百校之父”。1919年，田家炳先生出生于广东大埔高陂古野银滩村拱辰楼，系从拱辰楼飞出的华夏之星。田家炳先生故居拱辰楼，由他的高祖父田振多所建。拱辰楼始建于清嘉庆元年（1796年），迄今已有200多年历史。拱辰楼，楼名出自《论语·为政》：“譬如北辰，居其所，而众星拱之。”该楼为殿堂式布局、砖木结构的二进式院落。拱辰楼筑有朝东南的角门，门额上写“儒林郎第”，是由全国政协原副主席叶选平所书。

田家炳先生幼承先尊庭训，终生恪守“勤俭诚朴”的道德规范。田玉湖是田家炳先生的父亲，田家炳先生成为大慈善家，与他小时候受到的家教是分不开的。“勤俭诚朴”是玉湖公的家训，是田玉湖家教的核心内容。田家炳先生兢兢业业地努力创业，就是靠父辈的家教来修身立命，最终成就一番事业的。田家炳先生曾表示，“我的一生，能鼓足勇气去奋斗，跟我脑筋里的‘勤俭诚朴’四个字有很大关系”，而这四个字来自其父亲田玉湖早年对他的教诲。“勤俭诚朴”四字是田家炳先生幼承先尊庭训、终生恪守的道德规范，是“田家炳精神”的来源和根本。“田家炳精神”值得我们学习。

关于“精神”二字，陶行知先生说过：“高尚的精神如同山间明月、江上清风，是取之不尽、用之无穷的。……精神是不靠钱买的。精神是在我们身上，我们肯放几分精神，就有几分精神。不关有没有钱，只问我肯不肯把精神放出来。”由此，我联想到侯南“百忍楼”被称为“百忍”精神的《百忍歌》祖训。在侯南村十字巷东边的小巷里，有一座建于清朝乾隆初年的屋宇，名曰“百忍楼”。已有300年左右历史的百忍楼，是百侯杨姓十四世祖协强公所建。协强公还在百侯建有“积庆楼”和“德星堂”。协强公之所以用“百忍”为楼名，是因为自己处于弱方，根据自己为人处世的原则，希望儿孙谦恭礼让，勤读诗书，不要惹是生非。凡事以和为贵，常说“百忍全家福，一和万事兴”。后代子孙大多能承祖训，凡事平心静气，勤读力耕，百忍其成。

现把“百忍楼”的《百忍歌》祖训抄录如下：

百忍歌，歌百忍。能忍夏不热，能忍冬不冷。能忍贫亦乐，能忍寿亦永。不忍小事变大事，不忍善事终成恨。父子不忍失慈孝，兄弟不忍失敬爱。朋友不忍失义气，夫妇不忍多争吵。刘伶败了名，只为酒不忍；石崇破了家，只为财不忍。如今犯罪人，都是欲不忍，古来创业人，谁个不知忍？

百忍歌，歌百忍。忍字可以走遍天下；忍字结得近邻。忍得淡泊可养神，忍得饥寒可立品。忍得语言免是非，忍得争斗消仇恨。忍得人骂不回口，他人恶口自安靖。忍得人打不回手，他人毒手自没劲。须知忍让真君子，莫说忍让是愚蠢。忍时人只笑痴呆，忍过人自知修省。就是人笑也要忍，莫听人言便不忍。烦恼之时最要忍，事过之后还要忍。人生不怕百个忍，人生只怕一不忍。不忍百福皆星散，一忍万祸皆云消。

当年，“百忍楼”杨姓十四世祖协强公虽然发家致富了，但依然保持谦虚谨慎的作风。百忍楼的《百忍歌》家训，素谦公祠的“谦”字家训，皆是杨氏家训的组成部分。

“谦谦君子德，磬折欲何求。”素谦公祠的“谦”字家训既重视中华传统杨氏家训之经典，又融合本村历代各房杨氏家训之精华，还保持百侯杨氏先贤遵从朱子家训之传统。联想到田家炳先生自幼习读朱子家训，在九十多岁高龄时，仍能倒背如流，我感到“心动不如行动”，应当读透朱子家训。于是，我马上把《朱子家训》抄录如下：

黎明即起，洒扫庭除，要内外整洁；

既昏便息，关锁门户，必亲自检点。

一粥一饭，当思来之不易；半丝半缕，恒念物力维艰。

宜未雨而绸缪，毋临渴而掘井。

自奉必须俭约，宴客切勿流连。

器具质而洁，瓦缶胜金玉；饮食约而精，园蔬愈珍馐。

勿营华屋，勿谋良田，三姑六婆，实淫盗之媒；婢美妾娇，非闺房之福。

奴仆勿用俊美，妻妾切忌艳妆。

祖宗虽远，祭祀不可不诚；子孙虽愚，经书不可不读。

居身务期质朴，教子要有义方。

勿贪意外之财，勿饮过量之酒。

与肩挑贸易，毋占便宜；见贫苦亲邻，须加温恤。

刻薄成家，理无久享；伦常乖舛，立见消亡。

兄弟叔侄，须分多润寡；长幼内外，宜法肃辞严。

听妇言，乖骨肉，岂是丈夫？重资财，薄父母，不成人子。

嫁女择佳婿，毋索重聘；娶媳求淑女，勿计厚奁。

见富贵而生谄容者，最可耻；遇贫穷而作骄态者，贱莫甚。

居家戒争讼，讼则终凶；处世戒多言，言多必失。

勿恃势力而凌逼孤寡，毋贪口腹而恣杀生禽。

乖僻自是，悔误必多；颓惰自甘，家道难成。

狎昵恶少，久必受其累；屈志老成，急则可相依。

轻听发言，安知非人之谮诉，当忍耐三思；

因事相争，焉知非我之不是，须平心暗想。

施惠勿念，受恩莫忘。

凡事当留余地，得意不宜再往。

人有喜庆，不可生妒忌心；人有祸患，不可生侥幸心。

善欲人见，不是真善；恶恐人知，便是大恶。

见色而起淫心，报在妻女；匿怨而用暗箭，祸延子孙。

家门和顺，虽饔飧不济，亦有余欢；

国课早完，即囊橐无余，自得至乐。

读书志在圣贤，非徒科第；为官心存君国，岂计身家。

守分安命，顺时听天；为人若此，庶乎近焉。

山庄民宿

空闲时，回顾半个世纪的人生历程，感觉自己似乎与音乐艺术分不开。而且，这音乐艺术之源头在蛇形窠山岭上。

现在的蛇形窠山岭上，有名字美丽而响亮的朝霞亭。此亭翼然于岭岑东侧相看廓山嶂之静谧处，吸吐着天空云气，荟萃着林木苍郁，聚积着山川精神，已成为人文景点。

山庄建筑，凝固的音乐

2013年，素谦公祠经修缮重光后，在家乡镇村领导的动员、关心和支持下，为助推家乡文旅，我尽力促成了百侯山庄民宿这个招商引资项目落户于家乡蛇形窠山麓。记得当时我来到蛇形窠山麓的芳草地时，山坡上仿佛传来熟悉的歌声，那优美激越的旋律随着缕缕微风在树木的枝丫里环来绕去，还有悦耳的鸟叫蝉鸣，连同我记忆中这山窠深壑浅岫里清脆的涧音泉响，汇合成大自然演奏的交响乐。这是我50年前在此山坡上唱的歌声。这歌声，让我激动起来，让我回想起久违的爵士鼓击鼓声、敲镲声。蛇形窠山麓是我梦开始的地方，故地重游，让我回忆起过去的一段段时光。

而今，百侯山庄民宿漂亮的民宿大楼，在我眼里好像有浓浓的音乐艺术感。儒家经典《礼记·乐记》云："大乐与天地同和"，"大乐之理，顺阴阳律吕生养万物，是大乐与天地同和也。"著名建筑学家梁思成先生曾经指出："差不多所有的建筑物，无论在水平方向上或垂直方向上，都有它的节奏和韵律。我们若是把它分析分析，就可以看到建筑的节奏、韵律有时候和音乐很相像。”18世纪，德国哲学家谢林在其《艺术哲学》一书中提出了描述音乐与建筑关系的至理名言：“建筑是凝固的音乐。”19世纪，德国音乐理论家和作曲家霍普德曼说道：“音乐是流动的建筑。”如此看来，音乐与我命运相连，在蛇形窠这个我梦开始的地方，一草一木，一砖一瓦，缕缕清风，飘飘丝雨，都仿佛闪亮着或凝固着音符，这些音符奏响的美妙音乐仿佛与我的生命情调、心灵律动相一致。

“凝固的音乐”不仅是建筑的形态，更是一种与自然、人文交融的艺术生命。2018年9月，民宿大楼竣工。当年国庆节，百侯山庄民宿正式开业。若说建筑是凝固的音乐，那么这座民宿的每一处细节都在回应着山野的韵律。主楼与附楼的形体结构，正如乐章中的主旋律与和声——檐角的弧线是音符的跃动，错落的楼层是节奏的起伏，砖瓦的拼接则是复调的编织。近瞻时，建筑的节奏与韵律在廊柱的间隔、窗棂的疏密中流淌；远观时，静谧的轮廓又与山麓的起伏形成留白，仿佛乐句间的呼吸。这种设计并非偶然。建筑团队受“凝固的音乐”启发，将音乐的比例与和谐融入空间：回廊的纵深如渐强的乐章，庭院的开阔似高潮后的余韵，而山泉引流的水景装置，更以叮咚的水声为建筑增添了一层天然的“配乐”。歌德曾说“建筑所引起的心情很接近音乐的效果”，这在此得到了印证。游客漫步其间，脚步的轻重缓急与建筑的节奏共鸣，光影的明暗变化如音调的强弱交替。建筑不再是静止的载体，而成了与自然合奏的乐器——风过竹林是沙锤的轻响，雨打屋檐是鼓点的节奏，而鸟鸣蝉声则是即兴的华彩。我心情大为愉悦，很想用爵士鼓加花演奏抒发一下与天地同和之大乐。

若说民宿主楼是凝固的旋律，那么“后靠”山岭便是这首交响诗中不可或缺的和声部。俗语云："门前千峰易得，屋后一靠难求。"蛇形窠山岭苍翠如屏，恰似乐章中沉稳的低音声部，以"南阳崇之崔嵬"为终章强音，将建筑与山势的起伏谱成一首天地协奏曲。在大楼"后靠"的蛇形窠山岭上，已建成朝霞亭等三座观景亭。山岭东、西两侧均铺有石级连接山麓与山顶，东侧有100余级石阶，西侧有160余级石阶。由此观之，山岭上朝霞亭如清亮笛音，两座圆亭若绵延弦乐，缀于160余级东阶与100余级西阶的"五线谱"上，而踏阶而上的脚步声，则是人与山共鸣的天然节拍。

三座观景亭的设计，暗合音乐的复调美学：于游客，登山石阶是"渐强—渐弱"的休闲韵律，林间亭台为休止符般的驻留空间；于我个人，少年放歌处新增的人文亭阁，是往昔爵士鼓点与今日建筑节奏的时空对位；于风水，山势"后靠"的敬畏之心，恰如古典乐章中庄严的定音鼓，维系着天人共鸣的和谐。《周易·系辞上》言"仁者见之谓之仁，知者见之谓之知"，而在此山，"仁者"可闻松涛如慢板，"知者"能辨泉响若快板。

当"青山不墨千秋画"随四季变奏，云彩是飘移的装饰音，而"素心园"木屋与"谦德楼"筱筑则以榫卯为音符、瓦当为谱号，将客家古厝的智慧凝成一部无声的田园牧歌。极目北望，百侯山村百座祠堂的恢宏天际线，恰似交响乐团远处的铜管声部，而眼前百侯山庄园林的"凝固音乐"，正以凝固的旋律、流动的意境，教人沉醉于"建筑与自然共谱"的无尽乐章中。

山庄园林，含蓄的精华

依托南阳岽、蛇形窠树木青葱的美丽自然景观，精心设计与构建的五层民宿楼及两层附楼，奠定了百侯山庄民宿主体建筑之宏伟气象。远观近瞻此主体建筑，现代建筑元素构成的“玉宇琼楼”，饰以传统客家建筑元素的黛色琉璃瓦顶，塑造出既气势磅礴又清新静谧的人造景观。自然景观和人工造景有机结合的百侯山庄民宿园林主体建筑造型之典雅，特别是黛色客家建筑风格瓦顶，与山形地貌和谐协调，为整个山庄的园林打造留足了映衬、烘托且相得益彰的延伸空间。

民宿楼及附楼虽然是现代建筑，但带有传统客家建筑的典型元素。如民宿楼前面有半月形水塘，在客家传统围龙屋中称为“龙池”或“月池”。在客家传统农耕文化里，有水的地方，生气汇聚，水为龙脉，有山便有水，有水便有财。客家人追求“天人合一”的理念，传统围龙屋皆见“前龙池后花胎”，而民宿楼后面的依山平台，乃是“花胎”之客家元素。民宿楼整个“后靠”蛇形窠山岭，自然“风水林”苍翠茂盛，可谓郁郁葱葱。半月形水塘四周有溪石和花木点缀，水塘边的山形围墙外是荷塘小花园。小花园外坑水奔流，有路桥连接横贯侯北村、侯南村的宽阔省道。隔着省道，国家级文物保护单位肇庆堂古建筑群连起整个侯南村星罗棋布的客家古建筑，其浓郁的古色古香扑面而来，弥漫整个百侯山庄民宿园林。

百侯山庄民宿园林中最直观的文化标志是入口处可见的“素心园”木屋和其后面地势隆起处的“谦德楼”筱筑，这园名和楼名源自梅州市示范文化祠堂素谦公祠门联“素心铭志；谦德流芳”，意为传承以“谦”字为核心的村庄文化经典并发扬光大。

"素心园"木屋的山形屋顶散发着客家建筑的气息，木屋雅座，茶叙清香，让人感到放松与舒适。曾有朋友在木屋饮茶时，感慨山庄弘扬古村落精神文化而撰写对联两副：其一，（素谦宗功）"素心铭志居行简；谦德流芳俎豆香"；其二，（毂似祖德）"毂旦梓乡光裔胄；似星矜式曜山庄"。这两副对联遣词用字精准、对仗工整并工于格律，正好合成《七绝·"素心园"木屋茶香有咏》诗："素心铭志居行简，谦德流芳俎豆香。毂旦梓乡光裔胄，似星矜式曜山庄。"诗联中"毂""似"二字，源自素谦公祠的堂名"毂似堂"。细读此七绝诗，可知晓山庄弘扬传统文化之真义。谦德楼是园林构筑的点睛之笔，其门联"谦厚居南绳祖武；德隆望北见天心"，彰显传承古村落精神文化的殷殷之情和拳拳之心。而且，门联字词句契合《易经》五行之说，蕴含《诗经》六义之要，贯穿古今，覙缕格律，尽工尽善，可由浅入深品尝其太羹、折俎和醯醢之三味。"素心园"木屋七绝诗和"谦德楼"筱筑门联，乃山庄文化之培根铸魂之精粹和瑰宝。

如果说"素心园"木屋和"谦德楼"是精心设计的别致小建筑，其建筑外形、内部构造和独特诗联均体现天人合一、阴阳五行之说，既可感受到历史的厚重感和传统文化的弘扬，又能触发对自然、生命和宇宙的深刻思考，以及对人生境界和理想生活的追求，那么小楼外围之斜径转折，木屋内设之厢房、天井、檐廊，以及这两座小建筑随地势相依处及后面曲径通幽、移步探景和拾级登山，则集中体现了内敛、含蓄且以期升腾之精华。

民宿楼客房之轩窗和谦德楼二楼之墙体大玻璃，是百侯山庄民宿园林赏景的最佳位置，从那里眺望远处，在清澈明澄的天空下，东边廓山嶂、西边西山岭和北边天保寨等群山似骏马奔腾，整个古村落人烟辐辏，所有宽广风光尽收眼底，而且在视觉上仿佛所有景物都集中在山庄园林里，甚至感觉所见景物都在山庄园林范围内，从谦德楼后面登160级石阶而上，侯山景致也可一览无余。在蛇形窠山岭上，构建了“一横二圆”三座观景亭。其中一座凉亭叫朝霞亭，亭柱对联为“朝日又迎观景客；霞光还识放歌人。”这朝霞亭是自然景观与人工造景有机结合的典范，是山庄园林创设中富有感染力的独特人文景观之杰作。亭柱对联把“观景客”放在上联，符合儒家经典学说《礼记·乐记》所言：“乐者，天地之和也；礼者，天地之序也。”百侯山庄民宿，是为助推百侯乡村文旅而建的，应当以游客至上为原则，定然要“知所先后”，所以把民宿企业这一招商引资项目引进家乡蛇形窠山麓的“放歌人”放在下联。

站在蛇形窠山岭的观景亭下，俯瞰一村风物，我的思绪随着吹动衣襟的微风，任意飘飞。看着那从福建流来的梅潭河水像蓝色的绸带飘舞在这块熟悉的土地上，我想起现代诗人艾青的诗句“为什么我的眼里常含泪水？因为我对这片土地爱得深沉”。

所谓“含蓄的精华”，恰似百侯山庄园林中“藏巧于朴”的设计——不显山露水，却暗含千年文脉。梅潭河千百年来滋养百侯沃土，山环水绕间，粉墙黛瓦的古屋民居如星子散落，不争高广，却以檐角的弧线、门楣的雕花，将客家人“耕读传家”的信念凝成无声的密码。

若说客家先民择水而居是生存的必然，那么百侯山庄民宿的构建则是“含蓄美学”的自觉：一是民宿的黛瓦不覆金漆，甘为青山的陪衬，却以釉色深浅呼应四季光影；二是石阶随山势铺展，东阶100余级、西阶160余级，不争长短，却在错落中暗合《周易》“数往者顺，知来者逆”的时空观；三是楹联不书功业，唯以“素心铭志”“谦德流芳”点题，恰如茶香浸染木屋，祖训化入砖瓦，教人于无声处见真章。

这种“藏”的智慧，在文人园林传统中一脉相承。白居易退隐洛阳履道坊，袁枚营建金陵随园，皆以“隐逸”为表、“养心”为里。而百侯山庄民宿的独特，恰在将“隐”字化入客家血脉：不效仿白园借势龙门山水，亦不追逐随园风月繁华，只以蛇形窠一隅，将古村落的“耕读魂”藏于黛瓦木纹之间。

登朝霞亭远眺，梅潭河如蓝绸轻舞，却不见惊涛拍岸；古屋星罗棋布，却无雕梁炫目。这正是“含蓄”的至高境界——以简驭繁，以静制动，以留白代铺陈。当民宿瓦顶在天光中幻化出绛紫、碧绿二色，恰似客家山歌的转调：不凭高亢夺人，但以婉转余韵，教山河草木皆成和声。

归至谦德楼，凭窗北望，肇庆堂古建筑群如一部摊开的典籍。此刻方悟：真正的“精华”从不在形制恢宏，而在“藏”与“显”的平衡——若侯南百座祠堂是泼墨写意，百侯山庄民宿园林便是工笔点苔；前者以气象胜，后者以精微传神。

《春雨古屋》诗云：“墙瓦森然兴祖脉，云山缥缈隐元辰。”这“隐”字，正是百侯山庄民宿园林的灵魂。它不争“中国传统古村落”的盛名，却以黛瓦承接千年雨露，以石阶丈量客家心路，将“含蓄的精华”化作一首无须吟诵的田园诗。

第十一章 薪火相传

“春阴春雨复春风，重叠山光湿翠蒙。”甲辰龙年，似乎特别多雨。还记清明濡灌田野，又逢谷雨滋润春光。多雨的季节，蛇形窠山岭树木葱茏，黛色凝青；南阳岽峰巅，常见云遮雾锁。飘雨的日子，一村烟雨似蓬瀛。

牵挂不舍父母亲

百侯山庄民宿建成后，于2018年9月试业，国庆正式开业。开业后，见到一只黑色大鸟飞入附楼餐厅，还见到一只大型蝴蝶飞进主楼大堂。这只大型蝴蝶，翅面呈红褐色，有黑色带纹环绕，前翅先端向外突伸，像是蛇头，呈鲜艳的黄色。发现蝴蝶后，我用双手捧起它，慢慢走出大门外，把它放生了。但是，对于大黑鸟和大型蝴蝶飞来山庄的奇怪事情，我总想起阴阳相隔的父母亲。

父亲1994年仙逝，葬于西山下；母亲1998年仙逝，葬于西山下父亲坟墓旁边。父母亲两座坟墓相邻，皆在西山下。我还清楚记得，父亲在处于昏迷状态的弥留之际，还说有两个小孩拉他的脚，喊我们赶紧拉开那两个小孩。可是，只有母亲和我兄弟姐妹在他身边，哪有什么小孩呢？父亲仙逝后，我和哥哥到西山下找到安葬父亲的地方后，“打矿”（挖墓穴）师傅挖出了两个“骨头庵”（装尸骨的小瓮）。我们想到父亲弥留之际说有两个小孩拉他的脚的话，知道冒犯了逝者，赶紧叫师傅把两个“骨头庵”妥善安葬在旁边的地方，并烧香叩头表示歉意。然后，师傅在上一点的山坡挖墓穴安葬父亲。当时，生怕还健在的母亲忌讳，没有做合葬的“生基”。然而，压根也没想到母亲会那么快就撒手而去。

每年正月初五，是西山下祭拜父母亲的日子。在还没想到会把百侯山庄民宿这个招商引资项目引进家乡百侯来的时候，我曾站在父母亲坟墓前，面向宽广的百侯风光喃喃自语。我说想在距父母亲坟墓不远的地方，在父母亲视线范围里为家乡做点事情，让父母亲能看到。那时，只是心里的愿望和想法，没想到今天终于实现了。蛇形窠山麓，距西山下1000余米远，仿佛上天特意留下这块山麓芳草地，让我直接望见父母亲长眠的山坡。

农历三月十七上午，乡人朋友来山庄“素心园”木屋饮茶叙聊。我对乡人朋友说起黑色大鸟和大型蝴蝶飞来山庄的情景。他说道，在民间故事里，有许多关于蝴蝶的传说。比如“庄周梦蝶”“梁祝”的故事，几乎家喻户晓。去世的母亲，也许是化作蝴蝶来看儿女呢。

眺望着千余米远的西山下父母亲安息的山坡，我感觉心里有说不尽的话语，要向父母亲禀报。我好像在说，感恩上天垂爱，感恩祖上荫泽，让我半世人生几乎皆得所愿。祖祠前面的坎头园，兄弟合建了三层半的麟云楼；2013年，族人合力修缮的素谦公祠面貌一新，重光焕彩；蛇形窠山麓，我付出不少努力，终于让百侯山庄民宿这个招商引资项目落户家乡百侯，算是为家乡做点事情了。百侯山庄民宿可为来百侯乡村调研考察和观光旅游的客人提供食宿、休闲场所，让游客居住下来，沉浸式地了解古屋民居及其所承载的历史文化，可解决因走马观花、蜻蜓点水而未能深入挖掘文化瑰宝带来的千篇一律的快餐式的寡味报道的困惑，使古镇深厚的文化底蕴显示出应有的魅力，才不会埋没和浪费如此珍贵的人文历史资源。百侯山庄民宿园林已初具规模，“后靠”的蛇形窠山岭堆绿凝青。若从谦德楼后边拾级而上，登160余级石阶，可到达朝霞亭等三座观景亭，并可从另一边的100余级石阶下到山麓来。山庄前面，直到公路边坑水南岸，正在平整那里荷塘外的土地，以扩展山庄园林，可为日后来百侯名镇旅游观光而居住在百候山庄民宿的游客提供更加宽敞的休闲环境、更加优质的服务。同时，还拟栽种一些柳树，打造“岸柳成行”的景观，或立“岸柳成行”石刻，或建岸柳亭，与山岭上的朝霞亭相呼应……这一切，父母亲都没有看到。然而，看到黑色大鸟和大型蝴蝶多次飞来山庄，我相信是父母亲听到和看到了儿女的生活情况，放心安息了。我对着西山下所言，是在感恩上苍的庇佑，感恩命运的青睐，并告慰父母亲在天之灵。

居南望北传薪火

2024年，在“素心园”木屋后地势隆起处建成的“谦德楼”筱筑，不仅是一座建筑，更是一盏文化明灯。门联“谦厚居南绳祖武；德隆望北见天心”中的“居南望北”，既是对地理方位的描述，更是对文化传承的隐喻——居南而守客家根基，望北而续千年文脉。

百侯山庄民宿园林“居南”，是离卦之火，传文明之薪火。选址于南阳岽下蛇形窠山麓，属周易离卦。《易》曰：“离，丽也；日月丽乎天，百谷草木丽乎土。”离为火，火需薪传，而文明的延续恰似火种代代相承。离卦之“火”象征文化传承的永恒光明。客家先祖以“耕读传家”为训，南阳岽的苍翠山林、蛇形窠的潺潺溪流，皆是这片土地生生不息的见证。五星归垣之“根”：村中心所在的“五星归垣”格局（北倚天保寨水星、南临南阳岽火星、东迎廓山嶂木星、西接西山岭金星、中央侯南体育场土星），实为自然与人文共筑的传承密码。宿儒徐公设计的“三十六巷”，以鹅卵石串联祠堂宅院，恰似一条条文化根系，将客家人的生存智慧深扎故土。

山庄园林“望北”，乃绳祖武而见天心。谦德楼楹联中的“绳祖武”，是以谦厚之心循先人足迹；“见天心”，是以德隆之志窥文明真义。绳祖武：山庄的黛瓦木楹、荷塘绿道，皆呼应《诗经》“式穀似之”的祖训。游客在此会有许多想象，想象着触摸客家古村的夯土墙，想象着聆听“勤俭诚朴”的山歌谣，进而感慨眼前饱含客家元素的建筑的一砖一瓦，是对客家先民精神的活态传承。见天心：登楼北望，侯山古村星罗棋布的古厝群落，恰似一幅“文脉长卷”。远处的天保寨云雾缭绕，近处的“素心园”茶香扑鼻，传统与现代在此交汇，文明的薪火在砖石草木间悄然传递。

昔年徐公筑三十六巷，以鹅卵石路串联宗祠宅院，今朝山庄立谦德楼，以文旅之力赓续文脉：修缮祖祠素谦公祠、保护古屋民居，让“粉墙黛瓦”成为客家人“耕读传家”的无声教科书，此乃守古。打造朝霞亭等景观，将杜甫“一行白鹭上青天”的诗意融入现代设计，让游客在沉浸式体验中感知文化精髓，此乃开新。谦德楼门联融《周易》五行、《诗经》六义，如日月合璧，既仰观天文之变，亦俯察地理之厚，将客家文化的“道”与“器”熔铸为传承之碑，此乃承启。

山庄园林的“居南望北”，是方位，更是使命。离卦之火，照亮了南阳岽的层峦叠翠，也点燃了侯山文脉的千年长明灯。当游客漫步荷塘绿道，或登亭远眺时，他们脚下的每一条土径，耳畔的每一缕山风，袖上的每一片云彩，皆是客家先祖留给后世的嘱托——以谦厚承祖德，以德隆传天心，让文明的薪火永续不熄。

千年百侯　人文之乡

第六部分

新编家训　文摘馨香

第十二章 新编家训

俗语云："国有国法，家有家规。"家训家风的首要功能是"齐家"，即对家庭实行有序治理，重视其规范的功能。在古代儒家传统中，修身是齐家的基础，齐家又是治国、平天下的前提。

百侯镇政府把杨之徐故居谷诒堂作为百侯姓氏家风家训展览馆。作为梅州市首个中国历史文化名镇，受历史文化的长期浸染和熏陶，家训、家规等传统文化一直绵延不息、薪火相传，使古镇始终保持着清新雅致的气息。数百年来，以杨、萧、池、丘为代表的四十余个姓氏，其各房姓的大家望族世代延续书香，皆为衣冠世家之典范。先贤留下的家训家风，与中华传统文化相连，字字珠玑，内容包括修身、齐家之要义，值得后世深思镜鉴。

明清杨氏祖训

杨氏四十一郎公往百侯铁炉坝操持铁业，乃繁衍出百侯杨氏之望族。康熙、乾隆年间编修的杨氏族谱记载，百侯杨氏始祖（亦是大埔杨氏始祖）四十一郎公，据传系延平龟山先生后裔。

这“延平龟山先生”，是指北宋著名理学家、教育家、诗人杨时。成文的杨氏家训最早出现于杨时所编撰的宋版《弘农杨氏族谱》，其中明文记载的杨时家训有十条：一训父慈，二训子孝，三训臣忠，四训夫义，五训妇从，六训友恭，七训敬长，八训择友，九训睦族，十训和邻。简单的二字训言，易懂易记，不仅可以课训童蒙，也用来惕厉自省。此后各朝代杨时后裔谨遵祖训、恪守家规，以传承祖德为核心的家风也愈加浓厚，家训文化的内涵亦愈加丰富。明代杨氏家训为：勤耕务读，敦伦孝亲，卑无犯上，富莫骄贫，居仁由义，睦族和宗，布衣菲食，气忍家宁。清代杨氏家训主要内容有：顺父母，睦兄弟，和宗族，完国赋，务勤俭，勤耕读，谨丧祭，慎嫁娶，安本分，禁非为，守公法，记铭言。

百侯杨氏家训

百侯杨氏家训，沿袭历代杨氏家训，并遵从朱子治家格言。现从杨之徐故居谷诒堂的百侯姓氏家训家风展览馆，摘录百侯杨氏家训，内容如下：

一、顺父母

父母者，天地也，顺父母即顺天地，逆父母即逆天地矣。故百行以孝为先，养育之恩永世难报。孝顺必有孝顺子，忤逆终养忤逆儿。只顾妻子儿女而不赡养父母者，如禽兽也。敬老好儿女为人知之榜样，虐待父母者，家法之训处也，国法应惩之。

二、睦兄弟

兄弟者，手足也，骨肉也。世间最难得者，兄弟也。兄弟间，或因语言伤和，或因财产相争，或听妻子谗言，萋菲便成贝锦，以致骨肉相残。大则惨伤拘讼，互打官司；小则朝夕怨言。一时之分忿，终身阋墙。所谓同室操戈，或家破人亡，或不如相交朋友，成为父母之过错。尔本身又何必生儿养女也。为人者以友为兄弟，族人当睦更有于别。宗族之兄弟，是一脉相传，何又不如朋友也。

三、和宗族

宗族者，同宗共祖之人也。虽有亲疏贵贱之别，其始同出于一人之身。故尧典曰：亲睦九族，周室则大封，同姓宗族之谊，由来重矣。今世俗沦薄，间有挟富贵，而厌贫贱，恃强众，而凌寡弱者，独不思富贵强众，为祖宗身后之身乎？观于此，而利与害共，休戚相关，一体同视可也。凡我族人，当和宗族，以强欺弱者，家法诛之，国法惩之。

四、务勤俭

勤俭者，起家之本，传家之宝也。立业之基，人生所当务也。勤而不俭，则财源于奢；俭而不勤，则财终于困。人世间，常见名门世族，莫不由祖考勤俭，以成立之本，下代之福；莫不由子孙奢侈，以败家业之旨哉。是言，盖俭则富贵长保，家计不难振兴。倘男子不务耕作，女子不事机杼，好逸恶劳，鲜衣美食，一旦娇惰，习惯俯仰无资，将祖资财一败而空，拖衣漏食。凡我族人，当务勤俭。

五、勤耕读

我祖教诲，守祖宗一脉相传，克勤克俭，教儿孙两行正道。宜读宜耕，耕读者遂生复性之良策也。王政首重，农桑大学，必先明德，语云：地内出黄金，一字值千金。又古训曰：少壮不努力，老大徒伤悲。有志者，事竟成。一夫不耕，或受之饥。又曰：子孙虽愚，经书不可不读。凡我族人，当勤耕读也。

六、谨丧祭

丧祭者，慎终追远之大事也。丧尽其礼，祭尽其诚。父母在世时，子女应尽心奉养；父母离世后，则应从简治丧。无须无财大操大办，丧事从简，也不能俭而不顺民情。凡我族人，当谨慎治丧者也。

七、慎嫁娶

闺门，为起化之源，家规不可不肃。男大当婚，女大当嫁，古之常情。应扫除男尊女卑、重男轻女的思想，提倡男女平等。嫁女乃人伦之始，联姻不可不慎。男女婚姻，不能包办代替。嫁女择佳婿，娶媳求淑女，勿计厚奁，重取聘金，贻误后世子女。凡我族众，当共凛之。

八、安本分

本分者，人生分内当为之事也。未老不能享老之福，未富不能享富之福，未官不能享官之福。凡事尽在其中，不以干名犯义，而取优辱。人要经少中壮老，享要与年龄相当，超前享受害自己，勤劳勇敢富终身。安分守己，立志做人，好逸恶劳，贪图享受，葬送自己。凡我族人，当共戒之。

九、禁非为

守法奉公，全躯保身之要道。灭理犯义，亏体辱亲之污行。工、农、商、学、兵，各有本业。偷抢嫖娼，为非作歹，法律之不容。目不视恶色，耳不听恶声。长幼有别，老少有分，敬老尊贤。吾族忠厚传家，清白世宗，岂容不肖子孙败坏家风？凡我族人，立应禁之。

十、诫谕族众

要父义母慈，兄友弟恭，子孝孙顺，夫妇有恩，男女有别，妯娌相和，姐妹相爱。子弟有学，乡闾有礼，贫穷患难，婚姻相扶，死丧相助。农无惰耕，仕无惰读，商无惰出，工无惰作，女无惰织。毋作贼盗，毋学赌博，毋好吃讼。毋以恶欺善，毋以富欺贫，毋以势欺弱。毋听小人教唆，毋听妇人谗言。毋谈官吏长短得失，毋议他人是非曲直。不可从道士烧炼，不可信浮屠看经，不可容师巫出入，不可容媒娼往来，见善必亲，见恶必避。凡我宗亲务必遵守。

新编家训30条

我将撰写本书过程中的一些所思所想，即书稿文字里蕴含人生哲理的表述摘录、整理出来，虽冠以“家训”之名，但实际上是以近乎口语化的方式，寄语素谦公祠裔孙，并作为素谦公祠裔孙家族史的组成部分。根据本书篇章内容摘编成的家训，不敢说是格言，充其量有点格言的味道，但亦是我作为素谦公祠裔孙半个世纪以来的人生积淀。明清杨氏家训堪称经典，一直被百侯杨氏遵从。百侯杨氏各房也有各自补充的内容或特别注重的要则，如百忍楼有“百忍歌”，素谦公祠则特别突出“谦”字家训和“榖似”准则。现把新编家训30条列举如下：

（1）当你有能力回报家乡时，尽自己绵薄之力为家乡做点事情，你会感到非常欣慰，心情无比快乐。

（2）必须保持对祖上的崇敬之情和对家乡深厚历史文化积淀的敬畏之心，牢记素谦公祠的“谦”字祖训，弘扬祖训精神，努力传承祖祠文化，承前启后，继往开来。

（3）不要强求年少时不会懵懂无知，但随着年龄的增长和阅历的增加，对事物的敬畏之心应该日益增强，渐渐学会谨言慎行。

（4）上天眷顾你，就会让你成为善良厚道的人。换句话说，唯有善良厚道的人，上天才会偏爱你。

（5）所有的幸运，除了自己勤奋努力，更主要的是，因为善良厚道才会一次又一次得到命运的偏爱。

（6）人生在世，只有付出才会有收获，天上永远不会掉下馅饼来。只要尽了努力，若目标还是未能实现，那就是命运问题了。

（7）只要自己已经尽力而为，至于是否能达到目标，就要看时运如何了。人有成就事情的愿望，并且努力过了，但过程中实在有许多意料不到的变量，可能会影响结果，因此成功与否就要看上天的意愿了。

（8）“上天”“命运”或许可理解为自己无法克服、难以把握的主观原因和客观原因。毕竟人不是孤立的个体，往往受外界的影响，牵一发而动全身。世事变量多，无法全部操之在我，不如抱着顺其自然的态度。若尽到努力，诸事就可能变得容易。

（9）内心纯净无杂质，总能得到上天的眷顾。必须永远用善良厚道的心来感恩上天，感恩命运，感恩社会。

（10）用善良厚道的心不断付出，就会一次又一次被世界所偏爱。一个善良厚道的人，内心找不到任何理由不热爱这个世界。

（11）真正的自由自在不仅限于物质满足，更在于身心层面的解脱。物质丰富不一定带来内心自由，而身心自在才是真正的快乐。不应被名利等身外之物所束缚，而应追求真正的逍遥自在。

（12）创设文化氛围是必要的，但要尽量避免花里胡哨的布置。少而精，恰到好处且有意义的装饰反而会收到更好的效果。

（13）素谦公祠流传下来的“谦”字祖训，既是祖上的人生智慧，又是历代裔孙为人处世的原则。希望后代子孙能遵循祖训，谦恭礼让，勤读诗书，凡事平心静气，以和为贵，不要惹是生非。

（14）孝顺是子女对父母的一种善行和美德，是家庭中晚辈在处理与长辈关系时应具备的道德品质和行为规范。

（15）尽管时刻未忘勤谦敬恕，而且总是执着努力，但所有愿望得以实现都是上天的恩赐、祖上的恩泽、命运的垂青、世界的厚爱。

（16）从漫长的人生旅途来看，正应验了这样一句话：“人有善念，天必佑之。”

（17）即便自己付出努力后取得了一些成绩，亦非自己真的有能耐，而是上天照应罢了，不应骄傲自满。

（18）孝是仁之本，也是一个人做人的根本。做人的根本在于孝悌，没有了这个根本，就像树木没了根，很快会枯萎；就像水没了源头，很快就会枯竭，福报也就无法绵长。

（19）对先祖赐予生命保持感恩，领悟生命的珍贵，从而更加懂得感恩与珍惜生活中的点滴。祖先是我们生命的根基，犹如河流有源头，源远流长；又如树木有根系，根深叶茂。尽孝道，恭敬祖先、父母，生命才能更加壮大，人生才能更加幸福。

（20）饮水思源，知恩图报。这是人生最高的智慧、最厚的品德、最大的福报源泉。

（21）一个人生活在世界上，要不负韶华，踔厉奋发，才能有所作为，有所成就，不枉此生。

（22）父母的唠叨是对儿女的爱，是人世间最深沉、纯粹的情感，最朴实、动人的语言。

（23）人生路不可能总是一帆风顺，做任何事情也不可能总是顺心如意。当遇到困难和挫折时，不要灰心，要勇敢面对，相信好运终会到来。

（24）所有付出，都是为了感恩上天的青睐、祖上的荫庇、社会的厚爱。

（25）应当深刻感悟“机会总是留给有准备的人”这句话的含义，自觉为实现自己认定的目标而执着坚定地努力。“努力”应成为自己的生活态度和习惯，即常常没觉得自己在努力，其实一直在努力。

（26）命运不是自己所能把握的，自己能把握的唯有勤奋努力。

（27）“勿以恶小而为之，勿以善小而不为。”对坏事要防微杜渐，坚决不做；对好事要从小处做起，多多益善。

（28）一切成绩的取得都离不开自己的勤奋努力。人活在世上，一定要勤奋努力。命运与勤奋努力的辩证关系，似乎千真万确。

（29）一个谦虚有修养的人，会受人尊敬。即便他地位不高，物质财富不多，别人也难以超越其做人的水平。

（30）“寄蜉蝣于天地，渺沧海之一粟。”在社会大潮中，个人是渺小的。个人命运不只是个人行为的结果，还受多种因素影响。面对各种人生际遇，应保持乐观、宽容、理解的心态。

第十三章 文摘馨香

在南阳岽下蛇形窠山麓的百侯山庄民宿里，“居南望北”牵起祖祠素谦公祠裔孙的家族史，牵起包括素谦公祠在内的侯山百余座古建筑所承载的厚重历史文化，感慨之情连系着半个世纪的人生轨迹，连系着飘向那诗和远方的天边云霞。在此村之南的宝地，文化藻饰必须符合“大道至简”之要义，必须有根有魂。于是，现谨摘录了《百侯赋》《侯南赋》《侯北赋》三篇铺陈百侯历史文化的经典文赋，以期丰富百侯山庄民宿文化内涵，更好地传承和弘扬百侯古镇厚重的历史文化。

百侯赋

袁光明

廓岭山苍，清远河长。百侯古镇，秀甲一方。南连高陂，北界岩上，西接县城，东邻枫朗。风物之美，史传多誉；人文之胜，邑地无双。客家名镇，历史悠长；文化渊薮，邹鲁之乡。

百侯之秀美，美在山水。侯山灵秀，梅水迂回。奇峰拱卫，四野拥翠。仰望帽山高耸兮，层峦叠嶂；俯瞰梅潭澄清兮，碧波荡漾。狮潭夜月，静闻马寺晨钟；西岩朝翠，遥映东廓晚霞；石礤双流，远眺桃花三峙；梅滩霜叶，红染滑濑雪花；平畴犁雨，归见比屋炊烟；野渡横秋，犹忆古榕荫夏。景景藏逸事，处处皆文章。侯山十二景，景美如画廊。

百侯之厚重，重在于史。植根中原，肇基南疆。宋代南迁，源远流长。“蔡仙圳”，象征农耕智慧；“堠山人”，见证历史沧桑。古称白堠，源于兵防。易名百侯，先贤力倡。希冀乡土，才俊人昌。物阜民康，有“小南京”之美誉；山明水秀，胜“桃花源”之风光。百侯民众，男女自强，厚德载物，人性纯良。百侯富工，作坊产销两旺；百侯宜业，人勤稻菽飘香。“鲤鱼灯”“舞金狮”，入选“非遗”；“迎祖师”“作大福”，祈福迎祥。风味小点，谱写美食文化；耕读传家，袭承万世纲常。聚族而居，卅六巷迷宫扑朔；临河而肆，百年街游客徜徉。通议大夫第，犹闻书声绕梁；萧氏鸳鸯祠，宛如华胄登堂。“关西世胄”，媲美玛雅文化；“莲瑞流馨”，飘溢兰桂芬芳。中西合璧海源楼，金枝玉叶肇庆堂。“三乡”之誉，远播四方。

百侯之殊胜，胜诸人文。地灵人杰，凤翥龙骧。英才辈出，名标金榜。“朝为田舍郎，暮登天子堂。”一腹三翰院，九孙同举乡。七叶衍祥，人伦奇迹；廿三进士，侯山书香。杨之徐“深山伏龙”，杨缵绪“抗题”流芳。萧翱材，开朝第一进士；张仪坡，解元魁首文章。丘元遂六岁能文，“神童”誉称；萧宸捷六十修志，春容气象。及至近代，生活教育，行知提倡。北有晓庄，南有百侯。创办幼儿园，领先全国；百年中小学，誉满序庠。曾记否，南昌举义，火种播撒侯乡。工农革命，朱德演讲铿锵。百侯儿女多奇志，巾帼须眉爱武装。追求真理，投身革命。万里长征，史册辉煌；救民倒悬，著功家国；御侮抗日，浴血疆场；夙夜在公，国之良弼；科教兴邦，经世栋梁。君可知，梅州人文有大埔，大埔人文有侯乡！

盛世圆梦，号角劲吹！今日之百侯，沐浴春晖，经济发展，本固元培。社会和谐，国泰民安。“中国历史文化名镇”，人文百侯实至名归。喜百侯之今日，无处而不芳菲。街衢纵横，建设有规。琼楼比肩，古巷奇瑰。天蓝水碧，环境优美。细品千年之风韵，领悟古镇之精粹。群贤毕至，流连忘归。有志者事竟成，圆梦在作为。波澜壮阔，壮志豪情书长卷；万众一心，宏伟蓝图共描绘。愿我之百侯，大鹏高飞，一路翱翔，超越侪辈。天佑我百侯，风云际会，天地人和，锦上添辉。

歌曰：奏响时代新曲，拥抱世纪祥瑞。共创幸福百侯，古镇明日更美！

（本文来源于百侯人文网）

侯南赋

邱汉章

廓山雄峙，梅水奔流。溪南风土，钟灵毓秀。襟五村饶沃兮，连四镇之物华，蒙天赐花蕊渥优；环千仞芳林兮，接三省之关隘，乃演绎客家春秋。宋时此地，隶属潮州。耕读传家，崇文尚学，稼穑平畴。隆师课子，文武合一，术德兼修。明清两代，科举兴盛，魁甲相望，棣萼交辉，角逐鳌头。近代新学，推行陶教，文化普及，北有晓庄，南有百侯。

文翰荟萃，藻饰山川。昔中原旧族，避战乱南迁。筚路蓝缕，宋末播火溪南。择此盆地，勤力耕读，水火菽粟，瓜瓞绵绵。今古槐新绿，耀宗光门前。井灶桑榆，星光闪烁窗轩。楣杆耀祖，门庭焕彩，多姓聚居，黛瓦青砖。木有本，水有源。寻根底，溯肇端。至明嘉靖，杨家八世祖淮公，建大书斋，始兴学塾办书院，孕育子孙，乃开山村文脉之先。先祖芳泽兮，明德惟馨，澧兰沅芷，馨香瓦檐；霁月光风兮，高山仰止，景行行止，日月可鉴。赖祖宗之庇，杨氏家学崛起；其孚尹旁达兮，竖立旗帜标杆。勤学精思，文墨浸染。留心学业，书香弥漫。康乾盛世，魁甲峰巅。当是时也，杨氏懋学，神采奕然。科甲显赫，蝶舞蹁跹。杨氏士薰公，雅号南麓，领大家望族，一揽诗书世家、同榜七魁、一同怀四魁、同榜十秀才、同榜三进士、兄弟七进士、翁孙八进士和一腹三翰院之美誉，蜚声遐迩，广为流传。科举功名，莫过一腹三翰院矣。今南麓公祠修缮，设置翰林文化馆然也。冰冻三尺兮，非一日之寒。学塾学堂兮，举目可见。至深至厚兮，家学渊源。祖德祖尝与文风文会兮，息息相关。宗族兴旺兮，官厅古屋大量兴建。门庭光彩，气派非凡。登高而望，比屋相连。炊烟袅袅，无比壮观。屋名堂名，文辞劲丽，翰墨浓郁，甚是俨然。户户门庭，可读墨香对联；家家古屋，可阅鎏金牌匾。士薰公令郎之徐，乃粤东第一进士翱材外甥，考中进士，德才文献。之徐五子进士，十一孙举人，二侄子进士，三侄孙举人，可谓科举夺魁之懿范。俊采星驰兮，光辉灿烂。乘风破浪兮，直挂云帆。一腹三翰院者，之徐妻子饶氏一腹，生下杨缵绪、杨黼时、杨演时三翰院。乾隆十二年，丁卯科乡试，杨缵绪子侄七人中举，其中两人是缵绪之子，庆贺之声震云霄。无人可项背兮，村土罩光环。桂林闻喜讯兮，热泪滴砚旋。竖旗祭祀兮，终不负苍天。之徐与缵绪父子，皆有侯山十二景吟咏，脍炙人口，妇孺皆知，珠玑犹存，诗化侯山矣。每每诵读，思绪万千。诗情画意，浮想联翩。观夫东廓晚霞，西溪景焕；西岩朝翠，碧彩云天；桃花三峙，雾绕玉簪；石礤双流，银沫飞溅；马寺晨钟，昴宿吐绚；狮潭夜月，光映船舷。梅滩霜叶，红枫染岸；滑濑雪花，折舟楫旋。野渡横秋，翠风叠船；古榕荫夏，绮梦流年。平畴犁雨，耕读丘田；比屋炊烟，瑞霭阡陌。黼黻河汉兮，金风玉带拨云弦。藻饰川岳兮，松涛竹海涌文澜。地域文化中心兮，粤东科举之摇篮。礼彰而化穆，乐合风宣。日煦天回，万灵胥萃，坤转乾旋。一岸行知路，旧貌换新颜。历史云烟虽缥缈，古榕清风却眷念。众生济济，德柄虔虔。墟市旧梦，浪漫风雅，古韵隽永，骑楼老街已修缮。一溪碧绿，沿岸鸿图华构，翠岳灵秀纳宇寰。

古屋最多，唯此村庄。文风鼎盛，门庭显赫；比屋翰苑，楣杆高扬。科门甲第，光宗耀祖；檐牙铁凤，诉说沧桑。官宦深院，富商大宅，明亮宽敞，富丽堂皇。名人故居，仕宦官邸，书斋学塾，历久弥香。乾山巽水，避风向阳。地域文化，堆积檐墙。轩台庐室兮，清新风雅；堂楼祠第兮，气宇轩昂。客家建筑，星罗棋布，叹为观止，曾经辉煌。观瞻通议大夫第、州司马第、肇庆楼、海源楼、百忍楼、植槐堂、树德堂、谷诒堂、孝思堂、一原堂、思成堂、南麓公祠、敬造公祠、关西衍派、丘氏别业、大书斋、书房里等等，黛瓦叠叠，门庭韡韡，彧彧屋名，馥馥其芳。目不暇接，襟袖月塘。道履文采，熏灼天章。古建筑奇观而瑰丽兮，含弘光大，集此一隅，流连忘返，任凭随心鉴赏。旧文辞雅赡且懋化兮，意蕴隽永，于斯千秋，浓墨雍穆，何以悉数端详。朱子曰：祖宗虽远，祭祀不可不诚；子孙虽愚，经书不可不读。古训经典，正契合溪南邹鲁乡矣。礼乐有序，文化炽昌。溪南村土，百座祠堂。祭祖先，修族谱，定家法，敬恭诚而笃其庆，昭穆序而锡之光。溯源追根，慎终怀远，孰事有恪，忠孝节义而齐家睦邻，尊道垂训而励志图强。通议大夫第，又称一腹三翰院，御赐牌匾七叶衍祥。雄雄屋脊，鹏徙南冥；平畴展翅，其色苍苍。门前一望青青色，云锦化诗行。堂名厚墨犹苍劲，楹联辞迈，瓦楞檐牙，麒麟石鼓，天朝书宦迹，映文曲天罡。官厅府第兮，左为兰台书屋，右为南麓公祠，读经祭祖，家族兴而香火旺。天高地厚兮，坐北向南，檐瓦叠翠，鹞窠送绿，清风来自麻竹山冈。天堡寨，西岭山，南阳崇，西岩山，东西南北，峰峰雄胜而环秀，朝阳晚霞，铺彩芳村，诗化廓山障。植槐堂，田螺形，全土木，规模大，后楼房。围屋外，石榍杆，两书斋，见南轩，锄经忙。瓦楞整齐，带釉嵌镶。屋顶两端，麒麟凤凰。木石雕刻，独一无二；艺术氛围，浓郁非常。十四柱础，精品琳琅。石雕鲜活，效果优良。八十雕琢，花鸟虫鱼，龙凤麒麟，各具形象。厅墙正面，案桌摆放。祖宗牌位，肃穆中央。堂名牌匾，悬挂木梁。植槐寓意，勤读苦耕，以获功名，报效乡邦。柱木厅屏刻祖训，关西世胄颂彣彰。肇庆堂，犹存风韵，奇珍异宝藏。仁登寿域，二匾留墨，不同凡响。中西合璧，金枝玉叶，围墙难遮雕梁画栋之雅昶。各房各姓，人烟辐辏，墙瓦覆压，热闹一方。青砖黛瓦炊烟久，雅第文风古巷长。三十六巷，巷巷都一样。时光穿越，浮想联翩。如逢丁香花雨，还记桐油伞味，轻踩鹅卵石滑亮，时见神秘石敢当。若梦雁过，旧时相识，飘过幽静悠长。春浓东廓兮，琼章云锦；秀拱西岩兮，焕彩玄黄。文明济世兮，皇皇祠宇；毓秀新风兮，涅槃凤凰。

英才辈出，灿若群星。才藻富赡，书经荧荧。康雍科举，金榜题名频频。溪南杨之徐、丘元遂、杨必蕃、杨成梧、杨文振等等，进士十七人，光曜门庭。三翰院兮，杨缵绪、杨黼时、杨演时荣为钦点翰林。青青子衿，悠悠我心。风物灵秀兮，门第光辉拱山楹。举人百余人，荟萃群英。崇山峻岭之进士村，并非虚名。呦呦鹿鸣，食野之苹。百侯辖地，封侯百位；榍杆高高，门庭赫赫，先辈功名留表旌。风云变幻，砥砺前行。时维近代，风骚又领。乡杰翘楚者，如杨德昭、杨建平、丘肇周、杨永松、杨英耀、杨兰史、杨建仓、杨自修、杨应彬、杨文采、杨捷兴、丘焕波、杨培新、杨作龙、杨茂轩、杨隆生等等，兴德炫耀，聚奎炳炳。杨德昭，国民革命军中将，请来晓庄骨干，推行生活教育，百侯中学创校三贤之一。杨兰史，长征干部，延安抗大教育科长，毛主席亲笔题写悼词的革命烈士。杨永松，人民解放军少将，开国将军。杨应彬，十二岁出版陶行知题写书名的《小先生的游记》，潜伏敌营十年的谍报英雄，为新中国诞生立下不朽功勋。陶行知学子兮，应彬有幸遇陶教，楼梯哀乐抒文采，若神话灵鲲；左联山海经磨炼，潜伏虎穴历艰险，救东纵而逢兴隆国运。小先生兮，峻岭菁莪洵美异，难得苦孩棫朴；少年日记行知字，再版新墨沐熏。其序二曰：少年哀乐过于人，而梦萦故土晨昏。群峰鼎峙，思绪千缕；梅河咏月，还酹一樽。兵戈戎马，溪南留足迹，异地才俊追寻。朱德，率起义军到百侯，发步枪三十支，神采长留溪南村。罗明，中共早期革命家，百侯中学任校长，开展抗日救亡，革命风范长存。唐文粹，陶行知派来的晓庄骨干，新四军政治科长，皖南事变牺牲，长眠月形峰，烈士风骨化彩云。黄让三，黄埔军校学生，三河坝战役负伤，留在大埔革命，下贤窠战斗受伤，惨遭敌人杀害，骨骸葬月形峰，烈士精神曜乾坤。山如月，颂烈魂，红色篇。英雄地，老苏区，小延安。音容如昨日，时光一瞬间。古榕见证，潘一尘、程今吾、程本海、唐文粹、朱泽甫、钱寒康等十多位晓庄精英，推行生活教育运动，播撒火种，个个心拳拳。时称小南京兮，南方陶教发祥地，东风桃李争春。翠灿溪岸兮，葱郁黉舍，韡韡焜焜。

生活教育，于斯为盛。廓岭山麓，晓庄钟声。行知思想，玉汝于成。乡村庠序，步入新程。古榕荫下，行知礼堂墨迹长仁。期以百年，寿仪充学百福具臻。江浙名师聚，校长潘一尘。

生活即教育，社会即学校，教学做合一，黉舍内外，陶教铺陈。旋风劲吹，百侯中学分设初中部、艺友制师范班、小学部和民众教育馆，化育吉辰。溪南各姓各房私塾，有思成、一原、步梯、锡尔，有初级小学校、杨氏高级小学，合并为中心小学，附属百侯中学，一条龙飞腾。小学部设高、中、低、幼四部，上课场所是祠堂，附丽意蕴远而深。高部杨氏大宗祠、大书斋、荣封第、树德堂、钟屋等；中部南麓公祠、李屋祠、陈屋祠、州司马第、孝思堂、敬造公祠等；低部下祠堂、一原堂、丘氏别业、关西衍派、书房里、黄屋祠、上大房等；幼部思成堂，可谓之厅堂轩室青墨，绮质可珍。文采炳绚，书香凝瓦楞。千教万教，教人求真；千学万学，学做真人。文化为公，百侯精神。

嗟夫！盛产进士兮，珠玑府第；荟萃文翰兮，黼黻家园。兴庠序，勤耕读；咸孕育，书万卷。传说典故，诗词楹联。汉乐汉剧，精彩表演。鲤鱼灯，竹板歌，五鬼弄金狮，民间艺术异彩纷呈，民俗文化历代承传。忆子粄，芋子粄，鸭松羹，豆子羹，酸枣羔，薄饼和牛肉干，传统美食，渗透历史文化之久远。点点滴滴，林林总总，一溪滋两岸，一瓣光九畹。溪南之特色，在于翰墨文采，在于沧桑古屋，在于客家历史之咸菜饭。昔日先祖于斯落脚，开枝散叶，藤遒蔓劲，绿叶葱茏，瓜瓞绵绵。田园濡灌兮，灵河落而翠风纡缦。饮水如琼浆兮，屋前屋后古井涌玉泉。祖功宗德长庇庥兮，历史乳汁之甘甜。客家开基，顺水边沿。逢山开路结茅，遇水搭桥飞鸢。土楼围屋，夯筑志坚。野径道履，命脉根缘。退而结网，不负羡鱼临渊。结言成赋，崇敬轩辕。壶天日月，黄洛墨研。添以四韵，自谓之足偿夙愿矣，已可得澹然云尔。诗曰：

文翰奢侈萦巷陌，人烟辐辏聚儒贤。

珠玑荟萃留痕迹，历史佳肴余味鲜。
夹岸哭歌风叠翠，一溪魂梦水流年。
骑楼修旧牵情愫，马路翻新念境迁。

（本文来源于百侯人文网）

侯北赋

邱汉章

虎山巍巍，梅水汤汤。兰陵郡望，溪北荣光。宋时此地，旧辖海阳。山连旧寨，接新乐软桥直走武塘；水自南山，流横乾曲滩奔向韩江。天空明朗，碧绿田洋。客家村土，山高水长。昔蔡仙凿圳，濡三村而灌田庄。今祖祠修缮，拱四峰而秀鸳鸯。天壤和而契冥化，福祉祯祥。家国穆而咸孕育，明德馨香。古屋余风，民居旧韵，尽显文化积淀之辉煌。青砖黛瓦，井灶樵爨，折射朴实无华之光芒。贤良辈出，俊采星驰，众所矜式，文化阐扬；柔儒茂质，辞章窈渺，绮绣文采，奕代流芳。追根溯源，笙镛琴瑟该乐章。候历维新，分四序而缀三光。知所先后，裔孙敦古道尚孝义，铭心发奋图强。时逢至道，千秋俎豆，奕叶箕裘，三公塑像耸立兰陵广场。源流麟趾，椒实繁衍，远播寰宇，衍庆方长。咏仁蹈德，盛功丕扬。进士翰林金字曜，仰瞻新筑牌坊。

平畴沃野，宽广风光。青山耸翠，绿水奔流，土地肥沃，花果飘香。岭岑透绿，翠微苍苍。徜徉崭新村道，坦荡途归，车来车往。步履宛然河堤，熔金画岸，香风骀荡。竹风摇曳，小溪清凉。远山近丘，翡翠嵌镶。路远风淳，芳香弥漫心房。春播夏作，秋收冬藏。五谷丰足，四季安康。毗屋祥和，惠风浩荡。田园农耕，一派生生不息景象。民丰物盛，万物辉光。山清水秀，鸟语花香。金风馥郁，情愫芬芳。汤下石，迎蔡仙圳清溜而花滴露，眷念踏山岗。城墩头，拥龙眼树青葱而风亦碧，遐思纳阴凉。望楼下，仰鸳鸯祠肃穆而云移远，联想菊花黄。下新圩，引银河水滋润而梦亦暖，回忆稻花香。狮子岩，船泊夜月吟古韵，渔歌唱晚诉衷肠。梅树滩，古树倒映添异彩，浪似梅花逐溪光。沙岗尾，桥栏横切西溪翠，马阜送青堤坝长。省道扩宽添景致，直通高速下潮阳。云霞飘逸，溪流叠嶂。山环水绕，植被层峦，澄辉潋滟，粼波澹荡。远眺山青而馥，近瞻水蓝而馨，木桥摇摇流水长。风光连旧寨，涧碧入青苍。碧水滋润田野，青山庇佑村庄。恒辉风色，扶摇天籁，若木曦和，穷极文采，花木浮香。天蓝蓝，云泱泱。水潺潺，日朗朗。梅河弯转西溪翠，仙圳金墟流水汤。洞天旧凿星河引，花木深，草色青，苔痕绿，曲径通幽，踩踏树影，襟袖山光。仙人洞天，悬崖飞瀑，黄花蜜菜香。宋代摩崖字难辨，龙潭曾浮金银各一缸。玉带飘移风日好，村道新铺意气扬。古树耸立，竹影婆娑，河水清澈涟漪，旖旎风光入画香。芳草嘉树，古屋点缀，万物和谐，清爽鲜亮。山青水广，村景俨然，禀赋独秀，莺歌燕舞，潺潺流水，绿油油郁葱葱，村落山水滋膏粱。天朗云闲，岭峦岑寂，翠竹摇风，鸟鸣婉转，梧桐分绿，金桂合香。山麓人家，错落有致，岭光曜山墙。竹光泻翠金缕缕，绿枝琼花银点点，若入蓬瀛仙境，感慨天清气朗。

毗屋人家，雄伟柱梁。人烟辐辏，兰陵望派，书香门第，文翰深藏。明清建筑，星罗棋布，德馨祐受，溢彩流光。客家村落称经典，耕读文明永传芳。宗祠家庙，名人故居，仕宦官邸，课读书斋，古色古香。江西衍派，侯北开基，一脉源流，三村茂盛，光前裕后，俎豆芬芳。乐于斯地，耕在其中，既勤又谦，思虔肃肃，致敬绳绳，兴云气而飞龙苍，懋绩名冠永颂扬。瓜瓞绵延，生生不息，崇敬椒远心臧。北负山屏列，南面水泱泱。百水朝宗，千峰叠翠，堪舆宝地，地久天长。敬恭笃其庆，昭穆锡之光。儒林宗石，玉树金盘，门庭青风，檐瓦流光。儒宗衍庆，亨泰吉祥。衢通两大，亨运三阳。麟阁宗风，气势轩昂。久长绵世泽，大有庆年丰，义种礼耕而映辉光。筐曹筱筑，雕镂藻绘，山披云彩，水映回廊。侯宝研墨，求仁得仁，俾尔戬穀，耀此文昌。荣光显而侔大造，古屋沧桑。仰瞻檐墙砖瓦，名曰久大、永锡、崇德、志成、安敦、明德、谆裕、作述、德祐、重庆、志善和德昌。含弘光大，瓦叠琼章。保我孙子，定厥邦家，垣印德星，毓秀南阳。门庭赫奕，深院高墙。檐牙高啄，画栋雕梁。气象恢宏，富丽堂皇。心怀远志，燕翼流芳。府第式，硬山顶，墀头画，半月塘。石柱础，如意头，额灰塑，簪刻阳。轩牖星宿，嘉瑞一乡。金枝玉叶，气象隆昌。东廓西岩齐拱秀，月塘田野共祯祥。雕梁画栋藏深院，天静云移引凤凰。翰墨清香襟袖里，田园秾粹瓦楞光。新街骑楼，民国建筑，南面临水，北连村庄。店铺依次，遮雨连廊。西式窗户，图案多样。精致雕刻，藻饰时光。祥禽瑞兽，花草鸟雀，花篮瓜果，鱼虾水兽，罗马柱饰，形态各异，多姿多彩，皆见之灰塑形象，一览旧日商贾热闹墟场。古榕虬根兮，轻摇岁月风霜；枝青叶茂兮，翠染别墅堤长。乾旋坤转，檐牙铁凤，映照文曲天罡。

英才辈出，昌炽梓乡。宋末元初，淳公肇始，基业甚广，文明发祥。黎庶繁衍，山敦民朴，仁义忠信，世泽绵长。裔孙俊秀，创建祖庙于望楼下，名曰椒远堂。衣冠陈俎豆，礼乐荐馨香。篪簧协奏，春秋匪懈，簠簋毕陈，继序不忘。精羞丰荐，景福攸臻，宗功浩大，祖德流芳。化无垠兮陶有象，麟一角兮凤五光。明末以降，文风鼎盛，科甲仕宦，联翩继起，文曲下界，闾阎激昂。翱材及第，系清代粤东第一进士，仪为世表，苍生重望。宸捷登进士，钦点翰林院编修，为侯山始入翰林者，奕世颂扬。德行才献，钧衡望重。宸捷乃翱材侄子，溪南进士杨之徐乃翱材外甥，伯侄舅甥同进士，显赫荣耀之至，堪称非常。椒远心臧昭穆祀，江西衍派历沧桑。翱材科举夺魁首，溪北人家余墨香。懋功显赫，胸怀拓荦，水火菽粟，尊道垂训，孰事有恪，明德惟馨，救乏振滞，匡困资无，天高地厚，仁登寿域，古道热肠。萧氏家庙，曰既勤堂。甲第蝉联，为国家柱石，堪与古人，并传不朽，归功邬氏坚贞带子，操同松柏，既勤堂因此名噪一方。当是时也，朝廷钦点拨坊金三十两建“天褒节孝”牌坊于茶阳。褒奖茶阳籍之邬氏，并立牌匾于既勤堂。颂曰：“敕封萧太母邬氏：敕旌节孝，祠祀坊表，郡邑志乘，千秋荣耀”！大哉矣！澄清世象，韡韡然而炽昌。时维近代，风云俊彩，光华星驰，祖德重光。杰出人物甚众，如圭如璋。萧懋之，同盟会员，国民党中将；萧寿煌，国际共产主义战士，牺牲于苏联卫国战场；萧月华，长征女红军，接过朱德颁发步枪；萧明，曾任中国旅行社副社长；萧光，曾任中共中央机要局副局长；萧如川，曾任广东省委党校校长。常棣之华，鄂不韡韡。科举世家奠根基，终成粤东文化之乡。彣彣兮，珪璋彧彧而增辉万物，黼黻河山，三味历久弥香。先贤懋德，风度犹存，焕千秋俎豆；师模若在，垂奕叶箕裘，宗功丕著钟麟趾，一脉源流，光曜玄黄。古之贤哲，言行示范，至德可师，清识难尚；今之俊彦，勤谦敬恕，风格秀整，器识高爽。古人未尝不以德义世其家，仰观今之处处堂名屋名，匾额楹联，珠玑荟萃，儒风浓郁，该翰墨凝香。雄雄文采，溪北之光。历史悠久，人文厚重，名人辈出，古屋众多，文化灿烂，卷册肴馔，醯醢滋味长。与时俱进，神采飞扬。文明村、卫生村、宜居村、敬老村和儿童友好示范村，齐誉乡邦。

民俗经典，礼乐得彰。河水清，云吕干，晞和日，兰陵望。扇清风，郁茂俗，序冠带，垂衣裳。绳绳振振，缵绪不忘。年初岁末，热闹祠堂。荤斋供品，满目琳琅。风调雨顺，国富民强。祈福民俗，源远流长。八角灯笼收月色，九遐凤影下田洋。元宵习俗，兴起各房。龙珠灯闹，汉乐登场。迎灯接火，列队祠堂。祭祖求丁，财丁兴旺。榆柳荫，桃李罗，羁鸟恋，池鱼思，魂梦短松冈。岭岑叠翠色兮，魂梦萦客乡。青峰碧碧烟霞远兮，浮桥记忆话沧桑。梦撷仙葩，神游阆苑，缤纷烂漫，绮文佳句，道履清香。言敷其藻，辞迈翰林，浮想联翩。门门显气派，屋屋有故事，古屋檐瓦纳瑞祥。照墙内外，青风缭绕，村色古朴，折叠珍藏。一岸新村兮，裁星虹之瑰丽；半月塘水兮，梦灵河之碧浪。溪北印象，久积于中，发酵酝酿。千仞一凤，彩珍五章。焉哉乎也，缀言成赋，且吟五韵，彧彧其芳。褒扬溪北美庄，夙愿以偿。诗曰：

摩崖凿墨纳玄黄，仙圳千年流水汤。
八里溜清青竹影，三村濡灌绿田洋。
瓦楞叠叠虎山翠，文脉雄雄梅水长。
拱秀岭峰经凤火，传芳门第曜龙光。
兰陵望派宗功伟，辞迈翰林奕世扬。

（本文来源于百侯人文网）

后记

在春雨淅沥的日子里，南阳岽上山色空蒙，蛇形窠山麓园林花木雨珠儿晶莹透亮，肇庆堂那边整个村庄雾霭朦胧，满眼丝雨飘飘，编织着宛若烟雨江南的美景。

甲辰龙年正月十六，正值“最是一年春好处”的雨水节气，木屋檐雨窗外滴，客来煮茶南陌香。就在这一天，老朋友冷雪源先生和邱汉章老师来到百侯山庄民宿，我们三人在木屋中茶叙，我提到撰写这本书是我的夙愿。就在这一天，我和邱老师正式开始合作撰写。也许是肇庆堂古建筑群那边所呈现的一村瑞象，弥漫、飘移到蛇形窠山麓园林里，并顺着龙脉兴腾而上，我愈感南阳岽峰巅之崔嵬而殊祥，正所谓“村烟辐辏何其瑞，瑞象楼台光郁峨”；也许是我和邱老师一样有着热爱家乡的情怀，一致认为撰写本书对弘扬百侯乡村深厚的历史文化很有意义，所以合作得特别有默契，与其说撰写一页页书稿，倒不如说是折叠一村瑞象，化作春天的阳光，照耀侯山胜景，正所谓“一村载朗足怡悦，四季园林总是春”；也许是新铺筑的省道似银色绸带飘舞在百侯乡村，一路坦途尽集侯山禀赋，喻示着乡村文旅将走上快车道，奔向诗和远方，在春日木屋茶香里开始撰写的这本书将有助于家乡文旅的长远发展，正所谓“煮茶木屋香南陌，观景琼楼曜北辰”。

恰如春日侯山瑞象纷呈，经过半年时间，我们拿出20多万字的书稿。冷雪源先生对书稿大为赞赏，并作认真修改。白露的前一天，他还从深圳驱车到百侯山庄民宿，用两天半时间对书稿进行逐字逐句的严格核对把关，并提出了许多修改意见。“露从今夜白，月是故乡明。”白露夜晚，秋露白如玉，垂珠滴秋月，山庄木屋外丝丝凉意，望月徐步，静听蝉响，恬淡惬意。翻阅厚厚书稿，仿佛书页里折叠着数月前的春日瑞象。瑞象，乃吉祥之象。明代王洪《瑞象赋》云“瑶光之精，至和之珍；彩霞之色，景星之文”，这16个字可谓彣彣彧彧，奇祥沓呈，其中“瑶光”二字让我联想到山庄“谦德楼”筱筑对联的“天心”二字。书稿第五部分的“谦德楼对联札记”写道：“‘天心’即北斗七星，居于天穹正中心。”我知道“瑶光”是北斗七星的第七颗星，位于北斗七星斗柄形状的末端，被称为“最角落的星”。“瑶光”象征祥瑞，“最角落的星”之称让人觉得谦虚，特别是秋季，北斗七星的高度角整体较低，“瑶光”位于“勺柄”，此时离北天极最远，难以被观测到，更显得谦之又谦。“谦德楼”的楼名源自素谦公祠大门对联“素心铭志；谦德流芳”。取此楼名，彰显了传统文化之精粹，而“谦”字更让人惊喜，含有“瑶光”之祥瑞。

“一图封面称经典，黛瓦宽舒日照存。”素谦公祠重光焕彩后，编印了一本纪念画册。虽然十年过去了，但是这本纪念画册的封面日照祠堂檐瓦图依然让人眼前一亮，那檐瓦叠日金、铁凤啄山翠的影像总在我脑海中浮现，那鹅黄色的日照一直温暖着我的心。古人云：“慎终追远，民德归厚矣。”饮水思源，知恩图报，这是人生最高的智慧、最厚的品德、最大的福报渊源。我之所以与族人合力修缮祖祠，是因为感恩祖上的荫庇。正是尊宗敬祖带来的福报，自素谦公祠重光以来，我愈感日子过得踏实而愉悦，好像事事皆得所愿，顺心顺意。特别是顺利找到了南阳岽下蛇形窠山麓这块芳草地，促成了百侯山庄民宿这个招商引资项目落户家乡百侯，助推乡村文旅，为美丽乡村建设贡献自己的绵薄之力。从正月山庄园林春雨丝丝，经蛇形窠山岭夏日草树荫阴，到南阳岽峰巅微云抹抹，始知云天收夏色，如闻木叶动秋声，几番雨洗清秋，我和邱老师精诚合作，不知不觉间已撰写出厚厚的书稿。

蛇形窠是我梦开始的地方，书稿从这里写起，在撰写过程中，我想起了昔日蛇形窠山岭黉舍的许多往事，那首“朝霞歌”的旋律总是回响在脑海中。寻觅昔日蛇形窠山岭黉舍，却“遗迹不可问，但见荒榛丛”。当年12岁的我，仿若那山窠里的蓬草，忽如转蓬离本根，飘摇随长风，幸遇《沙家浜》芦苇荡吹来的清风，让我扬起理想的风帆，飘向那遥远的诗和远方。书稿以山庄园林为点位写开去，牵起了素谦公祠裔孙的家族史，牵起了侯山众多民居古屋所承载的厚重历史文化，牵起了我作为素谦公祠裔孙代表的半个世纪以来的人生轨迹。

“为什么我的眼里常含泪水？因为我对这土地爱得深沉。”且看厚厚的书稿，从书名墨迹之端庄，目录文字之整齐，描写修辞之绮丽，均体现出本书的美学性。从目录文字之韵律，篇章内容之节奏，人物命运之交响，又无不凸显其音乐性。总之，本书文辞精彩，归结于一个目标：因热爱美丽的家乡百侯而着力弘扬其厚重的历史文化。

百侯山庄，四季留春住；百侯文旅，一书相伴随。我想，若游客入住百侯山庄民宿，一本《千年百侯　人文之乡》在手，在愉快的阅读体验中，既能更深入地了解百侯乡村厚重的历史文化，又能为前来百侯旅游观光留下难忘的记忆，定然会欣悦于心而更觉性静情逸。

在本书付梓之际，衷心感谢广东省委党校原校长萧如川先生赐题书名，衷心感谢南方日报社原社长范以锦先生赐撰序言，衷心感谢资深艺术策展人、书籍设计专家冷雪源先生为本书装帧的辛勤付出。同时，衷心感谢关心、支持和帮助本书出版发行的社会各界朋友。

漫卷诗书，播芳蕤之馥馥。本书的出版，对弘扬厚重的百侯历史文化和助推百侯古镇文旅发展定然很有意义，对前来百侯旅游观光的游客深入了解百侯历史文化定然很有裨益。然而，书中所涉及历史内容较为繁杂且时隔久远，加上作者水平有限，难免存在不少纰漏和不足，恳请读者批评指正。

杨洪流

2024年9月28日

于百侯山庄